»Richtig wandern«
Island

Übersichtskarte Island

»Richtig wandern«

Island

Sabine Gorsemann und Christian Kaiser

DuMont Buchverlag Köln

Umschlagvorderseite: Hraunsvatn
Frontispiz S. 2: Der Wasserfall Glanni

CIP-Titelaufnahme der Deutschen Bibliothek

Gorsemann, Sabine:
Island / Sabine Gorsemann und Christian Kaiser. –
Köln: DuMont, 1992
   (Richtig wandern)
   ISBN 3-7701-2646-7
NE: Kaiser, Christian:

© 1992 DuMont Buchverlag, Köln
Alle Rechte vorbehalten
Satz: Fotosatz Harten, Köln
Druck: Rasch, Bramsche
Buchbinderische Verarbeitung: Bramscher Buchbinder Betriebe

Printed in Germany   ISBN 3-7701-2646-7

Inhalt

Vorbemerkung 9

Naturraum 11
   Plattentektonik und Vulkanismus 11
   Die Gletscher 13
   Flora 15
   Fauna 16

Geschichte 18
   Entdeckung und Besiedlung 18
   Die Gesellschaft der Wikingerzeit 20
   Unter norwegischer und dänischer Herrschaft 24
   Das neue Island 30

Wandern in Island 32
   Reiseplanung und Wetter 32
   Ausrüstung 33
   Zur Sicherheit beim Wandern 35
   Naturschutz 38
   Zu den Wanderungen 39

Die Wanderungen im Überblick 40

Der Südwesten: Alte Kulturstätten in junger Vulkanlandschaft   42

1   Reykjavík: Transitstation für Reisende – Islands Metropole   43
2   Krísuvík: Junger Vulkanismus auf der Reykjanes-Halbinsel   47
    Die Seevögel der Steilküsten 54
3   Die Vogelfelsen Krísuvíkurberg 55
    Natur und Geschichte der Althingstätte 60
4   Durch den Þingvellir-Nationalpark 61
    Verbindung Þingvellir-Laugarvatn 67
5   Auf alten Verbindungswegen zum Geysir 67
    Die Geysire im Haukadalur 75
6   Zwischen Siedlungsraum und Inlandwüste – der Gullfoss 76
7   Die Hochtemperaturgebiete bei Hveragerði 81

8	Der Vörðufell – Aussichtsberg im fruchtbaren Schwemmland der südwestlichen Tiefebene	87
	Der Bischofssitz in Skálholt	92
9	Vom Wikingerhof Stöng zum Wasserfall Háifoss	93
	Stöng	114

Die Ringstraße im Süden: Am Rand der Gletscher ... 116

10	Entlang der Skógá zum Paß Fimmvörðuháls	118
11	Die Gletscherzunge Sólheimajökull	122
12	Fellsmörk: Täler und Schluchten am Südrand des Mýrdalsjökull	127
13	Sand- und Felsküste zwischen Vík und Dyrhólaey	131
14	Rund um die verlandete Insel Hjörleifshöfði	136
	Die Katla	138
15	Nýja Eldhraun: Durch die Lavafelder der Laki-Ausbrüche	139
	Der Laki-Ausbruch von 1783	144
	Der Skaftafell-Nationalpark	146
16	Zum Gletschertor des Skeiðarárjökull	147
	Die Gletscherläufe der Grimsvötn	151
17	Die Eisseen im Breiðamerkursandur	151
18	Auf alten und neuen Wegen zum Vatnajökull	157
	Wege über den Vatnajökull im Mittelalter	160
19	Rund um das Vesturhorn	161
	Der alte Handelsplatz Papós	166
20	Zu den bunten Liparithängen bei Stafafell	166

Die Ringstraße im Osten: Täler zwischen Hochland und Fjorden ... 172

21	Fossárdalur, das Tal der Wasserfälle	174
22	Von Berunes ins Küstengebirge am Berufjörður	176
23	Von Fáskrúðsfjörður nach Stöðvarfjörður	179
24	Der Wald von Hallormsstaður am Lögurinn	182
	Wälder in Island	184
25	Durch die einsame Tundrenlandschaft der Smjörvatnsheiði zum Gletscherfluß Jökulsá á Brú	185
26	Von Möðrudalur in die Hochlandwüste	190

Die Ringstraße im Norden: Von der aktiven Vulkanzone über alpines Bergland zu breiten Fjorden ... 194

27	Leirhnjúkur: In des Teufels Küche	196
	Die Vogelwelt am Mývatn	199
28	Durch die Lavafelder südlich des Hlíðarfjall zum Námafjall	200
	Hochtemperaturgebiete	204
29	Zu den Explosionskratern Hverfjall und Lúdent	207

30	Auf den Spuren der Laxálava zur Schlucht Seljahjallagil 212
31	Die Pseudokrater bei Skútustaðir 217
32	Ins Laxárdalur und zum Torfgehöft Grenjaðarstaður 218
33	Die Bergsturzseen am Ljósavatn 225
34	Durch das Bergland am Eyjafjörður nach Laufás 228
	Die Torfgehöfte des 18. und 19. Jahrhunderts 232
35	Akureyris Hausberg – der Súlur 234
	Akureyri 238
36	Ins alpine Bergland nahe Öxnadalsheiði 240
37	Die Schlucht Kotagil 244
38	Zu den Islandpferden ins Laxárdalur bei Blönduós 246
	Islandpferde 248
39	Entlang der Giljá 253
40	Von Hvammstangi zum Aussichtsfelsen Karaborg 257

Die Ringstraße im Westen: Tundra, Lavafelder und Gebirge zwischen den Fjordküsten 260

41	Die Tundrenlandschaft bei Fornihvammur 262
42	Durch die Grábrók-Lava 263
43	Von Stóribotn zum Glymur und Hvalvatn 268

Praktische Reiseinformationen

Vor der Reise
  Informationsstellen 274
  Ausrüstung 274
  Einreisebestimmungen 274
  Reisezeit und Wandersaison ... 275
  Vereine von Islandfreunden 275

Anreise
  ... mit dem Flugzeug 275
  ... mit dem Schiff 276

Praktische Hinweise von A–Z
  Ärztliche Versorgung 276
  Auskunft 276
  Diplomatische Vertretungen 276
  Essen und Trinken 277
  Feiertage 278
  Geld und Geldwechsel 278
  Kartenmaterial 278
  Öffnungszeiten 279

  Post und Telefon 279
  Sprache und Verständigung 279
  Straßen und Verkehrsmittel 280
  Unterkunft 281
  Urlaubsaktivitäten 282
  Zeit 283
  Zeitung 283

Wörterbuch 283

Schwerpunkte der Wanderungen . 285

**Erläuterung allgemeiner
geographischer und geologischer
Fachbegriffe (Glossar)** 286

Abbildungsnachweis 287
Literaturhinweise 288
Register 289

In den Wanderkarten verwendete Symbole

° °	Lava	¨ ¨	Ferienhäuser
	Feuchtgebiet	∴	Historischer Platz/Ruine
	Gletscher	⊟	Schwimmbad
◌	Höhenlinien	⋊	Wasserfall
H	Unterkunft	M	Museum
P	Parkplatz	ɟ	Sendestation
≈	Heiße Quelle	◌	Rettungshütte/Schutzhütte
•	Ort	⋊	Aussichtspunkt
▲	Gipfel	▸	Kraftwerk
⋍	Brücke	✈	Flugplatz
△	Stall/Pferch	⬇	Bootsanleger
▫	Hof/Hütte verlassen	↑	Richtung
✚	Kirche	- - -	Route
⚐	Camping	....	Abstecher/Variante

»Das ist also Island! Das ist die Insel, die uns in unseren geographischen Lehrbüchern und Atlanten als ein kleiner weißer Punkt am Saume des Polarmeeres gezeigt, und als eine kalte, öde, uninteressante Gegend beschrieben wird, in welcher eine kleine Anzahl zwerghafter, unwissender Leute wohne, die von der Welt nur wenig wisse und von denen nur wenig bekannt sei. Man sieht die Namen einiger von ihren Bergen verzeichnet und einen Ort als die Hauptstadt erwähnt. Daß das Land selbst, oder irgend etwas in ihm zu Findendes einer Reise werth sei, oder daß die Geschichten und Sitten der Bewohner irgend einen Grad von Interesse besäßen, ist wohl kaum tausend Menschen in den Sinn gekommen.« (Miles, P.: Streifzüge in Island. Leipzig 1855, S. 13)

Vorbemerkung

Island ist ein Paradies für Wanderer: Hier findet man Naturschönheiten in einer unermeßlichen Vielfalt. Gletscher, denen die Insel ihren Namen verdankt, geben immer wieder den fernen Hintergrund für fast alle Wanderungen ab, werden unmittelbar an zerklüfteten Gletscherzungen oder Seen mit bizarren Eisbergen aufgesucht oder an geeigneter Stelle auf jahrhundertealtem Weg sogar bestiegen. Als Produkt vergangener Vereisung erstrecken sich in der Nähe die wüstenartigen Landschaften der Sander und Grundmoränen, die mit ihrer phantastischen Weite und Einsamkeit beeindrucken.

Auf der größten Vulkaninsel der Welt begegnet man dem Vulkanismus in all seinen Erscheinungsformen, als ausgedehntem moosüberwachsenem Lavafeld oder als Schlackekraterreihe, als Explosionskrater oder als Stricklava. In unmittelbarer Nachbarschaft sorgen Hochtemperaturgebiete mit ihren heißen Quellen, Solfataren, zersetzten Böden und Schlammtöpfen für Abwechslung. Die Flüsse haben in dieses junge Land tiefe Schluchten und Cañons gegraben, manchmal stürzen sie eher in Richtung Meer, als daß sie fließen, denn häufig reiht sich ein Wasserfall an den anderen. Immer wieder trifft man auf kleine Seen, die z. B. durch Hangrutsche oder Lavafelder aufgestaut wurden.

Auf Island lassen sich phantastische Bergtouren durchführen, wobei dem Wanderer zugute kommt, daß sich hier im hohen Norden die meisten Naturerscheinungen fast 2000 Höhenmeter tiefer abspielen als in den Alpen. So kann man, unbelastet von Gewittern, schon in 600 m Höhe auf beginnende Vergletscherung stoßen. Eindrucksvolle Panoramen mit Bergseen, Zinnen und Graten sind zu entdecken, in Gebieten mit rhyolithischem Gestein kommt eine großartige Farbenvielfalt hinzu. Die Berge reichen bis an die tiefen Fjorde der Küsten, die an anderer Stelle aus weiten Nehrungen mit Strandseen oder senkrecht aufragenden Kaps und Steilküsten bestehen. Der Atlantik bietet Lebensraum für unzählige Seevogelarten und Seehunde, im Landesinneren trifft man auf freilebende, halbwilde Islandpferde.

Für Abwechslung ist also gesorgt, und entgegen anderslautenden Gerüchten ist für das Erleben dieser faszinierenden Naturphänomene kein leistungsstarker Geländewagen notwendig. Die Ausgangspunkte aller in diesem Buch beschriebenen Wanderungen, in deren Nähe sich fast immer Übernachtungsmöglichkeiten und meist auch ein Schwimmbad befinden, sind über Straßen erreichbar, die zwar manchmal recht schlecht sind, aber von jedem PKW oder Wohnmobil zu befahren sind und auf denen oft auch Linienbusse verkehren.

Schwerpunkt des vorliegenden Buches sind natürlich die Wanderungen. Neben den Wegbeschreibungen werden dem Leser Informationen zu geologischen, biologischen und kulturgeschichtlichen Besonderheiten am Wegesrand gegeben. Das hat für den Landeskundeteil zur Konsequenz, daß hier in erster Linie nur ganz Island betreffende Fragen behandelt werden, während nähere Ausführungen zu Einzelphänomenen ›vor Ort‹ bei den Wanderungen erfolgen. So erfährt man z.B. bei einer Tour Genaueres über Solfataren, während bei einer anderen vielleicht vulkanische Auswurfformen wie Aschen, Lapilli und Bomben Erwähnung finden.

Wer bei den einzelnen Wanderungen über die jeweilige Schwerpunktsetzung der Autoren hinausgehen will, kann sich die (noch) nicht behandelten Begriffe über Glossar und Register erschließen, in dem die Seite der ausführlicheren Behandlung eines Phänomens hervorgehoben ist.

Spaltenvulkanismus am Leirhnjúkur

Naturraum

Plattentektonik und Vulkanismus

Island wird beständig größer, im Durchschnitt jährlich um je ca. 1 cm nach Osten und Westen. Rückblickend betrachtet, ist die Insel seit ihrer Besiedlung im Jahre 874 also um 20 m breiter geworden, bei 400 km Breite muß sie vor ca. 20 Mio. Jahren entstanden sein. Diese Annahme belegen Funde von Gesteinen im Nordwesten Islands, deren Alter ca. 16. Mio. Jahre beträgt. Daran wird zugleich der Unterschied zwischen historischen und geologischen Zeitspannen deutlich. Geologisch gesehen ist Island eines der jüngsten Gebiete der Erde, man kann sogar durchschnittlich alle fünf Jahre zusehen, wie bei Vulkanausbrüchen neues Gestein hinzukommt.

Nach der Theorie der Plattentektonik liegt Island genau auf dem Mittelatlantischen Rücken, einer Zone, in der die amerikanische und eurasische Platte sich voneinander entfernen. Die Ursache für das Auseinanderdriften an den untermeerischen Schwellen wird in Temperaturunterschieden im Erdinneren gesehen. Der direkt unter der Erdkruste liegende obere Erdmantel ist mit 1500 °C lediglich halb so heiß wie der untere Erdmantel. Man nimmt ausgleichende Konvektionsströme an, die am Mittelatlantischen Rücken aufsteigen und sich dann mit den Platten seitlich entfernen. Die Geschwindigkeit dieser Bewegung ist mit 2 cm/Jahr errechnet worden. An den Nahtstellen entstehen starke Dehnungskräfte, das Gestein bricht auseinander und wird durch nachdringendes Magma wieder aufgefüllt.

Diese Form des Vulkanismus ist nur auf Island subaerisch zu beobachten, obwohl sie die häufigste ist. Die submarinen Magmaergüsse waren lange Zeit unbekannt, und so kommt es, daß der Spaltenvulkanismus unter der Bezeichnung ›Islandtyp‹ früher als Besonderheit statt als Regel behandelt wurde.

Ständig stößt man in der vulkanisch aktiven Zone auf langgestreckte Vulkansysteme, die in langen Scharen regelmäßig angeordnet sind. Während sie im Südwesten der Insel von NO nach SW verlaufen, haben sie in Nordisland Nordsüdrichtung.

Sichtbare Zeichen für den Dehnungsprozeß der Insel sind Spaltenvulkane wie die Lúdents- oder Þrengslaborgir am Mývatn. Palagonitrücken als Ausdruck des Spaltenvulkanismus unter Eisbedeckung stehen für diesen ›spreading-Prozeß‹, ebenso wie die Hohlformen der Spalten und Gräben (z. B. Almannagjá oder Grjótagjá bzw. Þingvellir). Auch Ganggestein, wie es u. a. in den alten Plateaubasalten der Ostfjorde anzutreffen ist, zeugt vom Wachstum

Islands. Magma hat die Dehnungsspalten ausgefüllt. Die durch Erosion freigelegten Gänge entsprechen in der Regel der vorherrschenden Spaltenrichtung. Auch die vor allem in den Fjorden gut zu beobachtende Schrägstellung der Plateaubasalte hin zur Bruchzone entstand durch das Auseinanderstreben der Schollen.

Wieso tritt nun der Mittelatlantische Rücken in Island aus dem Meer heraus? Diese Frage ist von Geophysikern dahingehend geklärt worden, daß im Erdmantel unter der Insel eine erhöhte Wärmeströmung festgestellt wurde. Island befindet sich auf einem sogenannten *hot spot*, was gleichbedeutend ist mit erhöhter Magmaproduktion. Dieser *hot spot* hat wahrscheinlich nicht nur Island hervorgebracht, denn von hier verläuft sowohl nach Grönland als auch nach Schottland ein Querrücken durch den Nordatlantik, der Wyville-Thomson-Rücken. So wie am Meeresgrund werden die Basalte mit zunehmender Entfernung, von der aktiven Vulkanzone Islands aus gesehen, immer älter. Während die ältesten Gesteine an Islands Ost- und Nordwestküste ungefähr 16 Mio. Jahre alt sind, bringen es Basalte in Ostgrönland und den Färöern auf bis zu 58 Mio. und die von Schottland und Irland auf 65 Mio. Jahre.

In der einen oder anderen Form begegnet man dem alten und dem gegenwärtigen Vulkanismus Islands fast überall in der Landschaft, sei es als Schlacke-, Explosions- oder Pseudokrater, sei es als Tafelberg, Schildvulkan oder Palagonitrücken. Man findet verschiedene Lavaarten, wie die kaum begehbare Blocklava oder die aus dünnflüssigerer Schmelze entstehende Fladenlava mit ihren Höhlungen, Kanälen und Strickformen. Vulkanische Aschen bilden regelrechte Dünenlandschaften, gröbere Lapilli und Bomben formen schöne Krater. Häufig sind im Landschaftsbild Dampfsäulen auszumachen, die in Hoch- oder Niedrigtemperaturgebieten von heißen Quellen, Solfataren und Fumarolen zeugen.

Stricklava

Die Gletscher

Island heißt Eisland, und so wie der Vulkanismus sind auch die Spuren von Vereisung fast überall auf der Insel zu finden. Gut 10% der Insel liegen unter Gletschern (isl: *jökull*), wobei der Vatnajökull mit über 8000 km^2 die größte Ausdehnung erreicht. Diese nach der Antarktis und Grönland mächtigste Inlandeismasse der Welt bedeckt den Untergrund mit einem bis zu 1000 m dicken Eispanzer. Seine Gletscherzungen erreichen, wie auch die des Mýrdalsjökull, fast Meeresniveau, so daß sie vergleichsweise einfach zu besichtigen sind. Diese großen Eismassen (zu denen noch Lang-, Hofs- und Drangajökull zählen) begraben ganze Landschaften unter sich, während die Eiskappen nur einzelne hohe Berge, meist Zentralvulkane, bedecken. Gebirgsgletscher sind als Hang- oder Kargletscher in das Relief der Gebirge im Norden und Osten Islands eingelagert und meist von geringer Größe.

Die heutigen Gletscher sind keine Reste der letzten Kaltzeit, die vor gut 10 000 Jahren zu Ende ging. Vielmehr verschwanden die Eismassen bis auf einige Eiskappen auf den höchsten Bergen vollständig in der anschließenden

Blick über den
Skeiðarárjökull

Warmzeit. Erst vor 2500 Jahren wurde es wieder kälter und feuchter, so daß nach und nach das gegenwärtige Bild der Vergletscherung entstand. Auch dieser Prozeß der Eisbildung ist kein kontinuierlicher, denn Gletscher sind sehr sensible Gradmesser des Klimas. So fiel z. B. die Zeit der Besiedlung Islands in eine relativ warme Phase, in der sich das Eis etliche Kilometer zurückgezogen hatte. Einer vergleichsweise warmen Phase zur Mitte dieses Jahrhunderts scheint zur Zeit wieder eine kältere zu folgen.

Die Wirkung der Gletscher auf die Gestaltung der isländischen Landschaft ist erheblich. Die erodierende Kraft schafft in den Bergen Kare, Grate und pyramidenförmige Bergspitzen, die Karlinge (auf Isländisch meist als *tindur* bezeichnet); sie schleift anstehendes Gestein zu Rundhöckern ab und gräbt Rinnenseen und riesige Trogtäler, die im Küstenbereich zu Fjorden werden. Das erodierte Gesteinsmaterial wird andernorts wieder aufgeschüttet, sei es direkt durch den Gletscher als Moränen mit ungeschichtetem Material und riesigen Gesteinsblöcken oder durch die Gletscherflüsse als mächtige Sander.

Flora

Islands Vegetation ist vor allem von der isolierten Lage im rauhen Klima des Nordatlantiks nahe am Polarkreis geprägt. Verglichen mit dem skandinavischen Festland ähnlicher Breite ist die Flora relativ arm an höheren Pflanzenarten. Das liegt an den schwierigen Einwanderungsbedingungen – außer über geplante oder zufällige Einfuhr durch Menschen, kamen nur Wind, Meeresströmung und Zugvögel als Transportmittel für die Saat in Frage. Die kurze Wachstumsperiode und die niedrigen Temperaturen tun ein übriges – nur robuste Pflanzenarten des borealen bis arktisch-alpinen Typs finden hier ausreichende Wachstumsbedingungen.

Sümpfe und Moore bedecken vor allem im küstennahen Tiefland große Gebiete. Sümpfe entstehen, wo einst offene Wasserflächen allmählich verlanden. Dort finden sich wenige Seggen- und Binsenarten und besonders die weißen Büschel des Wollgrases. Moore sind im Verlandungsprozeß weiter fortgeschritten und liegen bereits über dem Grundwasserniveau. Der zusammenhängende Bewuchs der oftmals unregelmäßig gewölbten Oberfläche besteht in den tieferliegenden Stellen aus feuchtliebenden Gräsern, Seggen und Binsen. Auf den trockeneren höheren Stellen wachsen wenige Krautpflanzen wie die gelbblühende Bachnelkenwurz, weißes Sumpfherzblatt oder zartlila Wiesenschaumkraut. Wenn der Boden trockener wird, geht das Moor in eine Bültenwiese *(Púfur)* über, deren Aufwölbungen wesentlich ausgeprägter als im Moor sind.

Die landwirtschaftlich genutzten Grünlandflächen im Tiefland sind ehemalige Moore, in denen durch Drainage neue Weiden erschlossen werden. Älteres Kulturland bildet häufig regelmäßige Bülten aus. In der dichten hohen Grasdecke wachsen Löwenzahn, Sauerampfer, Klee und Hahnenfuß. Auf unkultiviertem Grasland finden sich nur in besonders günstigen Lagen üppige, blumenreiche Wiesen. Weidewirtschaft verhindert vielerorts das Entstehen einer solchen artenreichen Krautschicht. Insofern bilden die Naturschutzgebiete eine Ausnahme: Nach nur wenigen Jahren ohne Schafverbiß gedeihen oft dichte bunte Blumenteppiche.

Auch Waldgebiete können heute nur noch dort entstehen, wo durch umfassende Naturschutzmaßnahmen nachgeholfen wird; die ehemaligen Baumbestände der Landnahmezeit sind fast vollständig verschwunden. Höherwüchsige Birkengehölze finden sich vor allem in geschützter Lage in Tälern und am Fuß von Berghängen. In weniger günstigen Lagen entwickelt sich der kaum mannshohe Buschwald aus Birken- und Weidengestrüpp zu einem fast undurchdringlichen Gewirr. Niedrigere Gehölze wie Heidekrautgewächse und verschiedene Beerenarten finden sich in der baumlosen Pflanzengesellschaft der Zwergstrauchheide, die sich bis etwa 400 Höhenmeter hinaufzieht. In größerer Höhe geht diese Heidelandschaft in eine artenärmere Zwergstrauchtundra über, in der neben der anspruchslosen Heide und kriechenden Gehölzen nur noch frostharte Arten gedeihen, die mit einer Vegetationsperiode von weniger als drei Monaten auskommen. Häufig sind die Böden der Heide- und Tundrenformationen zu Bülten aufgewölbt.

Oberhalb der Tundra geht die Landschaft in die steinigen Ödlandflächen über, aus denen Islands Inneres zu weiten Teilen besteht. Hier finden sich nur vereinzelte Vegetationsinseln aus Grasnelke, Leimkraut, Arktischem Thymian oder Silberwurz. Ein ähnliches Bild zeigt sich in tieferen Lagen auf den wasserdurchlässigen Moränen- und Sanderflächen des Gletschervorlands. Nur am Rand von Bächen findet man oft dichten Bewuchs von Arktischen Weidenröschen, deren pinkfarbene Blüten die Eintönigkeit des Ödlands beleben.

Im felsigen oder grobschotterigen Gelände der Hochlagen weichen auch die letzten höheren Pflanzenarten den Moosen und Flechten. Lavafelder weisen keinen einheitlichen Bewuchs auf. Oft sind jüngere Lavaströme jedoch von den üppigen, fast knöcheltiefen Moospolstern der Rhacomitrium-Heide überzogen, die den schroffen Schollen und Blöcken ein weniger düsteres Aussehen verleihen. Da andere Pflanzenarten nur schlecht in der Moosdecke gedeihen, entwickelt sich erst langsam eine standortabhängige höhere Vegetation. An feuchten Bachufern und im Sprühregen an Wasserfällen findet man vielfach das gelblich-grün leuchtende Quellmoos.

Bültenwiese

Fauna

Islands Tierwelt ist ebenfalls recht artenarm. Das einzige Landsäugetier, das die Insel vor den Menschen besiedelte, ist der Polarfuchs, der vermutlich ebenso auf Eisschollen angetrieben wurde wie die vereinzelten Eisbären, die nie heimisch wurden und in historischer Zeit eine Gefahr für die Siedler darstellten.

Mit den Menschen kamen auch verschiedene Nutztiere auf die Insel. Schafe findet man im Sommer beides Kulturlandes. Die nah überall außerhalb kleinwüchsigen Islandpferde leben oft jahrelang halbwild in großen, nur weiträumig umzäunten Arealen. Ganz verwildert sind die wenigen Rentiere, die sich nur im Inneren Ostislands aufhalten. Auch der Nerz kam ursprünglich in den 30er Jahren dieses Jahrhunderts als Nutztier auf die Insel. Ausgebrochene Nerze vermehrten sich jedoch schnell und stellten zeitweilig eine große Bedrohung für die Vogelpopulation dar.

Im Gegensatz zu den Landtieren bereitet der Zuzug nach Island den Vögeln keine Probleme. Sie sind es denn auch, die Islands Tierwelt prägen. An den Küsten

Gerfalke

lassen sich zur Brutsaison unzählige Seevogelpaare in riesigen Kolonien nieder. Lautes Geschrei hallt dann von den Felsen wider. Hier sind im Sommer Papageitaucher, Lumme, Tordalk, Gryllteiste, Kormoran, Eissturmvogel und Dreizehenmöwe zu beobachten. Auch Raubmöwen kommen auf ihren Beutezügen in diese Reviere, halten sich zur Brut jedoch vor allem auf den flachen Sandern der Südküste auf. Die Küstenseeschwalbe brütet ebenfalls in flacheren Uferzonen und reagiert angriffslustig auf Eindringlinge in ihr Brutrevier. Auf sehr abgelegenen Felsklippen ist der Baßtölpel, größter Seevogel der Nordhalbkugel, zu Hause.

Im Landesinneren leben vielerorts die Watvögel mit ihren langen Beinen und langen, spitzen Schnäbeln. Während Bekassine, Regenbrachvogel, Rotschenkel, Goldregenpfeifer und Alpenstrandläufer überwiegend bräunlich gefiedert sind, fällt ihr Verwandter, der Austernfischer, durch das schwarzweiße, frackartige Federkleid auf. Zwei Raubvögel leben auf Island, der Merlin und der geschützte Island- oder Gerfalke. Seine liebste Beute ist das Alpenschneehuhn, Islands einziger freilebender Hühnervogel.

Auf den Binnengewässern kann man außer den zahlreichen Entenarten manchmal den scheuen Singschwan beobachten. Auch Graugänse halten sich oft in Ufernähe auf. Ein besonderes Entenparadies stellt der Mývatn dar. Hier brüten alle 15 auf Island ansässigen Arten.

Besonders in einsamen Bergregionen und unwegsamen Lavafeldern trifft man auf Kolkraben, die sich oft laut krächzend von ihrem Standplatz erheben, sobald Menschen in ihre Nähe kommen. Die unheimlich anmutenden schwarzen Vögel, die in der Sagenwelt Islands ihren Platz als Berater des Gottes Odin haben, halten sich manchmal auch auf Bauernhöfen auf, wo sie dann recht zahm werden.

Geschichte

Entdeckung und Besiedlung

Islands Geschichte begann mit der Besiedlung durch Wikinger im 9. Jh. nach der Zeitenwende; wie lange die Existenz der Insel zuvor schon bekannt war, ist Gegenstand unterschiedlicher Vermutungen. So geben Strabo und andere antike Gelehrte einen Reisebericht des Astronomen und Geographen Pytheas von Massilia wieder, der 325 v. Chr. eine Forschungsreise nach Britannien unternahm und das äußerste Land vor der Region des ewigen Eises *Ultima Thule* nannte. Um welches Gebiet des europäischen Nordens es sich dabei gehandelt hat, ist nicht endgültig geklärt. Ebenso zweifelhaft ist die Entdeckung Islands durch die Römer um das dritte nachchristliche Jahrhundert. Es scheint möglich, daß Schiffe der römischen Flotte, die in Britannien stationiert war, durch Stürme nach Norden abgetrieben wurden. Einige Münzen aus jener Zeit, die in Island gefunden wurden, geben dieser Vermutung Nahrung.

Als gesicherte Erkenntnis kann gelten, daß keltische Eremiten von Irland auf die Insel kamen und zeitweilig dort lebten. Berichte über die Reisen des hl. Brendan im 6. Jh. und die geographische Beschreibung *Liber de mensura orbis terrae* des irischen Mönchs Dicuilius im frühen 9. Jh. belegen dies. Um 860 wurden zwei Wikinger unabhängig voneinander nach Island verschlagen: Während der Norweger Naddoður der menschenleeren Region, die er Snæland nannte, gleich wieder den Rücken kehrte, überwinterte Garðar, ein schwedischer Seefahrer, an der Nordküste, fand heraus, daß er sich auf einer Insel befand und gab ihr seinen Namen: Garðarshólmur. Garðars Gefolgsmann Náttfari blieb zwar auf Island zurück, war jedoch wohl zu unbedeutend, um als erster Siedler angesehen zu werden. Auch Flóki Vilgerðarson, dem Namensgeber Islands, der 865 wohl schon mit der Absicht kam, sich fest anzusiedeln, wurde dieser Ruhm nicht zuteil. Wegen mangelnder Vorratshaltung verhungerte sein Vieh im ersten Winter, und er kehrte nach Norwegen zurück.

Erst mit der Landnahme von Ingólfur Arnarson, die für das Jahr 874 angenommen wird, beginnt offiziell die isländische Geschichte. Der Zustrom norwegischer Siedler, die seit jener Zeit mit Familien und Gefolge auf die Insel kamen, hatte seine Ursache vor allem in den veränderten Machtstrukturen Norwegens. Dort begann um 860 der vom Oslofjord stammende Kleinkönig Haraldur einen Kampf gegen andere Regionalherrscher, der 872 mit deren Unterwerfung und Haraldurs Anerkennung als zentralem Machthaber über Norwegen endete. Der Zeitpunkt war günstig gewählt, denn viele Wikinger

aus Westnorwegen füllten in der zweiten Hälfte des 9. Jh. die Reihen der großen normannischen Eroberungsheere in England und Frankreich und konnten deshalb in den heimischen Machtkampf nicht eingreifen.

Vor der drohenden Abgabenpflicht flohen nun zahlreiche Bauernfürsten; nicht alle direkt nach Island, sondern oft zunächst zu den nordbritischen Wikingersiedlungen. Doch auch dorthin reichte die Macht Haraldurs, so daß die norwegischen Sippen mitsamt ihren vielfach keltischen Sklaven und Knechten weiter nach Island zogen. Die ersten Einwandererführer eigneten sich große Landgebiete an; so entsprach Ingólfur Arnarsons Besitz in Südwestisland einer Fläche, auf der im 19. Jh. 420 einzelne Höfe wirtschafteten. Daß sich dennoch nicht sofort eine Oligarchie weniger Großgrundbesitzer formierte, lag vor allem daran, daß nachströmende Siedler, die ebenfalls aus der Schicht der freien, grundbesitzenden Bauern stammten, in der Regel nicht bereit waren, Land zu kaufen oder zu pachten. Auch Schenkung war unüblich, allenfalls wird erwähnt, daß die vorherigen Landnehmer ihr Einverständnis zu der Ansiedlung Nachfolgender gegeben haben; hindern konnten sie die neuen Nachbarn schwerlich daran. Ein alter norwegischer Rechtsgrundsatz, nach dem unbebauter Boden als herrenlos angesehen und von Neuankömmlingen besiedelt werden konnte, fand wohl zudem Anwendung auf diese Situation. Allerdings muß man davon ausgehen, daß die Sippe mit dem größeren Gefolge im Zweifel das bessere Stück Land für sich beanspruchen konnte, so daß unbedeutendere Familien gegen Ende der Landnahmezeit bis an die Grenzen der besiedelbaren Regionen vorstießen.

Die Gesellschaft der Wikingerzeit

Die Siedler brachten verschiedene Traditionen und einen hohen Bildungsstand aus Norwegen mit und waren zunächst nicht staatlich organisiert. Das Ansehen der ehemals Mächtigen ging jedoch nicht mit den Adelstiteln endgültig verloren; sie erwarben es neu: Eine Sippe mit großer Gefolgschaft, die ihre Interessen im vorstaatlichen Fehdewesen leicht geltend machen konnte, gewann schnell neue Anhänger unter den weniger einflußreichen Bauern: Über die Kultgemeinden bildeten sich erste Organisationen. Viele Adelsbauern hatten Tempelsäulen und geweihte Erde aus Norwegen mitgebracht und errichteten nun Opferstätten auf ihrem Land. Die Besitzer dieser Tempel nannten sich *goði*, was zwar zunächst ein religiöses Amt bezeichnete, meist jedoch auf den weltlichen Bereich ausgedehnt wurde. Der Gode erlangte, wenn er ein einflußreicher Häuptling war, bald eine noch größere Vorrangstellung gegenüber seinen Anhängern.

Diese Entwicklung erhielt in der ersten Gesetzgebung, die im Jahr der Staatsgründung 930 auf dem ersten Thing in Þingvellir angenommen und 965 erwei-

Häuptlingsstube aus der Sagazeit

tert wurde, einen entscheidenden Impuls. Bis dahin war es jedem freigestellt gewesen, sich einer Tempelgemeinde anzuschließen oder den Goden zu wechseln, auch konnte jeder freie Bauer Tempelbesitzer werden. Nun gaben die »Ulfljotsgesetze« dem Begriff *goði* eine neue Bedeutung:

> »*Als aber Ulfljot sechzig Jahre alt war, fuhr er nach Norwegen und hielt sich dort drei Jahre auf. Dort verfaßten er und sein Bruder Thorleif der Kluge die Gesetzessammlung, die danach die Ulfljotsgesetze heißen. Und als er wieder nach Island kam, wurde das Allthing eingesetzt, und man hatte seitdem ein einheitliches Gesetz hier im Lande. (...) Damals wurde das Land in Viertel geteilt, und es sollten in jedem Viertel drei Thinge und in jedem Thingbezirk drei Haupttempel sein. Es wurden Männer gewählt, die Tempel in Klugheit und Gerechtigkeit zu warten. Sie sollten auf den Thingen die Richter ernennen und den Rechtsgang leiten. Daher wurden sie Goden genannt. Jedermann sollte Zins an den Tempel bezahlen, wie jetzt* [im 12. Jh., d. Verf.] *den Zehnten an die Kirche.*« (Sammlung Thule, Band 23, S. 134 f.)

Da das Nordwestviertel aus siedlungsgeographischen Gründen vier Thinge erhielt, gab es in ganz Island 39 Goden. Diese hatten jedoch mit den ehemaligen Tempelherren nur den Namen gemeinsam, wobei sie *lög-goði* (gesetzlicher Gode) im Unterschied zum *hof-goði* (Tempelgode) genannt wurden. Jeder Isländer mußte sich nun der Gemeinde eines Goden anschließen und offenbar auch eine Art Steuer zahlen. Die Amtsinhaber, deren Vormachtstellung einzig durch die weiter gepflegte freie Godenwahl beschränkt war, stellten nun die Oberschicht dar, die während der Epoche der isländischen Eigenständigkeit die Geschicke der Inselbewohner bestimmte.

Außerhalb der zweiwöchigen Thingzusammenkünfte im Frühsommer jedes Jahres gab es weder eine Gesetzgebung noch rechtsprechende Instanzen, die mehr als regionale Konflikte lösen konnten. Da es in der sogenannten Freistaatzeit keine Exekutive gab, war auch nicht sichergestellt, daß ein auf dem Althing ergangenes Urteil tatsächlich befolgt wurde; darauf drängen konnte die ›Siegerpartei‹ nur, wenn sie genug Anhänger hinter sich wußte. Auch war es nicht einfach, eine Streitfrage überhaupt vor das Thing zu bringen. Das altisländische Recht, daß der jeweilige Gesetzessprecher innerhalb von drei Jahren auf den Versammlungen vorzutragen hatte, zeichnete sich durch ein hohes Maß an Formalismus aus. Rechtsunkundige scheiterten daher leicht an Formfehlern. Man kann vereinfacht sagen, daß die Rechtsprechung im heidnischen Island gleichwertig neben Fehde bzw. Rache bestand. Beide waren oft Mittel des Überlegeneren, und schwächere Bauern mußten mächtige Verbündete finden, um hier wie dort zu siegen. Die Überlieferung von der Thingversammlung des Jahres 1000, auf der das Christentum zur Staatsreligion erklärt wurde, zeigt deutlich den fließenden Übergang von der Verhandlung zum Kampf: Der norwegische König Ólavur Tryggvason, ein fanatischer Christ, übte nicht nur auf seine Untertanen großen missionarischen Druck aus, sondern suchte mit Hilfe der Kirche seinen Einfluß auch auf die atlantischen Inseln auszudehnen. Er sandte Missionare auf die Färöer, und sein Nachfolger verleibte die Inselgruppe zwei Jahrzehnte später dem Königreich ein. Mit Island hatte der Monarch ähnliche Pläne, zu deren Durchsetzung er Isländer an seinem Hof festhielt und zwischen Taufe und Tod wählen ließ. Die mittlerweile auf Island strittige Glaubensfrage mußte daraufhin auf dem Thing behandelt werden, da sie das einzig auf gemeinsamer Sitte und Religion basierende gesellschaftliche System in seinen Grundfesten erschütterte. Zerstrittene Parteien auf der Insel hätten dem Machthunger der norwegischen Krone wenig entgegenzusetzen gehabt. Als es auf der Versammlung des Althing zu keiner Entscheidung kam, betrat der *Kristnisaga* zufolge die christliche Partei den Thingplatz bewaffnet, bereit, die Frage im Kampf zu entscheiden. Die Heiden erhoben sich wutentbrannt und bereiteten sich ebenfalls auf das Gefecht vor. Die Saga berichtet, daß der Kampf letztendlich abgewendet wurde und die Versammlung übereinkam, den heidnischen Gesetzessprecher mittels Schiedsspruch entscheiden zu lassen. Dieser beschloß die Annahme der ›neuen Sitte‹, wie das Christentum auch genannt wurde, ließ daneben jedoch die heidnischen Bräuche weiter zu. Durch den pragmatisch begründeten Glaubenswechsel konnten die norwegischen Machthaber aus den innerisländischen Angelegenheiten herausgehalten werden.

Durch das Christentum wurde das lateinische Alphabet bekannt, das sich allmählich gegen die Runenzeichen durchsetzte. Dazu trug eine grammatische Abhandlung bei, in welcher der unbekannte Verfasser das lateinische Alphabet durch zusätzliche, der nordischen Sprache angemessene Zeichen ergänzte. Damit war die Grundlage für das baldige Aufblühen der Literatur gelegt.

Die altisländische Kirche entwickelte sich zunächst unabhängig von der römisch-katholischen. Goden wandelten nach dem Glaubenswechsel ihre Tempel in christliche Gotteshäuser um und standen nun diesen sowie den dazugehörigen Gemeinden vor. Die Kirchen waren somit in Privatbesitz, die Priester zugleich weltliche Herren oder bei diesen angestellt. Entsprechend war das ältere Kirchenrecht von 1130 dem weltlichen

Der Dom in Skálholt

Recht untergeordnet. Diese Entwicklung kann wohl kaum das Wohlgefallen des Erzbischofs in Bremen gefunden haben, der immerhin insofern als geistliches Oberhaupt von den Isländern anerkannt wurde, als sie ihren ersten Bischof, Isleif Gizurarson, von ihm weihen ließen.

Isleif residierte seit 1056 auf seinem Erbhof in Skálholt, der somit zum Bischofssitz avancierte. Sein Sohn und Amtsnachfolger Gizur setzte die Einführung des Kirchenzehnten durch, der von allen Bauern zu entrichten war. Die Hälfte dieser Abgabe ging an den Goden, dem die Kirche der Gemeinde gehörte, ein Viertel war für die Armen des *hreppar,* wie die Bezirke genannt wurden, bestimmt, das andere Viertel erhielt der Bischof. Die Goden konnten hierdurch ihre Vormachtstellung in der isländischen Gesellschaft weiter stärken. So erstaunt es nicht, daß Sæmund Sigfússon, dem eine große Gemeinde in Südisland gehörte, an der Einführung des Zehnten entscheidend beteiligt war. Sein Hof Oddi stieg zu einem Mittelpunkt des geistigen Lebens auf. Auch hier wurde eine Schule gegründet und Gelehrte, die wie Sæmund auf dem europäischen Kontinent studiert hatten, bildeten junge Isländer aus. Die Belange der Kirche, die an der Ausbildung des Priesternachwuchses interessiert war, kamen in diesen Bildungsstätten ebenso zum Tragen wie die Bedürfnisse nach weltlicher Bildung und Kultur, die besonders die Söhne der Anführer hatten. Diese Mischung aus Wissen und Interessen führte unter Federführung der weltlichen Kirchenherren zu einer kulturellen Blüte, die im europäischen Mittelalter keine Parallele besitzt. In der Folgezeit entstanden Geschichtswerke, Rechtssammlungen, die Alltagsprosa der Sagas und die versgebundenen Gattungen der Edda- und Skaldendichtung.

Diese Entwicklung ging politisch mit der um 1200 einsetzenden Sturlungenzeit einher, die den Niedergang der isländischen Eigenständigkeit mit sich brachte. Die mächtigsten Familien des Landes, darunter die Sturlungen, hatten sich im Laufe des 12. Jh. in den Besitz weiterer Höfe und Ländereien gebracht und führten nun einen erbitterten Konkurrenzkampf untereinander. Verschiedene Sippen versuchten, den norwegischen König für ihre Interessen zu gewinnen, um ihre eigene Vorherrschaft durchzusetzen. Die Bauern wurden zu Waffendienst und Steuerzahlungen verpflichtet.

Der norwegische Thron, um den es im zurückliegenden Jahrhundert beständig Kämpfe gegeben hatte, war seit 1217 von Hákon Hákonarson besetzt. Der neue König verschaffte sich Spielraum genug, um Island auf die machtpolitische Wunschliste zu setzen. Die Kirche besaß seit 1152 ein eigenes norwegisches Erzbistum in Nidaros (Trondheim); knapp hundert Jahre später nahm sich der Erzbischof das Recht, die beiden vakanten Bischofssitze auf Island mit Norwegern zu besetzen. Während die Godengeschlechter an der weltlichen Front in heftige Auseinandersetzungen verwickelt waren, ging die Kirche daran, deren Machtgrundlage, den Kirchenzehnten, zurückzugewinnen. Unter norwegischem Einfluß löste sich die produktive Einheit von geistlicher und weltlicher Bildung auf. Als 1253 das Althing die Vorherrschaft des kirchlichen Rechts anerkannte, war die Macht der reichen Laien gebrochen: Der

Kirchenbesitz wurde ihnen aus den Händen genommen. Damit war nicht nur ein Ziel des Erzbischofs, sondern auch ein Wunsch des Königs erfüllt, der seinen Einfluß geschickt ausgespielt hatte. Seine wechselnden Protégés, zu denen der Dichter Snorri Sturluson ebenso zählte wie später dessen Mörder Gizur Þorvaldsson, mußten auf Island norwegische Interessen vertreten, wollten sie nicht in Ungnade fallen. Da Island inzwischen auf norwegische Importe, vor allem Holz und Getreide, angewiesen war, konnte durch eine kurze Handelssperre, die nach einer Auseinandersetzung mit dem Hause Oddi verhängt wurde, Druck ausgeübt werden. 1262 bis 1264 unterwarfen sich nacheinander die vier Landesteile dem norwegischen König, womit nach einem halben Jahrhundert der blutigen Bürgerkriege die isländische Eigenständigkeit beendet war. Der König ernannte einen Statthalter und Bezirksverwalter, die sich teilweise aus der isländischen Oberschicht rekrutierten.

Unter norwegischer und dänischer Herrschaft

Im 14. Jh. traten große Veränderungen in Island ein. Die Binnenwirtschaft, die bisher fast ausschließlich auf der ländlichen Subsistenzwirtschaft beruhte, erhielt indirekte Impulse durch die Hanse: Die mächtigen Kaufleute aus Lübeck und Bremen hatten der norwegischen Krone 1284 große Privilegien abgerungen und hielten den Handel mit Norwegen von der Hafenstadt Bergen aus fest in Händen. Norwegische Händler wichen verstärkt auf den Handel mit Island aus und fragten an den dortigen Küsten Stockfisch nach, für den die Hanse in ganz Europa Absatzmärkte erschlossen hatte. Neben dem Ostseehering aus Schonen war der sogenannte Bergenfisch die wichtigste Fastenspeise in den christlichen Ländern. Isländische Bauern, besonders kleine Pächter und Kötter *(kotbændur)* verließen ihre Hofstellen, um in der Fischerei zu arbeiten. Auch Großbauern schickten ihre Arbeitskräfte in den Winterfischfang.

Traditionelle Stockfischproduktion

Gleichzeitig verschlechterten sich die Bedingungen für die Landwirtschaft. Die Siedlungsgrenze der Landnahmezeit mußte schon bald zurückgenommen werden, da die Pflanzendecke sich nicht so schnell regenerieren konnte, wie Weidewirtschaft und Abholzung sie zerstörten. Um 1400 verschlechterte sich zudem das Klima, die ›Kleine Eiszeit‹, die bis ins 18. Jh. hinein anhielt, brachte kältere Sommer und führte zu Mißernten und Aufgabe der ungünstig gelegenen Höfe. Häufige Vulkanausbrüche, die offenbar mehr Zerstörung anrichteten als in früheren Jahrhunderten, vernichteten vor allem an der Südküste große landwirtschaftlich genutzte Flächen. In Norwegen wütete 1349 die Pest derartig, daß sich die Wirtschaft des Landes lange Zeit nicht von dieser Katastrophe erholte und der Schiffsverkehr zu den atlantischen Inseln abbrach. Auch die Isländer wurden von verheerenden Seuchen heimgesucht. Im Jahre 1347 forderten die Pocken zahlreiche Opfer, 1402 bis 1404 raffte der Schwarze Tod einen großen Teil der Bevölkerung dahin. Verwilderte Hofstellen und Arbeitskräftemangel waren die Folgen. Wenig später tauchten vor Islands Küsten die ersten Handelsschiffe der Engländer und die Koggen der Hanse auf, die in der Folgezeit untereinander um den Handel mit den Insulanern konkurrierten.

Das 15. Jh. stand im Zeichen einer Umorientierung der isländischen Ökonomie von der Agrar- zur Fischereiwirtschaft. Gewalttätige Auseinandersetzungen zwischen englischen und deutschen Kaufleuten oder Übergriffe auf Vertreter der dänischen Krone, zu der Norwegen und Island seit 1380 durch Personalunion gehörten, änderten nichts an der Beliebtheit der Kauffahrer bei den Isländern. Die Händler zahlten gut und brachten Waren, die auf der Insel nicht mehr produziert wurden, zu erschwinglichen Preisen. Der unrentable Getreideanbau kam völlig zum Erliegen, Wollprodukte wurden kaum noch ausgeführt.

Anlegende Fischer

Küstennahe Bauernhöfe mit guten Landestellen besonders im Südwesten wurden das Ziel vieler besitzloser Isländer, die sich als Häusler *(búðsetumenn)* niederließen und sich bei den Bootseignern, meist den Großbauern der Region, als Fischer verdingten. Auch Saisonarbeiter wurden von der Fischerei angezogen. Die Arbeit in den offenen Ruderbooten war zwar extrem schwer und gefährlich, aber der Verdienst wesentlich attraktiver als in der Landwirtschaft. Knechte arbeiteten meist für wenig mehr als Kost und Logis, während Fischer anteilig am Fang beteiligt waren. Solange die ausländischen Händler sich um den Stockfisch rissen, ging die Rechnung auf. Die hohe Mobilität der Arbeitskräfte in dieser Phase der isländischen Wirtschaftsgeschichte wird als Grund dafür angesehen, daß Kultur und Sprache auf der dünn besiedelten Insel immer einheitlich blieben und das Bildungsniveau großer Bevölkerungsteile vergleichsweise hoch war, ohne daß außerhalb der bischöflichen Lateinschulen ein Ausbildungswesen existiert hätte. ›Unterricht‹ hielt der, der es konnte, oft wohl nur gelegentlich und dort, wo er gerade war.

Der dänischen Krone war der Islandhandel der ausländischen Kaufleute ein Dorn im Auge, da sich das Geschäft als lohnend herausstellte. Immer wieder gab es Versuche, es durch Zölle, Handelsbeschränkungen und Aufenthaltsverbote zu beschneiden. Für die landlosen Fischer hatte dies zur Folge, daß sie dann Gefahr liefen, ihre Lebensgrundlage zu verlieren. Verordnungen wie der *Píningsdómur* von 1490 waren sowohl gegen die ausländischen Händler als auch gegen ihre isländischen Arbeitskräfte gerichtet. Während den Ausländern der »Wintersitz« verboten wurde, womit der ganzjährige Aufenthalt und

Erwerb von Eigentum auf Island gemeint waren, wurden Häusler ohne Besitz dazu gezwungen, sich als Knechte auf Bauernhöfen zu verdingen. Auch wenn die Angriffe der Krone eigentlich nicht gegen den Fischfang, sondern gegen seine auswärtigen Nutznießer und deren Handlanger gerichtet waren, verhinderten Bestimmungen wie der *Píningsdómur* jedoch, daß die zahlreichen Fischereiplätze zu dauerhaften Dörfern und Ortschaften heranwachsen konnten. Nach und nach gelang es Dänemark, den Islandhandel unter eigene Regie zu bekommen. 1602 begann die Zeit des Handelsmonopols, die als Epoche der Verelendung und Ausbeutung in die Geschichte einging.

Bereits fünfzig Jahre zuvor hatte Dänemark den lutherischen Glauben auf Island durchgesetzt und der Krone durch die Säkularisierung vermehrten Besitz und höhere Einnahmen aus den ehemaligen Kirchengütern eingebracht. Der letzte katholische Bischof von Hólar, Jón Arason, widersetzte sich der neuen Einflußnahme der Krone und wurde 1550 nach langjährigen Auseinandersetzungen zusammen mit zweien seiner Söhne in Skálholt hingerichtet.

Durch das Handelsmonopol verschlechterten sich die Lebensbedingungen in Island erheblich. Der König vergab die Handelsrechte an dänische Kaufleute, denen die Insulaner auf Gedeih und Verderb ausgeliefert waren. Die Preise für Fischereiprodukte wurden um die Hälfte heruntergedrückt, während die Händler für Importwaren, die oft von minderwertiger Qualität waren, ein Vielfaches der alten Preise verlangten. Auf Schwarzhandel standen schwere Strafen wie Entzug des Besitzes, dennoch konnten Geschäfte der Isländer mit Kauffahrern aus Holland und England nicht völlig unterdrückt werden. Es kamen jedoch auch weniger erwünschte Seeleute an die isländischen Küsten: Im 17. Jh. nahmen die Piratenüberfälle besonders im Süden und Westen der Insel zu. Mehrmals wurden Hunderte der Inselbewohner getötet oder in die Sklaverei verschleppt.

Die isländische Landwirtschaft hatte in der Blütezeit des Fischhandels ihren Charakter als Subsistenzwirtschaft zum Teil verloren. Waren gegen Ende der Besiedlungszeit fast alle Bauern selbst Eigentümer ihrer Höfe, so wirtschaftete jetzt nur noch ein Bruchteil von ihnen auf eigenem Land. Die Krone besaß etwa die Hälfte des Bodens, einige Großbauern den Rest. Abhängigen Pächtern und landlosen Fischern ging es gleichermaßen schlecht, sie litten unter der Preispolitik des Monopols und den Abgaben an die Landbesitzer. Hungersnöte waren die Folge, und eine beträchtliche Zahl von Isländern durchstreifte das Land ohne Hoffnung auf ein erträgliches Leben. Eine Reihe extrem harter Winter, verheerende Vulkanausbrüche und weitere Epidemien, die sich unter der geschwächten Bevölkerung schnell ausbreiteten, dezimierten die Zahl der Isländer so weit, daß sie auf die Hälfte des Standes von 1100 sank: 1708 lebten noch 34 000 Menschen auf der Insel.

Der oberste dänische Beamte auf Island war zu dieser Zeit der Landvogt, der vor allem die wirtschaftlichen Belange verwaltete. In der zweiten Hälfte des 18. Jh. wurde zum ersten Mal ein Isländer mit diesem Amt betraut: Skúli Magnússon. Dieser machte verschiedene Versuche, die Lage seiner Landsleute zu ver-

bessern. Er initiierte Produktions- und Ausbildungsstätten für Landwirtschaft, Bootsbau und Wollverarbeitung, führte langwierige, zermürbende Prozesse gegen die Verbrechen der Monopolkaufleute, die wiederholt entgegen den Vorschriften der Krone verrottete Lebensmittel an die Isländer geliefert hatten, und kämpfte für eine Lockerung der Handelsbeschränkungen. Doch seine Gegner waren übermächtig; die von Skúli Magnússon aufgebauten Manufakturen wurden 1764 von der dänischen Islandgesellschaft übernommen und in den Ruin geführt. Die soziale Katastrophe wurde noch verschlimmert durch Ausbrüche der Laki in den Jahren 1783 und 1784. Giftige Gase und Ascheregen zerstörten Land und Viehbestände auf der ganzen Insel. Die Hälfte der Rinder und etwa 80% aller Schafe und Pferde gingen zugrunde. Die dänische Krone erwog, die Isländer in Jütland anzusiedeln. Zunächst jedoch lockerte sie endlich den Würgegriff des Monopols, indem 1786 der Handel allen Dänen gestattet wurde. Eine erste Besserung der Lebensbedingungen trat ein, als den Insulanern deutlich höhere Preise für ihre Exportprodukte gezahlt wurden. Die Fischpreise erreichten innerhalb von zwanzig Jahren das Vierfache des ehemals vom Monopol diktierten Betrages.

Das 19. Jh. begann jedoch mit deutlichen Rückschlägen, ausgelöst durch die Napoleonischen Kriege. Die Kontinentalsperre verhinderte den Seehandel mit der fernen Insel

Isländische Trachten des 18. Jh.

weitgehend. Obwohl es einige englische Freibeuter zum Handel an die isländischen Küsten trieb, fehlten bald wieder die elementarsten Dinge. Ein englisches Schiff brachte auch den dänischen Abenteurer Jörgen Jörgensen auf die Insel, die er 1809 zu seinem Reich erkärte. Der sogenannte ›Hundstagekönig‹ wurde jedoch bald von der englischen Marine gefangengenommen.

Im Frieden von Kiel verlor Dänemark zwar Norwegen, das an Schweden abgetreten werden mußte, die atlantischen Kolonien Island, Grönland und Färöer blieben jedoch unter dänischer Herrschaft. 1855 wurde der Handel mit Island freigegeben. Um dieselbe Zeit erreichten auch die Ideen der bürgerlichen Freiheitsbewegungen die Insel, der Ruf nach Eigenständigkeit wurde laut. Eine nationale Bewegung entstand unter Leitung des Historikers und Politi-

kers Jón Sigurðsson. Die Absicht Dänemarks, Island auch dem neuen dänischen Grundgesetz von 1849 gänzlich unterzuordnen, führte zu einem jahrzehntelangen Verfassungsstreit. Da die dänische Regierung in weitere Auseinandersetzungen verstrickt war – um die Herzogtümer Schleswig und Holstein entbrannte 1863 ein Krieg, auch die Färinger setzten sich für eine größere Unabhängigkeit ein – konnten die Isländer nach und nach einige Forderungen durchsetzen: Das im Jahre 1800 nach langer Phase der Bedeutungslosigkeit abgesetzte Althing trat 1845 wieder zusammen, erhielt jedoch erst 1874, zur Tausendjahrfeier der Besiedlung Islands, wieder gesetzgebende Kraft. Eine liberalere Verfassung trug der politischen Stimmung Rechnung.

Um die Wende zum 20. Jh. hatten sich die politischen Verhältnisse auf Island bereits stark verändert. 1918 erlangte die Insel weitgehende Unabhängigkeit durch einen Unionsvertrag mit Dänemark, in dem einzig der König die Verbindung der beiden Staaten darstellte. 1940 endete diese Union faktisch kurz vor der verabredeten Laufzeit von 25 Jahren und wurde später auf isländischen Beschluß nicht verlängert. Im Mai desselben Jahres besetzte England die Insel als Reaktion auf den deutschen Einmarsch in Dänemark.

Das neue Island

Während des Zweiten Weltkriegs stand Island unter britischer und US-amerikanischer Herrschaft. Die Besatzer bauten nun auf ihrem strategischen Stützpunkt die ersten Straßen und Flughäfen und stellten isländische Arbeitskräfte ein. Der vor Island gefangene Fisch wurde zu hohen Preisen an die Alliierten verkauft und exportiert, im Gegenzug kamen besonders aus den USA Waren ins Land, die den Insulanern bisher völlig fremd gewesen waren. (Eine Zusammenstellung dieser neumodischen Gegenstände vom Kühlschrank bis zur Trockenhaube ist im Museum Arbær in Reykjavík ausgestellt.) Die Folge waren ein Kulturschock und ein Kaufrausch, aus dem, wie manche Isländer heute selbstkritisch behaupten, die Bevölkerung noch immer nicht erwacht ist. Bis heute hat sich für diese Zeit die ironische Überspitzung vom ›gesegneten Krieg‹ erhalten.

Bis zum Kriegsende war der Kontakt zur ehemaligen Kolonialmacht abgeschnitten, und die Isländer nutzten die Gelegenheit, sich endgültig von Dänemark zu lösen. Bei einer Volksabstimmung im Frühjahr 1944 bekundeten 97 % der Bevölkerung ihren Wunsch nach isländischer Unabhängigkeit. Am 17. Mai 1944 wurde die Republik ausgerufen.

Island, seit 1949 Mitglied der NATO, stimmte der Präsenz US-amerikanischer Truppen auch nach dem Krieg zu. Dieser politische Preis der Unabhängigkeit stieß bei vielen Isländern auf heftige Proteste, die freilich umsonst blieben; bis heute wird der NATO-Stützpunkt Keflavík von den Amerikanern unterhalten, während die Radarstation Stokksnes inzwischen von Island betrieben wird – ein gewisser Widerspruch zu der Tatsache, daß Island kein eigenes Militär aufstellt, oder nur eine Definitionsfrage?

Der EG trat das Land bisher nicht bei, was vor allem aus seiner einseitigen Abhängigkeit von der Fischereiwirtschaft, dem einzigen wichtigen Exportzweig, resultiert. Um den Schutz der inselnahen Fischgründe durch die Ausweitung der Hoheitsgewässer ging es denn auch in den sogenannten ›Kabeljaukriegen‹, mit denen Island in den 50er und 70er Jahren in die internationalen Schlagzeilen geriet. Heute gilt hier wie überall die 200-Meilen-Zone.

Neben der Fischereiwirtschaft sind derzeit Dienstleistung, Handel, Energie- und Bauindustrie die wichtigsten Erwerbszweige der Isländer, die Landwirtschaft spielt nur noch eine untergeordnete Rolle. Von ihr leben nur noch 6 %

Eine Sammlung der »neumodischen Gegenstände«,
die nach dem Zweiten Weltkrieg ins Land kamen, im Museum Arbær

der Insulaner, allerdings ist besonders die Viehhaltung von großer Bedeutung für die Binnenwirtschaft. Milchprodukte werden vollständig im Land produziert, Schaffleisch wird sogar exportiert. Innerhalb von einem Jahrhundert hat sich das prozentuale Verhältnis von Land- zu Stadt-Bevölkerung gänzlich umgekehrt, von 90:10 auf 10:90 Prozent.

Ihren relativ hohen Lebensstandard erkaufen die Isländer heute mit sehr viel Arbeit. Viele sind nach Feierabend oder saisonal in anderen Branchen tätig, unter denen der Tourismus wachsende Bedeutung erlangt. So sind die Lehrerin, die in den Ferien ein Sommerhotel leitet, der Computerfachmann mit der gepachteten Tankstelle oder die Postangestellte mit dem Nebenjob im Kiosk eher die Regel als die Ausnahme. Und in den langen Sommerferien arbeiten Scharen von Schulkindern in der Landwirtschaft, in öffentlichen Einrichtungen oder sogar im Straßenbau. Das Geld wird von den meisten schnell wieder ausgegeben, denn die Inflation ist hoch, und nicht immer werden die Löhne angeglichen. Streiks in den 80er Jahren spiegeln diese Problematik wider.

Wandern in Island

Reiseplanung und Wetter

Es verwundert nicht, daß angesichts der zahlreichen Naturschönheiten der Tourismus auf Island fast jedes Jahr zweistellige Zuwachsraten verzeichnet. Es haben sich einige Hauptanziehungspunkte herauskristallisiert: Reykjavík, Akureyri, Mývatn, Egilsstaðir, Höfn und Skaftafell an der Ringstraße sowie Gullfoss, Geysir, Þingvellir und die Inlandsplätze Þórsmörk, Landmannalaugar und Hveravellir. Hier sind die Unterkünfte und Zeltplätze zwar im Hochsommer recht voll, aber mit einer Wanderung kann man sich dem hektischen Treiben schnell entziehen. Viele Island-Touristen machen den Fehler, sich ein zu umfangreiches Programm vorzunehmen, zu dem meistens auch der Besuch der oben genannten Orte gehört. Problematisch wird ein ›festes‹ Programm aber durch das schlecht kalkulierbare Wetter. Wenn z. B. Busreisende die

Region Mývatn besucht haben und nun direkt nach Skaftafell wollen, kann es passieren, daß sie bei Regen abfahren, bei Sonnenschein ganz Ostisland durchfahren und schließlich wieder im Regen an ihrem Ziel landen. Bei der Reiseplanung ist zu bedenken, daß es in Island auch im Sommer häufig regnen kann, insbesondere an der feuchteren Südküste. Daher sollte man schönes

Wetter auch dort ausnutzen, wo man es antrifft – großartige Naturerlebnisse sind dann fast überall möglich! Wie bei anderen Nordlandfahrten auch profitieren Urlauber davon, daß die Tage fast doppelt so lang sind wie in südlichen Gefilden. Das ermöglicht einen entspannteren Umgang mit Schlechtwetterphasen: Man wartet einfach ab, bis sich eine Regenfront verzieht, um eventuell erst nachmittags zu einer mehrstündigen Wanderung aufzubrechen. Dann ist nicht nur die Luft besonders klar, bei flachstehender Sonne wirken auch die Farben der Umgebung besonders schön. Ob eine Niederschlagsphase nur vorübergehend ist oder länger andauert, kann bei der jeweiligen Unterkunft erfragt werden.

Ausrüstung

Die in diesem Buch vorgeschlagenen Wanderungen führen abgesehen von Start- und Zielpunkt nur selten durch besiedeltes Land, sondern verlaufen meist durch wilde, einsame Regionen. Schlechtwettereinbrüche – in Island sind Schneestürme auch im Hochsommer möglich – könnten bei unzureichender Ausrüstung und Bekleidung schnell zu Problemen führen, deshalb hier einige Tips: Die Wanderausrüstung richtet sich natürlich zum Teil nach Art und Länge der Tour, gute Wanderstiefel sind aber immer unerläßlich. Sie

müssen die Knöchel fest umschließen und eine kräftige Profilsohle haben, also Halt auf unebenem Gelände bieten. Solche Stiefel werden auch als Trekking- oder Bergstiefel bezeichnet – je stabiler, desto besser sind sie geeignet. Wasserdicht ist dieses Schuhwerk zwar nur bedingt, aber gutes Lederfett und darübergezogene Stulpen können viel Nässe abhalten. Es empfiehlt sich, neue Stiefel

Ein Sturmkocher leistet unterwegs gute Dienste

schon zu Hause einzulaufen. Keine der vorgeschlagenen Wanderungen sollte mit anderen Schuhen unternommen werden. Gummistiefel und Sportschuhe, selbst wenn sie über die Knöchel reichen, sind für das isländische Gelände ungeeignet.

Für kurze Wanderungen in tieferen Lagen und auf eindeutigen Routen ist die übrige Ausrüstung weitgehend Geschmackssache, bequeme Kleidung und Regenjacke reichen möglicherweise aus. Jede Geländewanderung, besonders wenn sie in gebirgige Regionen führt, erfordert eine bessere Ausrüstung, im Text immer als ›Grundausstattung‹ bezeichnet: Die Kleidung muß variabel sein, das heißt den Wetterverhältnissen angepaßt werden können. Mehrere Schichten aus Hemd, T-Shirt, Pullover und winddichter regenundurchlässiger Jacke lassen sich unterwegs nach Bedarf kombinieren. Zur besseren Belüftung sind vorne zu öffnende Jacken geeigneter als Modelle, die über den Kopf gezogen werden müssen. Alle Materialien sollten bei Nässe noch wärmen und möglichst schnell trocknen, wie etwa Wolle und hochwertige synthetische Stoffe. Baumwolle hat diese Eigenschaften nicht, deshalb sind Jeans für längere Touren auch nur bedingt geeignet. Gut bewährt haben sich lange Wanderhosen, die durch einen Gummizug zu Kniebundhosen umfunktioniert werden können.

Ein Rucksack ist natürlich unerläßlich. Er sollte bequem sitzen, was bei den kleinen Tagesrucksäcken selten der Fall ist. Die großen wiegen kaum mehr, geben Rückenfreiheit und sorgen mit gepolsterten Schulter- und Beckengurten für angenehmen Sitz. In den Rucksack gehören regendichte Überbekleidung, egal ob Jacke und Hose oder Poncho, Handschuhe und Mütze oder Stirnband, Sonnenschutzmittel und Sonnenbrille, Wasserflasche, Thermoskanne mit heißem Getränk oder besser ein kleiner Spiritus- oder Benzin-betriebener Sturmkocher, Ersatzhemd oder -pullover, Erste-Hilfe-Ausstattung, Schnur, Sicherheitsnadel, Nähnadel und Zwirn, Reserveschnürsenkel, Kombi-Taschenmesser, Feuerzeug, Aludecke oder -sack für Notbiwak, Verpflegung (inklusive Notration), Plastiktüte für alle Abfälle, Kompaß (Höhenmesser), Karte(n) in Klarsichthülle, Wanderbuch.

Bei Wanderungen mit Furtpassagen haben sich Surfschuhe aus Neopren bewährt. Sie sind leicht, halten warm, rutschen nicht und können auch feucht verpackt werden. Ein ebenfalls als Teleskopausführung erhältlicher Wander- oder Skistock ist vielseitig verwendbar, sei es als Entlastung beim Gehen, zum Prüfen des Untergrunds beim Furten, im Schnee und feuchten Gelände, beim Übersteigen eines Zauns oder um attackierende Seevögel auf Distanz zu halten.

Zur Sicherheit beim Wandern

Wandern auf Island ist nicht gefährlich, obwohl sich immer wieder Menschen in Lebensgefahr bringen. Alljährlich besuchen ›Abenteurer‹ jeglicher Couleur auf der Suche nach Extremtouren die Insel – sehr zum Unbehagen der isländischen Rettungsorganisationen. Diese Urlauber treten mit dem festen Willen an, möglichst allein den Vatnajökull zu überwinden oder irren auf der Suche nach sich selbst ohne Kenntnis von Karte und Kompaß stundenlang durch Lavafelder und gehen schließlich unfreiwillig im Gletscherfluß Far baden. Daß es für diese Taten publizierende Vorbilder gibt, mindert die Unvernunft solcher Aktionen nicht.

Warnschild am Solfatarengebiet HveraröND

Gletscherspalte am Vatnajökull

Die einzige echte Gefahr für Wanderer ist Selbstüberschätzung, häufig in Verbindung mit Unkenntnis, daher werden an dieser Stelle noch einige allgemeine Hinweise zum Wandern auf Island gegeben:

Gletscher und Gletscherflüsse sind für Wanderer tabu, die nicht die exakte Route kennen und entsprechend ausgerüstet sind. Verantwortungsvolle Menschen unternehmen derartige Touren nur unter sachkundiger Führung. Wie soll selbst ein routinierter Wanderer entscheiden können, ob ein Gletscherfluß vergleichsweise hoch oder tief ist, wenn er zum ersten Mal vor ihm steht? Durch Neu- oder Altschnee verdeckte Gletscherspalten sind das Hauptrisiko auf den Gletschern, von den Gletscherzungen einmal ganz abgesehen.

Hochtemperaturgebiete mit ihren heißen Quellen, Solfataren und Schlammtöpfen erfordern besondere Aufmerksamkeit. Die sichtbare Oberfläche von Schlammpfuhlen muß nicht unbedingt der tatsächlichen Ausdehnung entsprechen. Man sollte also gebührenden Abstand halten, um nicht einzubrechen und dabei schwere Verbrühungen zu riskieren. Auch helle Ausblühungen, ein sicheres Indiz für saures, heißes Wasser im Untergrund, sind zu meiden. Es ist unbedingt ratsam, nur auf deutlich sichtbaren Wegen zu gehen, sonst auf dunklem Erdreich oder notfalls der Vegetation. In der freien Natur hilft ein Wander- oder Skistock, den Untergrund zu prüfen.

An die Kanten von Steilhängen sollte man nur herantreten, wenn man sicher ist, daß die Stelle nicht unterhöhlt ist; nur an Biegungen bzw. Vorsprüngen ist dieses zu sehen. Insbesondere die Eissturmvögel fliegen häufig nahezu lautlos dicht an Menschen vorbei. Erschrecken könnte folgenschwere Fehlreaktionen auslösen. Deshalb sollte man sich zum Beobachten hinlegen oder zumindest hinsetzen, um seinen Schwerpunkt abzusenken. Papageitaucher nisten an der Steilküste in Höhlen, deren Eingänge meist an Grasabbruchkanten liegen. In diesen Bereichen kann man dann einbrechen und mit dem Fuß umknicken.

Altschnee kann zur Gefahrenquelle werden, wenn er etwa Bacheinschnitte überspannt. Es besteht Einsturzgefahr! Eine völlig ebene Fläche kann auch ein See mit dünner Eisdecke sein.

Hat sich die Sicht bei plötzlichem Nebel so verschlechtert, daß buchstäblich die eigene Hand nicht mehr vor Augen zu sehen ist, sollte nur bei genauer (!) Kenntnis des Weges die Wanderung fortgeführt bzw. der Rückzug angetreten werden, sonst ist ein Notbiwak sicherer.

In der Regel wird man längere Touren mindestens zu zweit unternehmen, aber auch das Wandern allein hat seine Reize. In diesem Fall sollten nur markierte Wege, z. B. in Skaftafell oder am Mývatn, benutzt werden, wo die Wahrscheinlichkeit groß ist, in einem Notfall Hilfe zu bekommen. Am sichersten jedoch ist es in jedem Fall, bei seiner Unterkunft oder einer anderen geeigneten Stelle eine Nachricht über Weg- und Zeitplanung zu hinterlassen. Es ist selbstverständlich, daß man sich anschließend wieder zurückmeldet!

Heiße Quelle

Naturschutz

Wanderer sollten aber nicht nur darauf achten, selbst in der Natur keinen Schaden zu nehmen, sondern auch darauf, daß die Natur keinen Schaden nimmt. Der isländische Naturschutzrat hat Regeln für das Verhalten in der empfindlichen Natur aufgestellt, die jeder Besucher der Insel erhält. Diese setzen voraus, daß Wanderer daran interessiert sind, das, was sie genießen wollen, auch zu bewahren. In diesem Zusammenhang muß betont werden, daß die andernorts übliche Unsitte des Vergrabens von Müll für Island völlig ungeeignet ist. Entweder zerstört man die empfindliche Vegetationsdecke und bietet so der Winderosion neue Angriffsflächen, oder der Wind legt die vergrabene Dose sowieso bald wieder frei. Jede Art von Abfall muß wieder mitgenommen werden; dazu gehören auch Zigarettenkippen und Papiertücher sowie ›natürlicher‹ Müll, der ebenfalls lange Zeit die Umgebung verunziert.

Feuer darf nicht auf bewachsenem Boden und in Naturschutzgebieten überhaupt nicht gemacht werden. Es gibt ohnehin kaum Brennmaterial in diesem waldarmen Land, wo jedes Bäumchen gehegt und gepflegt wird. Treibholz an der Küste gehört den Anwohnern, und Tips in Reiseführern haben schon dazu geführt, daß Plätze für Touristen unzugänglich gemacht wurden, weil andere dort vorher Strandgut verfeuert hatten. Auch heißes Kochgeschirr zerstört die Pflanzendecke und muß deshalb isoliert werden. Wo immer möglich, müssen vorhandene Wege und Pfade benutzt werden, auch die Saumpfade der Schafe, wenn sie in die gewünschte Richtung führen. Auf ihnen geht es sich nicht nur einfacher, das umliegende Gelände wird auch geschont. Vor allem dicke Moospolster, die gerade den besonderen Reiz dieser rauhen Landschaft ausmachen, können von wenigen Querfeldeinwanderern zerstört werden. Wichtig ist vielleicht noch, daß das Zelten oder Übernachten in Wohnmobilen innerhalb von Naturschutzgebieten nur auf Campingplätzen gestattet ist.

Zu den Wanderungen

Alle beschriebenen Wanderungen wurden in den Jahren 1990 und 1991 von uns durchgeführt. Die angegebenen Kilometer dienen der groben Orientierung, ebenso wie die Zeiten. Es muß unbedingt beachtet werden, daß die Stunden sich auf die reine Wanderzeit beziehen, die wir gebraucht haben. Natürlich wird man zwischendurch Pausen einlegen, die je nach Interesse oder auch Kondition unterschiedlich lang ausfallen. Unser Wandertempo kann ebenfalls nur als Anhaltspunkt dienen. Je nach Gepäck und Fitneß werden manche langsamer, andere schneller sein. Um seine relative Geschwindigkeit im Verhältnis zu den Richtzeiten zu ermitteln, sollte man vielleicht nicht gleich die Súlur-Wanderung bei Akureyri wählen.

Die angegebenen Karten sind für die Wanderungen nicht notwendig, bieten aber eine gute Ergänzung, insbesondere wenn man sich auf eigene Faust weiter umsehen will. Eine sehr gute Übersicht über Islands Landschaften bietet die Serie der Übersichtskarten *Aðalkort* 1:250 000. Sie besteht aus neun Blättern, die in fünf Kartenwerken zusammengefaßt sind. Auf ihnen findet man grobe Landschaftsstrukturen, Straßen, Orte und Höfe ebenso wie alte Reit- und Verbindungswege, aufgegebene Hofstellen, heiße Quellen, Bodenbeschaffenheit und viele nützliche Landmarken; als Ergänzung zu den beschriebenen oder markierten Wanderrouten geradezu perfekt. Wer Island selbständig zu Fuß durchstreifen will, braucht die topographischen Karten *Atlasblöð* 1:100 000, von denen 87 Stück erschienen sind. Es ist nicht auszuschließen, daß sich in einem so ›bewegten‹ Land wie Island kurzfristig Veränderungen des Untergrunds ergeben. Falls durch Auswirkungen von Vulkanismus, Gletscher oder Wasser die vorgefundene Realität wesentlich von der Wanderbeschreibung abweicht, sollte man gegebenenfalls den Mut aufbringen umzukehren.

Durch Erosion entstandener »Pilz«

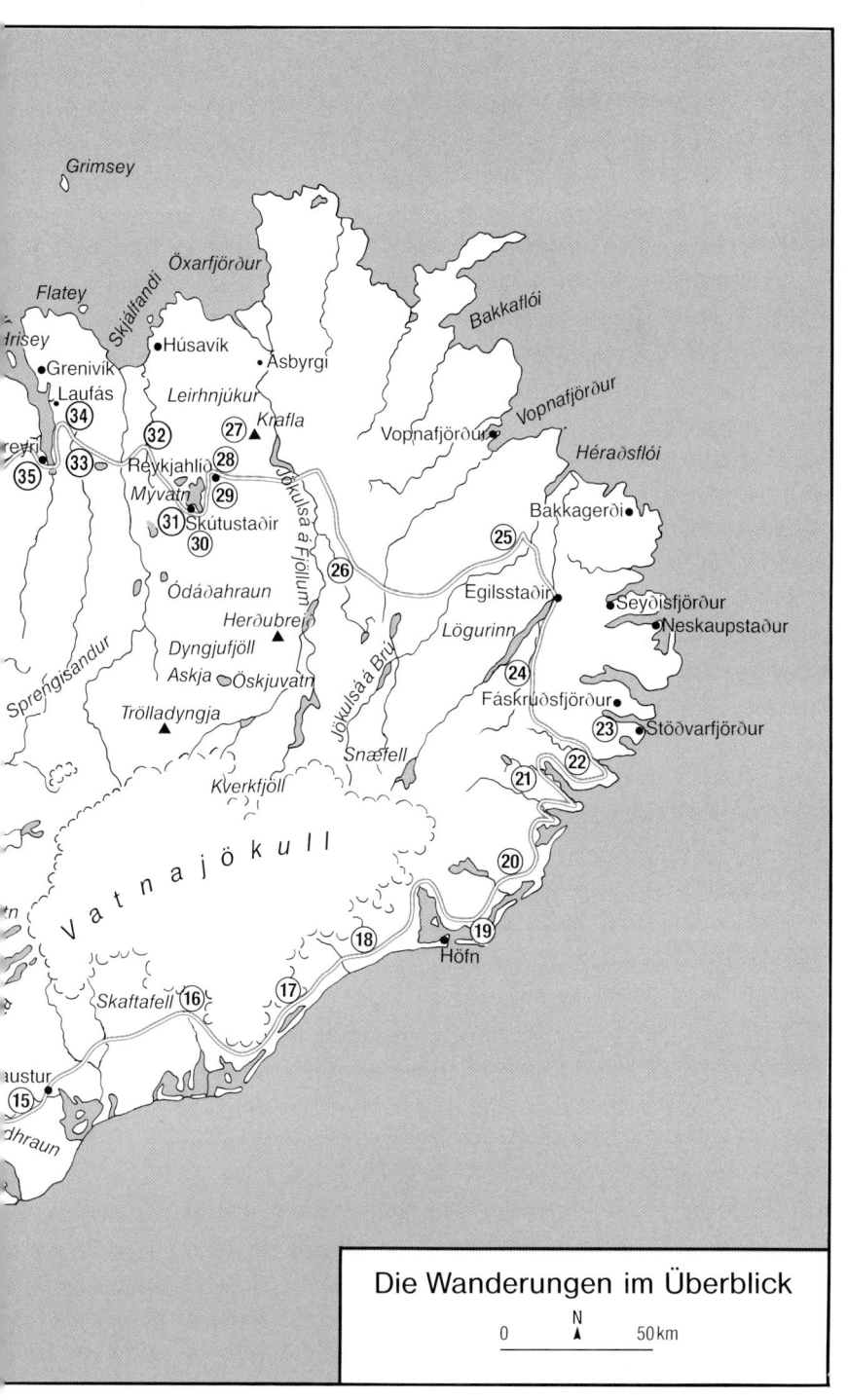

Der Südwesten

Alte Kulturstätten in junger Vulkanlandschaft

Der ehemalige Bischofssitz Skálholt

1 Reykjavík: Transitstation für Reisende – Islands Metropole

Der kurze Rundgang führt durch den ältesten Teil der Hauptstadt, deren weitere Sehenswürdigkeiten in Abstechern Erwähnung finden. Die breiten, verkehrsreichen Straßen des modernen Reykjavík laden jedoch weniger zu Spaziergängen ein.

Reykjavík ist für Touristen eher Durchgangsstation als eigentliches Ziel einer Islandreise; die Insel wird wegen ihrer fantastischen Landschaft besucht, nicht wegen der relativ schmucklosen Orte. Selbst in der Hauptstadt finden sich aufgrund der jungen Stadtgeschichte nur wenige Gebäude, die nicht aus diesem Jahrhundert stammen.

Reykjavíks Entwicklung läßt sich in zwei Etappen unterteilen. Mit der Landnahme Ingólfur Arnarsons 874 beginnt die Besiedlung der ›Rauchbucht‹, wie die ersten Bewohner sie wegen der vielen dampfenden Quellen nannten. Bis ins 16. Jh. blieb Reykjavík eine unbedeutende Hofstelle, zu dieser Zeit begannen ausländische Kaufleute einen geschützten Anlegeplatz an der ganzjährig eisfreien Küste bei Seltjarnarnes zu benutzen. Das reiche Kloster auf Viðey und das Krongut Bessastaðir waren ihre Handelspartner. Der Stützpunkt geriet bald in die Hände des dänischen Handelsmonopols, das die Kaufleute von dort vertrieb.

Bis ins 18. Jh. hinein lebten in der Region nur etwa 150 Menschen auf einer Handvoll verstreut liegender Höfe und in den wenigen Fischerhütten nahe dem Anleger. Erst die Initiative des Amtmanns Skúli Magnússon führte ab 1750 dazu, daß sich der Ort entwickelte. Skúli erlangte vom dänischen König eine Lockerung des drückenden Monopols und finanzielle Unterstützung für seine Pläne, eine gewerbliche Produktion in dem wirtschaftlich ruinierten Land zu schaffen. Daß es gerade in Reykjavík war, wo Skúli die Manufaktur für Fell- und Wollverarbeitung gründete, mag an der Nähe zu seinem Amtssitz auf Viðey gelegen haben. Obwohl die Monopolkaufleute mit allen Mitteln und erfolgreich gegen das Projekt vorgingen, war dennoch die Grundlage für die Stadtentwicklung gelegt.

Mit nur 300 Einwohnern erhielt Reykjavík 1786 den Status *kaupstaður*, Handelsort. Gelockerte Handelsbestimmungen führten in ökonomischer Hinsicht zu den ersten Verbesserungen. Verschiedene Institutionen wurden nach Reykjavík verlegt, schon 1784 der Bischofssitz von Skálholt, 1789 das zum Gerichtshof degradierte Althing, das 1845 parlamentarische Funktion erhielt, ein Jahr später Islands einzige weiterführende Schule. Handwerker und Kaufleute ließen sich zunehmend auf dem Terrain zwischen Hafen und dem kleinen See Tjörnin nieder. Ohne Anbindung an die großen Landwirtschaftsgebiete im Südosten und Norden blieb das Wachstum des kleinen Ortes jedoch gering, bis zu Anfang

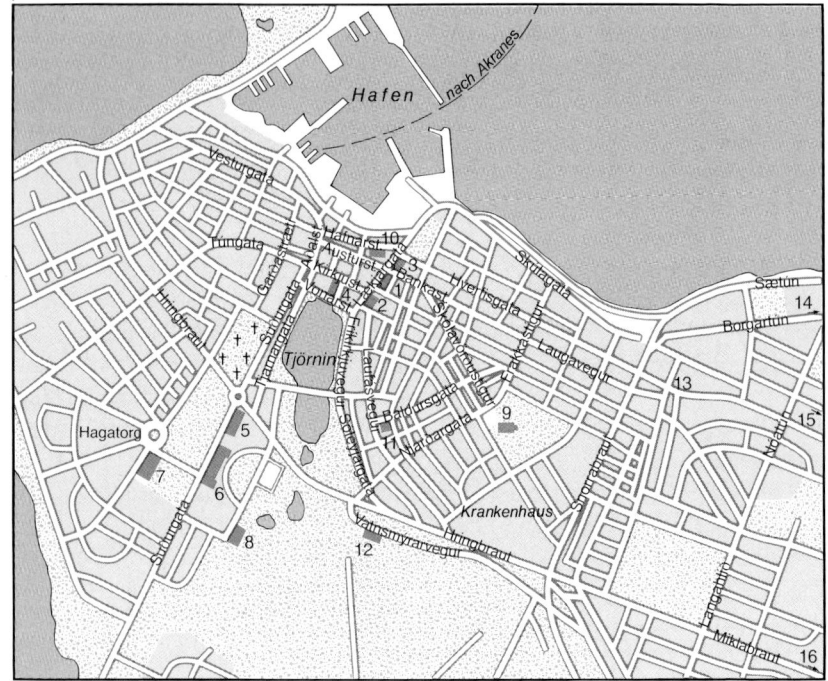

Reykjavík 1 Tourist-Information 2 Altes Gymnasium 3 Regierungsgebäude 4 Parlament 5 Nationalmuseum 6 Universität 7 Universitätskino 8 Nordisches Haus 9 Hallgrímskirkja 10 Hauptpost 11 Jugendherberge 12 Überlandbusbahnhof BSÍ 13 Stadtbushaltestelle Hlemmur 14 zur Insel Videy 15 zum Ásmundur-Sveinsson-Museum 16 zum Freilichtmuseum Arbær

dieses Jahrhunderts die Schleppnetzfischerei den entscheidenden Impuls zur Landflucht gab. Seither sind die Bevölkerungszahlen explosionsartig gestiegen. Lebten um 1900 nur 8 % der Isländer in Reykjavík, so sind es heute 40 %, zählt man die Nachbargemeinden mit, wohnen sogar mehr als die Hälfte aller Isländer im Großraum Reykjavík, etwa 130 000 von insgesamt 240 000. Die Stadt breitet sich heute großflächig auf der Landzunge aus, die in die Bucht Faxaflói hineinragt. Außerhalb der kleinen Altstadt herrscht überall die Betonbauweise vor, und breite Autostraßen durchziehen die ständig wachsenden Vororte.

Stadtspaziergang

Ein kurzer Rundgang erschließt den ältesten Teil der Hauptstadt, der sich zwischen Hafen und dem See Tjörnin erstreckt. In der Altstadt finden sich viele Gebäude im Stil des 19. Jh. In jener Zeit wurde ein Bauverbot für Torfhäuser erlassen, und skandinavische Haustypen wurden eingeführt, viele davon mit der für Island typischen Wellblechverkleidung.

Das heutige Zentrum stellt der Platz Lækjartorg dar. Hier münden die großen Einkaufsstraßen Austurstræti und Bankastræti/Laugarvegur, befinden sich die Stadtbushaltestellen und die Tourist-Information sowie verschiedene kleine Geschäfte im erhöht gelegenen Gebäudekomplex ›Torfan‹ (1), der ebenso wie das angrenzende alte Gymnasium (2) aus der Mitte des letzten Jahrhunderts stammt. Auf den Stufen unterhalb der niedrigen Torfan-Häuser lassen sich an Sommertagen viele Menschen nieder, teils zum Schachspielen, teils zum Plaudern oder um auf den Bus zu warten. Das älteste Steinhaus der Stadt, das ehemalige Gefängnis und heutige Regierungsgebäude Stjórnarráðið (3), jenseits der Bankastræti gelegen, stammt aus dem späten 18. Jh. Gleich dahinter steht auf einem kleinen Hügel das Denkmal für Ingólfur Arnarson, Reykjavíks erstem Siedler. Links geht es in die Hafnarstræti, die zur Zeit des Handelsmonopols den Hafen säumte, der heute durch Aufschüttungen etwas weiter in Richtung Meer verlagert ist. In einigen der niedrigen Häusern aus dem 18. und 19. Jh. wird isländisches Kunsthandwerk verkauft. Biegt man nach links in die Aðalstræti ein, so ist mit dem Haus Nr. 10 das vermutlich älteste Gebäude der Stadt erreicht. Es stammt von 1770. An einem kleinen Kirchhof, auf dem die Statue des Amtmanns Skúli Magnússon steht, geht es nach links in die Kirkjustræti, an der sich links der Platz Austurvöllur mit einem Denkmal für den Anführer der Unabhängigkeitsbewegung, Jón Sigurðsson (1811–79) befin-

---

Blick auf die Stadt von der Hallgrímskirkja

det. Gegenüber liegt das große Basaltgebäude von 1881, in dem das Althing tagt (4). Die Rückseite des großen grauen Natursteinhauses grenzt an den Stadtsee Tjörnin, auf dem sich im Sommer zahlreiche Enten und Seeschwalben niederlassen. An seinem Ufer entsteht zur Zeit das neue Rathaus von Reykjavík, das 1992 fertiggestellt sein soll. Gleich neben dem Alþingishús befindet sich die kleine Domkirche von 1796, die im Laufe der Zeit mehrmals umgebaut wurde. Durch die Gasse Skólabrú erreicht man hinter der Kirche wieder die Lækjargata auf Höhe des alten Gymnasiums.

Abstecher führten zu weiteren Sehenswürdigkeiten der isländischen Hauptstadt: Vom Rathausneubau am Seeufer des Tjörnin entlang erreicht man das Nationalmuseum Þjóðminjasafn (5), das eine reichhaltige Sammlung zur isländischen Kultur und Geschichte besitzt. Die benachbarte Universität (6) stellt im Árni-Magnússon-Institut alte Handschriften aus. Isländische Filme mit englischen Untertiteln werden im Universitätskino am Hagatorg (7) gezeigt. Das 1968 eingeweihte Nordische Haus (8), ein skandinavisches Gemeinschaftsprojekt, zeigt ein wechselndes Programm von Vorträgen, Diashows und Musikveranstaltungen zu skandinavischen Themen.

Die Hallgrímskirkja (9), zu erreichen über Bankastræti/Laugavegur und Frakkastígur, ist weithin sichtbar und bietet vom hohen Turm eine hervorragende Aussicht über die Stadt. Die markante Betonkirche, deren Architektur an Basaltsäulen erinnert, wurde nach Jahrzehnten der Planung und des Baus erst jüngst fertiggestellt. Ein Besuch des Ásmundur-Sveinsson-Museums, das im Atelier und auf dem Grundstück die Privatsammlung des zeitgenössischen Bildhauers zeigt, läßt sich mit einem Gang durch den nahegelegenen Botanischen Garten (Laugardalur) verbinden.

Das Freilichtmuseum Arbær, mit dem Stadtbus Nr. 100 erreichbar, gibt mit histori-

schem Torfgehöft und alten Stadthäusern Einblicke in die Wohn- und Arbeitsverhältnisse früherer Jahrhunderte in Reykjavík.

Die kleine Insel Viðey, ehemals Sitz eines Klosters, ist mit einer Fähre von Sundahöfn stündlich erreichbar. Viðeyarstofan, Skúli Magnússons Wohnhaus aus dem Jahre 1751, ist das älteste Steinhaus Islands. Spazierwege erschließen das Eiland, das Brutplatz vieler See- und Watvögel ist.

Folgende Wanderungen sind von Reykjavík aus als **Tagestour mit Linienbussen** zu realisieren (Startpunkt aller Überlandbusse ist der BSÍ-Busbahnhof): 4 Þingvellir: Bus dorthin verkehrt 1. 7.–15. 8. zweimal täglich / 5 Laugarvatn-Geysir: Bus Geysir/Gullfoss über Laugardalur täglich / 7 Hveragerði: alle Busse nach Südosten / 42 Grábrok: Bus nach Akureyri, im Sommer zweimal täglich / 43 Glymur-Hvalvatn: alle Busse Richtung Norden und Nordwesten.

Als **Tagestour mit dem Auto** bieten sich zusätzlich zu den oben genannten folgende Wanderungen an: 2 Krísuvík / 3 Krísuvíkurberg / 6 Gullfoss / 8 Vörðufell / 9 Háifoss.

2 Krísuvík: Junger Vulkanismus auf der Reykjanes-Halbinsel

Die leichte Rundwanderung verläuft hauptsächlich auf Reit- und Fahrspuren über die vulkanischen Rücken und jungen Lavafelder von Reykjanes. Solfataren und verschiedenfarbige Kraterseen liegen am Wegesrand.

Dauer: 4 Std. (zwei Abstecher, je 1 Std. zusätzlich)
Gesamtlänge: ca. 16 km, 400 Höhenmeter.

◁ Hallgrímskirkja mit der Statue Leifur Eirikssons

ACHTUNG! Die unten genannte Sonderkarte verzeichnet ein dichtes Netz von Wanderrouten, die jedoch oft nicht zu finden sind. Ebensowenig Verlaß ist auf Wegweiser im Gelände, die Erwartungen auf Wanderwege wecken, ohne sie zu erfüllen.
Ausrüstung: Grundausstattung, Wasser.
Karten: Spezialkarte 1:100 000 Suðvesturland; Aðalkort 3, Atlasblöð 27 und 28.
Unterkunft: Grindavík an der 43 (18 km): Campingplatz; Svartsengi an der 43 (24 km): Gästehaus an der

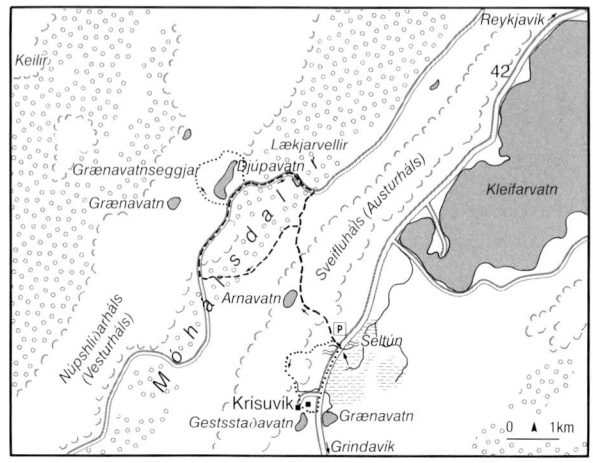

Wanderung 2

»Blauen Lagune«; vielfältiges Angebot in Reykjavík (32 km).

Sonstiges: Schwimmbad »Blaue Lagune« beim Kraftwerk Svartsengi, etwa 6 km nördlich von Grindavík.
Anfahrt: Von Reykjavík der Straße Nr. 41 Richtung Keflavík folgen, hinter Hafnarfjörður nach links auf die Nr. 42 abbiegen, auf dieser am Kleifarvatn vorbei bis zum Parkplatz am Solfatarengebiet bei Seltún. Es gibt keine reguläre Busverbindung hierher, aber es besteht die Möglichkeit, eine der täglichen Ausflugstouren für Touristen zu buchen, ein Zelt mitzunehmen, denn Unterkunftsmöglichkeiten fehlen in dieser Region, um die Rundfahrt am nächsten Tag fortzusetzen. Oder man mietet ein Auto in Reykjavík oder am Flughafen Keflavík und baut die Wanderung in einen Tagesausflug über die Halbinsel Reykjanes ein. Da die Entfernungen nicht sehr groß sind, kann man abends seinen Ausgangspunkt wieder erreichen.

Der Parkplatz **Seltún**, an dem die Wanderung beginnt, befindet sich direkt bei einem Bohrloch, aus dem fauchend eine hohe Dampfsäule austritt, um in der kühlen Luft zu feinem Sprühregen zu kondensieren. Daneben ist eine Vielzahl von Solfataren, Fumarolen und Schlammtöpfen zu sehen, die am Ende der Wanderung besichtigt werden. Rechts vom Bohrloch geht es den Hang zum Sveifluháls, auch Austurháls genannt, hinauf. Ist der erste Absatz erklommen, sieht man voraus einen Einschnitt im Hang, an dessen rechter Seite die Wanderung entlangführt. Hier haben Pferde einen deutlichen Pfad ausgetreten, der durch die Einkerbung zu einem Hochtal hinauf und leicht nach rechts zu einem Steinmann führt. Wenn man diese Markierung nach einer knappen halben Stunde erreicht, kommt links der **Arnavatn** ins Blickfeld. Der See füllt den tiefsten Bereich des Hochtals, das sich nach rechts noch weit in den Sveifluháls gräbt. Ein kurzes Stück liegt der

See zur Linken, dann geht es diagonal in nördlicher Richtung durch die trockene, unbewachsene Senke. Bei einigen kleinen ausgetrockneten Tümpeln, in deren lehmigem Untergrund die Pferdespuren wieder deutlicher zu sehen sind, erreicht man einen weiteren Einschnitt im Sveifluháls, der oben mit einem Steinmann markiert ist. Die lockere Vulkanasche macht hier größeren Gesteinsbrocken Platz, die das folgende kurze Wegstück bis zum nächsten Steinmann kennzeichnen. Dieser steht bereits in Sichtweite des breiten Móhálsdalur, das etwa 150 m unterhalb liegt.

Vor dem Abstieg sollte man den hervorragenden Ausblick von dieser Stelle genießen: Jenseits wird das Tal vom Rücken des Núpshlíðarháls, auch Vesturháls genannt, begrenzt. Dicht an seinem Fuß ragt in nordwestlicher Richtung ein niedriger Krater nur wenig aus den umgebenden Lavafeldern auf. Hinter diesem Orientierungspunkt liegt, allerdings noch nicht sichtbar, der Djúpavatn, der im weiteren Verlauf der Wanderung angesteuert wird. Weiter rechts ist an klaren Tagen im Hintergrund die Nordküste der Halbinsel Reykjanes und über das Meer hinweg Reykjavík mit dem Bergmassiv Esja zu sehen.

Der Abstieg erfolgt auf einem nach rechts führenden Trampelpfad, auf dem das Tal am bequemsten erreichbar ist. Er endet nach etwa einer Stunde Wanderzeit an einer Jeepspur bei einem hölzernen Wegweiser, der die bisher zurückgelegte Strecke als »Ketillstigur« bezeichnet. Die Rundtour wird nach links auf dem Jeepweg

Am Wochenende herrscht großer Andrang auf dem Parkplatz Krísuvík

fortgesetzt und verläuft entlang der moosbedeckten Lavafelder, die von Spalten und Höhlen durchsetzt sind. Ein ›Schlagloch‹ besonderer Art befindet sich in der Piste: Die Einbruchstelle mündet in eine Lavahöhle unterhalb der Fahrspur.

Der Weg wird allmählich schlechter und schließlich unbefahrbar. Er verzweigt sich an der Stelle, wo der bisher links verlaufende Sveifluháls einen Rechtsbogen beschreibt und deshalb eine geringe Richtungsänderung nach rechts erfordert. Spuren führen in diese Richtung auf eine Geländestufe zu, über die es hinab geht. Unten sind erneut Reifenabdrücke zu sehen, die das dicke Moospolster auf den flachen Lavaströmen zerfurchen. Man folgt ihnen am Berghang entlang, bis dieser bald darauf zur Linken ausläuft. Hier stößt man nach etwa 1½ Std. auf die Hauptpiste, die quer zur Gehrichtung verläuft und daher nicht verfehlt werden kann. Auf der breiten, an Wochenenden stark frequentierten Fahrspur geht es nun nach rechts auf einen Ausläufer des Núpshlíðarháls zu. Bevor die Piste bergauf führt, gibt es links eine schöne Rastmöglichkeit an einem der wenigen Bäche in dieser sonst wasserarmen Gegend.

Sobald der Weg den Hügelrücken überwunden hat, kommt der See **Djúpavatn** in Sicht, dessen Ufer man nach etwa 2 Std. erreicht. Ein Wegweiser (»Grænavatnseggjar«) deutet auf den Hang vom Núpshlíðarháls, an dem jedoch weit und breit kein Anzeichen für einen Wanderweg zu finden ist. Der einstündige **Abstecher** um den See herum ist nur geländeerfahrenen Wanderern zu empfehlen.

Einen Pfad, wie Karte und Wegweiser ihn vermuten lassen, gibt es hier nicht, statt dessen finden sich an den entlegensten Stellen Fahrspuren, die das Ihrige zu einer beispiellosen Erosion beitragen. Dennoch ist die Landschaft beeindruckend und einen Besuch wert. Dieser Abstecher führt einmal um den Djúpavatn herum, allerdings jenseits des Bergrückens, der sich an seiner Westseite erhebt. Man folgt dem Schild »Grænavatnseggjar« und sucht sich eine Spur aufwärts oder legt selbst eine an. So müssen gut 100 Höhenmeter überwunden werden. Dann ist der Djúpavatn rechts nicht mehr zu sehen, dafür taucht zur Linken der Grænavatn auf. Nun geht es nach rechts am jenseitigen Hang des Bergrückens entlang. In Laufrichtung öffnet sich ein Tal, in dem fast der gesamte Bewuchs erodiert ist und der lehmige Boden in vielen Farben leuchtet. Dort, wo sich dieses Tal nach links wendet, befindet sich voraus eine ebene, saftig grüne Wiese, die zu drei Seiten hin jäh abbricht.

Zur Rechten, also nach Osten zum Djúpavatn zurück, ist ein breiter Einschnitt zu erkennen, durch den die weitere Wanderung verläuft. Bald kann man hinunter in das Móhálsdalur blicken und rechts wieder den See sehen. Für den Abstieg sollte die rechte Seite des kleinen Bachlaufes gewählt werden, da hier lehmiger Boden vorherrscht, während das linke Ufer noch begrünt ist.

Eine letzte Schwierigkeit bildet das recht sumpfige Gelände nördlich des Sees. Am besten hält man sich dicht am Rinnsal und gelangt schließlich wieder zu einem Hinweisschild für Wanderer, das mit der Aufschrift »Sog 2,4 km« versehen, direkt in den Sumpf zeigt. Der kleine Bach mäandriert hier in Abständen von wenigen Metern. Lækjarvellir heißt dieser malerische Flecken, wo allerdings auch schon einige Autos Reifenabdrücke hinterlassen haben. Man folgt einer Fahrspur, die bald zu der Weggabelung mit der Hauptpiste führt.

Die eigentliche Wanderung führt weiterhin über die Piste und passiert nun gleich hinter dem dunklen Djúpavatn den niedrigen Krater, der schon zuvor erwähnt wurde. An der Weggabelung, an der es links nach Lækjarvellir geht, hält man sich rechts und trifft nach etwa 2½ Std. auf einen weiteren Abzweig. Hier weist ein Schild nach rechts bereits auf den Ketillstigur hin, wo sich nach knapp 3 Std. der Kreis schließt. Auf dem Reitpfad geht es zum Ausgangspunkt zurück, und nach insgesamt 4 Std. ist wieder der Parkplatz an der künstlichen Fumarole erreicht.

Hier kann man einen **Abstecher** durch das kleine, mit Holzstcgen und Wegen versehene Solfatarengebiet anschließen. Dort, wo der Rundweg seine höchste Stelle erreicht, verläßt man ihn und steigt halblinks den Berg hinauf. Es lohnt sich, immer wieder einmal zurückzuschauen, denn der Ausblick auf das Thermalgebiet und den dahinter liegenden Kleifarvatn wird mit zunehmender Höhe immer besser. Man stößt schließlich auf einen kleinen Bachlauf und folgt ihm. Dort, wo das Rinnsal durch flacheres Terrain fließt, ist sein Grund durch abgelagerte Schwefelverbindungen gelb eingefärbt. Hier wendet man sich nach links, geht praktisch parallel zur Straße am jenseitigen Hang des Bergrückens entlang, weiterhin leicht aufwärts.

Das Solfatarengebiet ist kaum zu verfehlen, da große Dampfschwaden die hochthermalen Aktivitäten anzeigen. Der Berghang wird zunehmend lehmiger, was auf den hohen Grad seiner Zersetzung hinweist. Mit jedem Tritt hinterläßt man tiefe Spuren im Hang, es sollte also selbstverständlich sein, vorhandenen Pfaden zu folgen. Wie überall in der Nähe heißer Quellen sollten auch hier die hellen Ausblühungen nicht betreten werden, da dort die Gefahr besteht, in den heißen Untergrund einzubrechen.

Der Abstieg zu den Häusern von Krísuvík ist nicht ganz einfach; alte Rohrleitungen weisen darauf hin, daß hier früher die Energie genutzt wurde, vermutlich, um die zur Zeit nicht betriebenen Gewächshäuser zu beheizen. Entweder folgt man bereits hier dem nach links zur Straße Nr. 42 führenden Weg, oder man wählt erst die nächste parallel verlaufende Fahrspur hinunter zur Straße. Dieser kleine Umweg führt vorbei am Gestsstaðavatn und zum **Grænavatn**, der seinen Namen zu Recht trägt, da er auffallend türkisgrün ist. Diese beiden Seen sind Maare, also mit Wasser gefüllte Explosionskrater. Der Rückweg erfolgt entlang der Nr. 42 nach links, wobei man noch einige große Schlammtöpfe rechts der Straße besichtigen kann.

Das Schwimmbad »Blaue Lagune« in Svartsengi

Die Seevögel der Steilküsten

Zerklüftete Felsküsten bilden den Lebensraum einiger der interessantesten Vogelpopulationen, die Wanderer auf Island antreffen können. Zwischen der grasbewachsenen Abbruchkante der Steilfelsen und den Schuttkegeln an der Brandungszone nisten auf schmalen Vorsprüngen und Simsen, in Nischen und Höhlen während der Sommermonate verschiedene Seevogelarten.

Im oberen Bereich der Vogelberge halten sich die **Papageitaucher** auf. Ihren irreführenden Namen verdanken sie dem dreieckigen, rot, blau und gelb gefärbten Schnabel; das schwarzweiße, frackartige Gefieder verweist jedoch darauf, daß die possierlichen Vögel zur Gattung der Alken gehören. Papageitaucher nisten teils in Höhlen, die sie in den Grasboden oberhalb der eigentlichen Steilküste graben, teils in Nischen der Felsküste, wo jeweils ein Junges aufgezogen wird. Es wird nach etwa sechs Wochen von den Alten allein gelassen und verläßt dann nachts die Bruthöhle, um dem offenen Meer zuzustreben. Dies ist das eigentliche Element der hervorragenden Taucher, die unter Wasser ›fliegen‹. In der Luft sehen sie eher tolpatschig aus, ihr Flug wirkt hektisch, und die Landung auf schmalen Simsen gelingt nicht immer. Papageitaucher trifft man oft in großen Kolonien an, in denen es jedoch sehr ruhig zugeht, denn sie geben nur bei der Brut dunkle, knurrende Geräusche von sich und sind ansonsten stumm.

Auch die **Eissturmvögel** besiedeln die oberen Bereiche der Steilküsten. Sie erinnern auf den ersten Blick stark an Möwen, gehören jedoch zur Familie der Röhrennasenvögel und sind entfernt mit den Albatrossen verwandt. Durch ihre gedrungenere Körperform, den kurzen gelben Schnabel und ihren starren Gleitflug lassen sie sich gut von den möwenartigen Küstenbewohnern unterscheiden. Eissturmvögel bebrüten nur ein Ei, verlassen das Junge jedoch vor dem Flüggewerden. Die Jungvögel stürzen sich aus den Steilfelsen auf das Meer hinunter, wo sie einige Tage lang ohne Nahrung herumschwimmen, bis sie genug Gewicht verloren haben, um sich von der Wasseroberfläche zu erheben. Eissturmvögel nisten jedoch nicht nur in direkter Küstennähe, so daß man im August oft Gelegenheit hat, die Jungen auf den Sandern der Südküste zu treffen, wenn sie den langen Marsch zum Wasser unternehmen. Die erschöpften Vögel sind hier eine leichte Beute für Raubmöwen, ihre einzige Verteidigungsmöglichkeit besteht darin, eine übelriechende Flüssigkeit auszuspucken.

Die **Trottel- und Dickschnabellummen** halten sich im Sommer in den steilsten Bereichen der Vogelfelsen auf. Die geselligen Vögel, deren längliche Körper und schwarzweißes Gefieder an Pinguine erinnern, leben in großen Kolonien, von denen oft ein ohrenbetäubender Lärm ausgeht. Die Lummen legen meist nur ein Ei, das direkt auf den Felsvorsprüngen brütet wird. Die konische Form der Eier verhindert, daß sie wegrollen und hinunterfallen. Auch die Jungvögel der Lummen müssen sich nach der Brutzeit von den Felskanten stürzen, wozu sie von den Alten durch Demonstrationsverhalten aufgefordert werden.

Die **Dreizehenmöwe** ist häufig in den Vogelbergen anzutreffen, wo sie ihr Nest auf Vorsprüngen baut. Sie legt meist zwei Eier, die von beiden Altvögeln bebrütet werden. Die Jungen verlassen das Nest erst, wenn sie fliegen können; die Flugversuche, von den Eltern lautstark unterstützt, können im August oft beobachtet werden.

Weiter unten lebt der **Tordalk,** ein naher Verwandter der Lummen und ihnen äußerlich wie im Verhalten sehr ähnlich. Lediglich der Schnabel des Tordalks ist dikker, seine Rufe sind dunkler als die der Lummen. Auf den untersten Absätzen der Steilwände halten sich die Gryllteiste auf, die mit Lummen und Alken verwandt, jedoch kleiner als diese sind und ein überwiegend schwarzes Gefieder besitzen. Sie leben das ganze Jahr über in küstennahen Gewässern, wo sie in der Brandungszone nach Nahrung suchen.

Der **Kormoran** und die kleinere **Krähenscharbe** bevorzugen als Standplätze kleine, der Küste vorgelagerte Schären, auf denen die langhalsigen Vögel nach dem Tauchgang ausruhen und ihre ausgebreiteten Flügel von Wind und Sonne trocknen lassen. Sie bauen in diesem Gelände wie auch auf schmalen Felsenbändern ihre Nester und legen zwei bis fünf Eier. Seltener trifft man vor den Steilküsten auf **Baßtölpel,** die größten Seevögel der nördlichen Hemisphäre. Sie brüten nur an wenigen Plätzen in den Felsküsten der Westmänner-Inseln und auf dem geschützten Felsen Eldey vor Islands Südküste. Bei der Nahrungssuche – am besten von Bord eines Schiffes zu beobachten – stürzt sich der Baßtölpel aus großer Höhe auf das Meer hinunter, taucht flach ins Wasser ein und ruht sich nach erfolgreicher Jagd noch kurz auf der Oberfläche aus.

Die große **Raubmöwe,** Skua, lebt zwar nicht in dem beschriebenen Biotop, kommt aber auf ihren Raubzügen gern in die Kolonien brütender Vögel. Vorsicht vor den Angriffen der dunkelbraun gefiederten Möwenvögel mit den markanten weißen Streifen an den Flügeln ist auch für Wanderer geboten, vor allem nahe der Steilküste. In einer Schrecksekunde kann man leicht die Orientierung oder das Gleichgewicht verlieren.

3 Die Vogelfelsen Krísuvíkurberg

Durch junge Vulkanlandschaft führt die einfache Rundwanderung zur Südküste von Reykjanes, wo in den Steilfelsen zahlreiche Seevögel brüten.

Dauer: 4½ Std. (Abstecher zusätzlich 1 Std.).
Gesamtlänge: ca. 20 km.
Ausrüstung: Grundausstattung, Teleobjektiv (Stativ), Fernglas
Karten: Spezialkarte 1:100 000 Suðvesturland; Aðalkort 3, Atlasblöð 28.

Unterkunft: Grindavík an der Nr. 43 (18 km): Campingplatz; Svartsengi an der Nr. 43 (24 km): Gästehaus an der »Blauen Lagune«; Reykjavík (32 km): vielfältiges Angebot.
Sonstiges: Schwimmbad »Blaue Lagune« beim Kraftwerk Svartsengi (24 km).
Anfahrt: Von Reykjavík über die Straße Nr. 41 in Richtung Keflavík, hinter Hafnarfjörður links auf die Nr. 42 abbiegen, dann auf die Nr. 425 nach Grindavík, wo sich nach ca.

2 km ein Hinweis auf einen Wanderweg findet. Keine Linienbusse, s. auch Wanderung 2.

Die Wanderung beginnt an der Straße Nr. 425 bei dem Hinweisschild nach Krísuvíkurberg bzw. Selalda, 2 km hinter dem Abzweig von der Straße Nr. 42. Man verfolgt eine gut erkennbare Jeepspur, die, anders als der Wanderweg auf der Karte Suðvesturland, den Bach Vestarilækur erst bei den Grundmauern der verlassenen Hofstelle **Fitjar** quert, nachdem zuvor eine Schafsperre passiert wurde. Diese ersten gut 45 Min. der Wanderung führen durch überwachsene Lavafelder der Jüngeren Doleritformationen. Sie entstanden in den letzten Warmzeiten und erhielten ihren einebnenden Schliff vor 10–12 000 Jahren durch die jüngste Eiszeit.

Ein Hinweisschild zum Strákar zeigt bei Fitjar auf einen kleinen Trampelpfad, der auf den gleichnamigen Hügel führt. Er besteht ebenso wie der **Selalda** aus hellbraunem Palagonittuff. Dieses Material wird auf Isländisch *móberg* genannt und ist hier besonders fein geschichtet. Es entstand während der Eiszeiten durch Ascheexplosionen, wobei das über der Ausbruchstelle befindliche Wasser (aufgetautes Eis) für eine schnelle Abkühlung sorgte. So bildete sich ein Basaltglas, das auch unter dem Namen Hyaloklastit bekannt ist.

Zwischen den beiden Hügeln kann man einen alten, sehr gut erhaltenen Schafspferch sehen. Seine aufeinandergeschichteten Steinwälle schmiegen sich an einen steilen Felsen. Für Wanderer bietet der Pferch auch heute noch einen guten Schutz gegen stürmisches Wetter. Zwischen den beiden Hügeln haben Wind und Niederschlag das relativ weiche Gestein zu bizarren Formen modelliert. Dazwischen ragen schmale, graue Ganggesteine im sonst braunen Palagonit auf. Vom Selalda eröffnet sich nach ungefähr einer Stunde ein hervorragender Rundumblick, deutlich ist auch wieder die Jeepspur auszumachen, die unterhalb des Bergs Richtung Meer führt. (Vorsicht beim Abstieg, auf den lose aufliegenden Steinen kann man leicht ausrutschen!)

Wenig später ist das Meer bei der Bucht Hælsvík erreicht. Deutlich ragt zur Rechten, also im Westen, die Steilküste knapp 40 m aus dem Meer empor; in diesem Anschnitt sind die unterschiedlich dicken Basaltschichten der Jüngeren Doleritformation klar zu erkennen. Anders das Bild nach Osten, hier unterbricht der Ausläufer des Palagonithügels Skriða die alten Flutbasalte auf einige hundert Meter. Als Folge des weicheren Gesteins ist hier die Küstenlinie sanfter geneigt und fällt erst im untersten Teil senkrecht ab. Schon hier, aber noch besser ein Stück weiter östlich, kann man die Hauptattraktion dieser Wanderung bewundern, die verschiedenen Seevogelkolonien des Krísuvíkurberg.

Zunächst geht es noch auf der Jeepspur über die Ausläufer des Skriða hinweg, dann hält man sich aber mehr oder weniger dicht an der Küste, um von sicheren Plätzen die Vögel in der Steilküste beobachten zu

◁ Vogelkolonien am Krísuvíkurberg

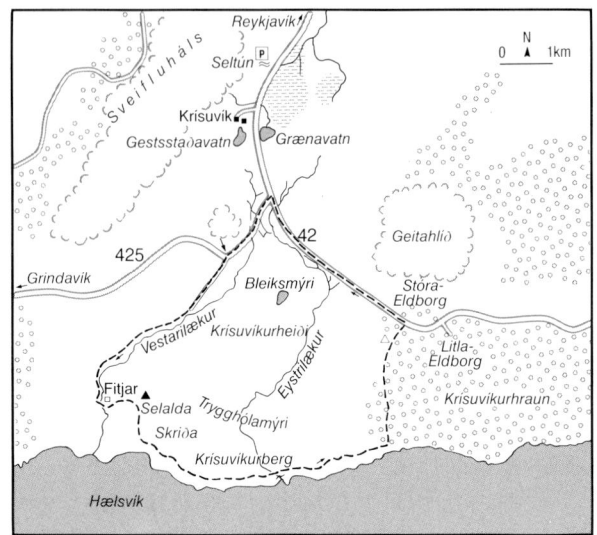

Wanderung 3

können. Hierbei muß beachtet werden, daß die kleinen Stöcke entlang der Küste keinesfalls einen sicheren Wanderweg markieren. Vielmehr befinden sie sich teilweise an Stellen, die von See her stark unterhöhlt sind, so daß Absturzgefahr besteht. Mitunter ziehen sich schmale, aber sehr tiefe Risse durch das Gras, die anzeigen, daß der Gesteinsverbund hier unterbrochen ist und es vielleicht nur noch eines zusätzlichen Gewichts bedarf, alles abbrechen zu lassen. Solche Bruchkanten sind natürlich zu meiden.

An einem gelben Leuchtfeuer vorbei ist nach ungefähr 2 Std. der Bach **Eystrilækur** erreicht, der in einem wunderschönen Wasserfall die Steilküste hinabstürzt. Er speist unten auf der Abrasionsplatte einen kleinen, von unzähligen Möwen bevölkerten Teich.

Man überquert den Bach und hält sich weiterhin in der Nähe der Küste, jedoch gibt es hier kaum noch gute Vogelbeobachtungsplätze, da in der Küstenlinie keine Vorsprünge mehr sind. Aber auch der Blick auf das Meer, wo manchmal Wale zu beobachten sein sollen, ist lohnenswert. Ohne sich um die Fahrspur zu kümmern, die irgendwann landeinwärts führt, wandert man in sicherem Abstand zur Küste weiter. Nach und nach verändert sich der Charakter der Landschaft. Das ebene bis sanft gewellte Land, mit Moosen und Gräsern begrünt, häufig aber auch stark erodiert, geht in jüngere Lava über. Voraus hört auch die Steilküste auf; in breiter Front ergießt sich ein riesiges, schwarzes Lavafeld eindrucksvoll-trostlos in den Atlantik. Es handelt sich hierbei um das Krísuvíkurhraun, das in nacheiszeitlicher, aber noch nicht historischer Zeit aus den Kratern Stóra- und Litla-Eldborg herausfloß. Nach fast 3 Std. stößt man an einen Elektrozaun, der direkt von der

Küste in Richtung Stóra-Eldborg führt: ein idealer Wegbegleiter, besonders bei plötzlicher Sichtverschlechterung. An ihm entlang geht es nun durch die Lava, bis nach wenigen Minuten eine gut begehbare Fahrspur erreicht ist. Auf ihr gelangt man zu einem **Schafspferch,** der fünf Minuten von der Straße Nr. 42 nach Krísuvík entfernt liegt.

Wer will, kann vom Schafspferch aus noch einen knapp einstündigen **Abstecher** auf den **Stóra-Eldborg** unternehmen, dessen rostroter Schlackekrater als Naturmonument geschützt ist und nicht nur seiner hervorragenden Aussicht wegen einen Besuch lohnt: Die flußbettartigen Senken an seinem Rand sind Überreste ehemaliger Lavaströme, die sehr dünnflüssig gewesen sein müssen. Immer wieder zwingen kesselförmige Einbrüche mit kleinen Wasserlachen zu einem Umweg. Der einfachste Aufstieg erfolgt von Südosten, wo von der Nr. 42 eine kleine Abzweigung rechts in den Litla-Eldborg hineinführt. An dieser Stelle verläßt man die Straße nach links und benutzt einen der Trampelpfade zum Stóra-Eldborg.

Der Rückweg zum Auto kann nur über die wenig befahrene Straße Nr. 42 erfolgen, da das Terrain der Krísuvíkurheiði sehr sumpfig ist und somit nicht zum Wandern einlädt. Nach insgesamt 4½ Std. reiner Gehzeit ist der Ausgangspunkt wieder erreicht. Wer nur zu den Vogelfelsen will, sollte mit dem Auto bis zum Schafspferch nahe der Nr. 42 fahren und von dort den beschriebenen Weg in gut einer Stunde bis zum Wasserfall gehen.

Winderosionsformen beim alten Hof Fitjar

Natur und Geschichte der Althingstätte

Die Ebene von Þingvellir, im Westen durch Almannagjá, im Osten durch Hrafnagjá begrenzt, ist als Grabenbruch Teil des Mittelatlantischen Rückens, an dem die Amerikanische und die Eurasische Platte auseinanderdriften. Die Entwicklung der letzten 9000 Jahre veranschaulicht ein Lavafeld dieses Alters, das sich im Bereich zwischen den erwähnten Schluchten um 40 bis 60 m gegenüber dem ursprünglichen Niveau abgesenkt hat. Gleichzeitig entstanden durch die Drift der Kontinentalplatten Dehnungsspalten, die heute vielerorts die Scholle der Talsenke in Südwest-Richtung durchziehen. 1789 wurden durch starke Erdstöße zahlreiche Gehöfte zerstört, und die Senke brach innerhalb weniger Tage um mehr als einen halben Meter ein. Der See Þingvallavatn überflutete die nördlich angrenzenden Gebiete.

Die Vegetation des Þingvellir-Nationalparks ist typisch für ein altes, wasserarmes Lavafeld. Die hier vorherrschende, vielfältige Pflanzengemeinschaft wird im Isländischen *móar* oder *mólendi* genannt und weist gewisse Ähnlichkeiten mit norddeutscher Heidelandschaft auf. Unter vereinzelt in geschützter Lage stehenden Birken- oder Weidenbäumen überzieht eine üppige Strauchschicht den Boden. Zwergbirke, Wollige Weide und Zwergwacholder, das einzige wildwachsende Nadelgehölz Islands, bedecken den vulkanischen Untergrund. Im Spätsommer prägen die leuchtend roten Blüten des Heidekrautes das Bild. Heidelbeeren und Birkenpilze locken dann unzählige Sammler nach Þingvellir. Ungenießbar sind die kleinen schwarzen Früchte der Krähenbeere mit ihren nadelförmigen Blättern. Auch die unauffällige Moosbeere, deren Früchte sehr sauer sind, und die immergrünen Sträucher der Bärentraube mit ihren ledrigen Blättern und leuchtend roten, mehligen Beeren wachsen in dieser Pflanzengemeinschaft. Dazwischen finden sich die Stauden des Arktischen Thymians, der weißblühenden, silbrig-grün belaubten Silberwurz und des gelbblühenden Labkrauts. In Seenähe gesellen sich Gräser und feuchtliebende Binsenarten dazu, während die Vegetation an windexponierten Stellen in eine artenärmere *heiði* übergeht, in der neben widerstandsfähigen Heidekrautgewächsen nur noch wenige andere Arten vorkommen.

In Þingvellir fand früher die altisländische Parlamentsversammlung, das Althing, statt. Dessen erste Zusammenkunft im Jahr 930 markiert in der Geschichte Islands den Übergang von der Landnahme- oder Besiedlungszeit zur Ära der Freistaatlichkeit. Seit dieser Zeit traten jeweils in der zweiten Junihälfte, den beiden hellsten Wochen des Jahres, die Thingmitglieder zur gesetzgebenden und rechtsprechenden Versammlung zusammen. Den Vorsitz führte der Gesetzessprecher, *lögsögumaður*, Teilnehmer waren die Goden, einflußreiche Häuptlinge aus den insgesamt 13 Bezirken, in die die Landesviertel aufgeteilt waren. Jeder Bezirk unterstand drei Goden, die mit je zwei Thingmännern und großem Gefolge zum Thing ritten. Hier trug der *lögsögumaður* alljährlich ein Drittel der ungeschriebenen Gesetze vor – die erste schriftliche Fassung stammt aus dem 12. Jh. –, und hier sprach die Versammlung Urteile über Anliegen, die ihr vorgetragen wurden. In der Frühzeit ging es meist um Ächtung oder Freispruch, ergänzend war der Schiedsspruch bekannt, in dem ein möglichst Unbeteiligter eine materielle Wiedergutmachung bestimmen konnte.

Das Althing war jedoch auch Volksfest; jeder konnte an ihm teilnehmen. Die Kauffahrer, die im Frühjahr nach Skandinavien gesegelt waren, kehrten rechtzeitig zum

Thing nach Island zurück. Die Zusammenkunft diente auch als Nachrichtenbörse, Waren- und Heiratsmarkt. Die Anwesenden wohnten in *búðir*, einfachen Hütten oder Zelten, die sich auf dem Grasland zwischen Almannagjá und Öxará befanden.

An schönen Wochenenden im Sommer geht es in der näheren Umgebung heute ähnlich zu, dann gibt es wieder große Zeltstädte, die nun allerdings von erholungssuchenden Isländern errichtet werden.

4   Durch den Þingvellir-Nationalpark

Auf markierten Pfaden führt die Wanderung bequem durch diese geschichtsträchtige Region.

Dauer: 3–4 Std.
Gesamtlänge: ca. 12 km.
Ausrüstung: Wasser.
Karten: Aðalkort 3; Spezialkarte 1:100 000 Suðvesturland; Faltblatt der Nationalparkverwaltung mit eingezeichneten Wanderwegen.
Unterkunft: Þingvellir: Hotel und Camping; Laugarvatn an der Nr. 37 (20 km): Edda-Hotels, Camping, Schlafsackunterkunft.
Sonstiges: Dampfbad, Boots- und Surfbrettverleih am Laugarvatn.
Anfahrt: Nördlich von Reykjavík zweigt beim Vorort Mosfell die Nr. 36 von der Ringstraße ab und erreicht nach 34 km den Nationalpark. Von Süden kommend benutzt man ab Selfoss die Straße Nr. 35, biegt nach ca. 12 km links ab auf die Nr. 36 und fährt am Ostufer des Þingvallavatn bis zum Nationalpark. Busverbindung ab Reykjavík. Der Rundgang beginnt an der Servicestation (gleichzeitig Auskunftsbüro der Nationalparkaufsicht) an der Kreuzung der Straßen Nr. 36 und Nr. 52.

Hinter der Servicestation **Leira** geht es über das Campinggelände hinweg auf den flachen Abhang zu, der die Senke von Þingvellir begrenzt. Man trifft gleich auf eine Dehnungsspalte im Gelände und überquert diese auf der Fahrstraße. Ein breiter Erdweg zieht sich von der Zeltwiese deutlich erkennbar den Hang zum Rand der Schlucht Hvannagjá hinauf und führt dann in diesen nördlichen Ausläufer der Almannagjá hinein. Auf einem Trampelpfad geht es nach links durch den Cañon, bis dieser von der Hauptstraße gekreuzt wird. Auf ihr wendet man sich ein paar Meter nach rechts aufwärts und geht erst wieder nach links ins Gelände, wenn die Fortsetzung der Schlucht zur Linken liegt. – Der Pfad verläuft jetzt am oberen Rand der Almannagjá. Fladenlava bedeckt hier den Boden ebenso wie in der 50 m tiefer gelegenen Senke; ein Indiz für das Wirken der Plattentektonik, die das einst zusammenhängende Lavafeld

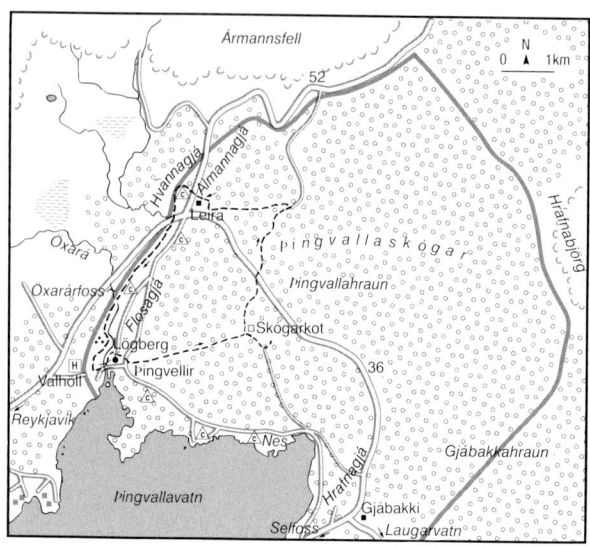

auseinanderbrechen ließ. An vielen Stellen ist ausgeprägte Stricklave gut zu erkennen. Moos beherrscht das Pflanzenbild hier oben, eine blumenreiche Wiese gedeiht auf dem Schluchtboden, dahinter liegt die Strauchheide des Lavafelds, das voraus vom See Þingvallavatn begrenzt wird. Große Felshaufen in der Schlucht lassen ahnen, daß eine Wanderung durch sie hindurch beschwerlicher wäre als hier oben; unten benötigt man für diesen Streckenabschnitt doppelt so lange. Erst hinter den Abbrüchen führt der Weg völlig unvermittelt in die Almannagjá hinein, die hier fast 40 m hohe, senkrechte Wände hat.

Bis zum Wasserfall **Öxarárfoss,** in dem der Fluß in die mächtige Dehnungsspalte hinunterstürzt, geht es nun in ihr entlang. Dahinter füllt der Fluß ihren Boden aus und zwingt zum Ausweichen. Der Spazierweg führt nach links über den Rand der Schlucht in die grüne Ebene der historischen Thingstätte, von der jedoch nur wenige Spuren erhalten geblieben sind. Man geht rechts, und bald wird über eine Brücke die Öxará bei

Wanderung 4

Die Kirche von Þingvellir

einer breiten Kaskade gequert, dahinter führt ein breiter Weg hinauf zu einem Aussichtsplatz, ein schmalerer Abzweig gleich nach links zu einer kleinen Tribüne. Von beiden Plätzen hat man nach etwa einer Stunde einen guten Überblick über **Þingvellir:** Das Terrain der historischen Thingstätte erstreckt sich etwa zwischen dem Hotel halbrechts, dem Kirchhof voraus am jenseitigen Öxará-Ufer und den Kaskaden der Öxará zur Linken. Kurz vor dem Wasserfall liegt der Gesetzesfelsen ›Lögberg‹, von dem aus der Gesetzessprecher das geltende Recht vortrug. Auf dem Grünstreifen darunter befand sich der Platz, der rechtsprechenden Versammlung ›Lögrétta‹. In der Nähe sind spärliche Überreste der *búðir* erhalten, einfacher Hütten, in denen die Thingmitglieder wohnten. In der Umgebung zeugen Namen wie ›Drekkingarhylur‹ (Ertränkungspfuhl) oder ›Brennugjá‹ (Verbrennungsschlucht) von Hinrichtungsplätzen, deretwegen der Name Þingvellir früher bei den einfacheren Isländern einen bedrohlichen Klang hatte. Dies schildert Halldór Laxness eindrücklich in seinem Roman »Islandglocke«. Heute jedoch stellt der 1928 zum Nationalpark erklärte Versammlungsort eine beliebte Feierstätte für Ereignisse von nationalem Rang dar, wie etwa die Ausrufung der Republik 1944.

Der Wanderweg führt nun in der Nähe des Hotels über eine Brücke und sofort nach links im Bogen um die Kirche von 1859 und das fünfgieblige Gebäude der Nationalparkverwaltung, das an die alten Torfgehöfte erinnert, herum. Auf einer Straße geht es nach links und gleich darauf nach rechts über zwei wassergefüllte Spalten, die ebenfalls von der Kontinentaldrift zeugen. Man wandert geradeaus zur Hauptstraße, dort wenige Meter nach links, bis rechts

Der Öxarárfoss

ein markierter Wanderweg durch das Lavafeld beginnt. Er passiert gleich eine nächste Spalte, führt dann gut erkennbar durch die liebliche Landschaft, in der sich zahlreiche Vogelarten aufhalten. Der langbeinige und -schnäblige Regenbrachvogel brütet hier ebenso wie der lebhafte Rotschenkel, erkennbar an den orangeroten Beinen und Schnabel. Auch der Goldregenpfeifer lebt hier, er trägt, wie die beiden anderen Watvögel auch, ein braun geflecktes Gefieder, allerdings mit schwarzer Hals-Brustpartie.

Nach knapp 2 Std. hat man eine Stelle erreicht, wo kurz hintereinander verschiedene Pfade abzweigen. Links führt ein Weg nach Furulundur, ein anderer nach Hrauntún,

wohin die Wanderung später verlaufen wird. Nach rechts führt ein breiter Weg zum See nach Tjarnir. Voraus liegt auf einer Anhöhe der Siedlungsplatz **Skógarkot,** der noch bis in dieses Jahrhundert bewohnt war. Niedrige Gebäudereste befinden sich in der alten Hauswiese, die von einer noch weitgehend intakten Steinmauer eingefaßt ist. Eine Orientierungsscheibe auf dem niedrigen Hügel gibt Auskunft über die Umgebung. Im Norden ist der Skjaldbreiður zu sehen, dessen flacher Böschungswinkel den Begriff Schildvulkan bildhaft verdeutlicht. Die dünnflüssige Lava dieses Vulkantyps fließt aus einem zentralen Krater gleichmäßig in alle Richtungen und baut so auf weiter Grundfläche eine gleichmäßige flache Kuppe auf. Nach Süden ist über den See hinweg das Bergmassiv Hengill zu erkennen, an dessen Flanke die Dampfwolken der Hochtemperaturgebiete aufsteigen. Voraus blickt man über das weite, leicht ansteigende Lavafeld, in dem der Baumbestand üppiger wird. Die vielen neuen Anpflanzungen lassen ahnen, wie das Gebiet zur Zeit der Besiedlung ausgesehen hat, als sich hier der Wald Bláskógar erstreckte.

Die Wanderung geht in Richtung See an der Hofeinfassung entlang, bis diese nach links abknickt, dort findet man im Gestrüpp einen alten, nicht mehr beschilderten Trampelpfad. Auf ihm ist in wenigen Minuten durch dichter werdendes Gehölz eine liebliche Senke rechts und ein kleiner Hügel links der Pfadspuren erreicht. Ein Stück Grünland inmitten von Heide und Wald ist der Überrest der zweiten Hofstelle in dieser Region, die jedoch schon seit Jahrhunderten verödet ist. Nur die Flurnamen ›Ölkofraháll‹ (Biermützenhügel) und ›Þórhallastaðir‹ (Thorhallshof) erinnern noch an den einstigen Siedlungsplatz, dem Schauplatz der Saga von Thorhall Biermütze:

> »Thorhall hieß ein Mann, der wohnte in den Blaskogar (Blauwäldern) auf Thorhallastadir (Thorhallshofen). Er war vermögend und schon vorgerückten Alters, als sich diese Geschichte zutrug. Er war klein und häßlich und kein Mann von großen Fertigkeiten; nur zu Schmiede- und Zimmerarbeiten war er geschickt. Während der Thingzeit hatte er das Gewerbe, Bier zu brauen, und verdiente sich so sein Geld. Von dieser Beschäftigung wurde er bald allen angesehenen Männern bekannt, denn sie kauften ihm vor allem sein Bier ab. (...) Oft pflegte er eine Mütze zu tragen, zumal während der Thingzeit; und weil sein Name nicht zu den bekanntesten gehörte, gaben ihm die Thingleute einen Zunamen, der sich dann hielt, und nannten ihn Ölkofri, das ist Biermütze.« (Die schönsten Geschichten aus Thule, München 1979, S. 237)

Thorhall verursacht versehentlich einen Waldbrand im Bláskógar zwischen Þingvellir und Laugarvatn, als er Holzkohle brennt. Große Teile des ›Godenwalds‹, der von mehreren mächtigen Häuptlingen nur in der Thingzeit genutzt wird, werden dadurch zerstört. Im Laufe des Jahres kommt die Nachricht den Waldbesitzern, die in verschiedenen Landesteilen wohnen, zu Ohren, und sie betreiben nun Thorhalls Ächtung wegen Brandstiftung. Auch wenn niemand wirklich daran glaubt, daß Thorhall den Brand vorsätzlich gelegt hat, so hat er doch eigentlich keine Chance gegen das Bündnis seiner überlegenen Gegner, die ihn ohne Zweifel vernichten und seinen Besitz an sich bringen können.

Ein junger streitsüchtiger Häuptlingssohn, Broddi Bjarnisson, ist jedoch über die Arroganz der verbündeten Goden verärgert und ergreift unerwartet Thorhalls Partei. Die Goden, denen diese Tatsache verborgen bleibt, gehen nach einigem Hin und Her auf Thorhalls Bitte, einen Schiedssprecher über seine Buße wählen zu dürfen, ein. Dieser nennt natürlich seinen Bundesgenossen Broddi, dessen Schiedsspruch die überlegene Partei der Lächerlichkeit preisgibt: Jeder Gode erhält als ›Spottbuße‹ sechs Ellen Wolltuch; in der Sagazeit eine Form, Knechte zu entlohnen. Anders als in vielen Sagas führen die zerstrittenen Parteien nun ihre Auseinandersetzung mit derben Beschimpfungen und Schmähreden aus. Die Häuptlinge werden also weniger als heldenhafte Kämpfer, sondern vielmehr als habgierige, skrupellose Intriganten dargestellt – eine Satire auf die überlieferten Konkurrenzkämpfe der Großbauern während der Sturlungenzeit. Sie nimmt sich allerdings die literarische Freiheit, den Schwächeren siegen zu lassen. Der historische Kern der Geschichte von Thorhall Biermütze mag darin zu sehen sein, daß viele einfache Bauern unter fadenscheinigem Vorwand von den Goden um ihren Besitz gebracht wurden.

Der alte Weg ist im weiteren Verlauf noch schlechter zu erkennen als bisher, denn der neue Wald überwuchert ihn. Darum geht es zurück bis zur Hauswiesenmauer und dem Schild ›Hrauntún‹, dem die Wanderung nun folgt. Der Pfad durch Buschwald und Heide trifft nach einer Weile auf die Straße Nr. 36, überquert sie und führt gut erkennbar weiter in Richtung auf die Berge im Norden der Ebene zu. Kurz vor einem weiteren aufgegebenen Siedlungsplatz – Hrauntún bedeutet Lavahof – biegt ein Abzweig nach links und führt zurück zum Ausgangspunkt, der nach etwa 3 Std. erreicht ist.

Pillow-Lava in einer Schlucht des Palagonitrückens Reyðarbarmur

Verbindung Þingvellir-Laugarvatn

Wanderer, die mit Linienbussen unterwegs sind, müßten für die etwa 20 km von Þingvellir nach Laugarvatn einen Umweg über Reykjavík in Kauf nehmen, wobei nicht einmal sicher ist, ob dies in einem Tag bewältigt werden kann. Es gibt die Möglichkeit, entlang der wenig befahrenen Straße Nr. 365 in ungefähr 4 Std. nach Laugarvatn zu wandern. Man folgt zunächst den Fußwegen durch den Þingvellir-Nationalpark nach Osten und gelangt nahe dem Hof Gjábakki an der Hrafnagjá auf die Nr. 365. Sie führt leicht ansteigend durch unbewohnte Lavagebiete mit schönem Bewuchs zum flachen Paß Barmaskarð. Parallel zur Straße verläuft großenteils ein Reitweg, der sich angenehmer gehen läßt. Hinter dem Paß liegen links vor einer Schlucht im Hang des Rückens Reyðarbarmur zwei kleine Höhlen, die Laugarvatnshellar. Ein beschilderter Weg zweigt dorthin ab. Die eigentliche Attraktion an diesem Ort sind jedoch weniger die kleinen, einst bewohnten Höhlen im weichen Palagonittuff, sondern vielmehr die freigelegten Pillow-Laven in der Schlucht dahinter.

Diese Lavaart entsteht bei hohem Druck unter Wasser. Sobald die Schmelze mit Wasser in Berührung kommt, kühlt sie sich an der Kontaktfläche schlagartig ab, und es bildet sich eine glasige Haut. Wie in einen Ballon dringt weiter Lava unter die kissenförmige Oberfläche, die aufplatzt, um sogleich wieder eine neue Haut zu bilden. Da sich Basaltsäulenstrukturen immer senkrecht zur Erkaltungsfläche bilden, entstehen in den Kissen rosettenförmige Gebilde. Auch bei einem Vulkanausbruch unter Eisbedeckung taut das Eis auf, und die Druckverhältnisse sind ähnlich gelagert wie unter Meerbedeckung. Sobald der Wasserdruck nicht mehr groß genug ist, erfolgt der Ausbruch explosiv, und es entstehen als Folge der Wassereinwirkung Hyaloklastite. Aus diesen Lockerstoffen wird dann durch chemische Umwandlung Palagonit. Alle Palagonitberge und Rücken haben somit einen Kern aus Pillow- oder Kissenlava.

5 Auf alten Verbindungswegen zum Geysir

Die lange Streckenwanderung, die weniger Ausdauernde in zwei Etappen aufteilen können, verläuft auf dem alten Königsweg entlang der bewaldeten Südhänge des isländischen Hochlands zum Wasserfall der Brúará, weiter durch Lavafelder und über einen kahlen Höhenrücken ins Haukadalur mit seinen berühmten Springquellen. Der Königsweg kann nach Regenfällen recht matschig werden.

Dauer: gut 3 Std. und 4½ Std.
Gesamtlänge: ca. 28 km.
Ausrüstung: Grundausstattung, Watschuhe, Wasser für die zweite Etappe.
Karten: Aðalkort 6, Atlasblöð 46 und 47; Faltblatt: Uppsveitir Árnessýslu.
Unterkunft: Laugarvatn: Edda-Ho-

tels, Schlafsackunterkunft, Camping; Úthlíð: Camping, Gästezimmer; Geysir: Camping, Hotel.
Sonstiges: Tourist-Information (beim Campingplatz), Boot- und Surfbrettverleih, Dampfsauna *(gufubað)* in Laugarvatn; Reiten bei Miðdalur und Úthlíð; Schwimmbad in Úthlíð; Servicestation am Geysir.
Anfahrt: Vor Selfoss zweigt die Nr. 35 von der Ringstraße ab, von dieser führt nach 25 km die Nr. 37 nach Laugarvatn und weiter bis zum Geysir. 6 km hinter Laugarvatn liegt der Hof Miðdalskot. Von Þingvellir auf der Nr. 365 bis Laugarvatn, auf der Nr. 37 weiter wie oben. Parken kann man entweder an der Hofeinfahrt oder an der nächsten Abfahrt von der Hauptstraße nach links einige hundert Meter weiter. Von Reykjavík nach Laugarvatn fährt ein Linienbus, jedoch nicht von Þingvellir. Es ist möglich, die Strecke zu wandern (s. o.). Der Bus von Laugarvatn über Úthlíð zum Gullfoss und zum Geysir hält in Miðdalskot und kann auch für den Rückweg benutzt werden, allerdings sollte man sich zuvor über die genauen Abfahrtszeiten informieren.

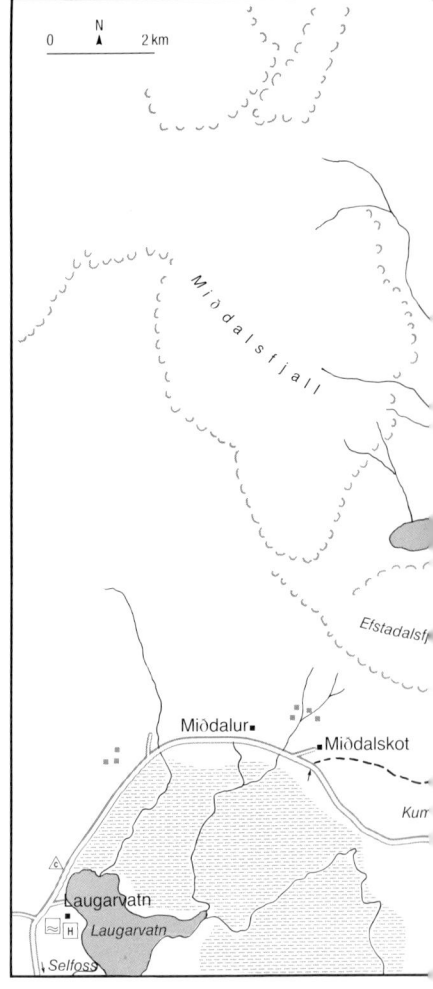

Die Wanderung beginnt an der Hofeinfahrt von **Miðdalskot,** gut eine Stunde Fußmarsch von Laugarvatn entfernt. Es geht noch ein paar hundert Meter weiter entlang der Straße Nr. 37 bis zum nächsten Abzweig nach links. Dieser gabelt sich sofort; die Einfahrt zum Ferienhaus bleibt unbeachtet. Der andere Weg führt zu einer kleinen Kiesgrube, bei der er einen Bogen nach links beschreibt. Hier geht man statt dessen geradeaus und trifft auf den alten Kongsvegur (Königsweg), der 1907 anläßlich eines Besuchs des dänischen Königs angelegt wurde und ehemals von Þingvellir zum Gullfoss führte.

Die zum Teil hohlwegartig ausgetretene Spur verläuft nun durch hübsch bewaldetes Gelände am Hang des Efstadalsfjall entlang. Rechts fällt der Blick zwischen den

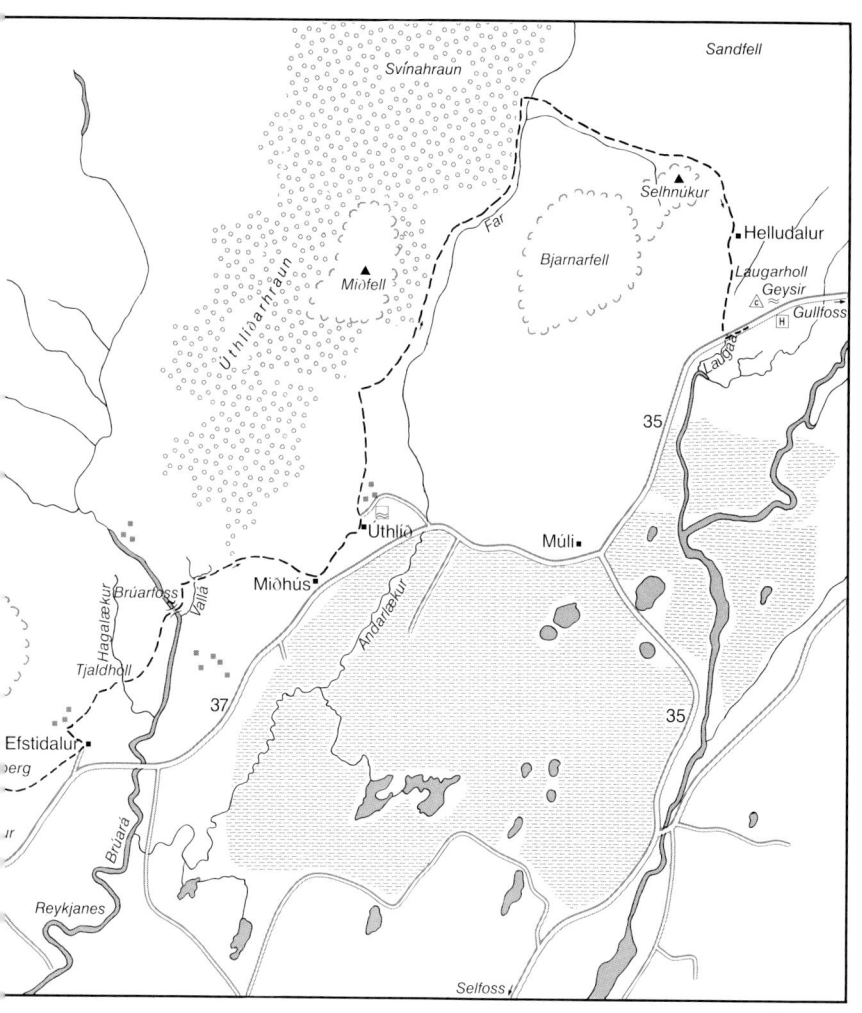

Wanderung 5

niedrigen Birken immer wieder hinunter auf das Kulturland in der weiten Ebene, in der auch der Apavatn und der breite Fluß Brúará zu sehen sind. Viele Gräben entwässern das Grünland und machen den moorigen Grund für die Landwirtschaft nutzbar. Der Hauptweg, von dem immer wieder schmalere Reitspuren abzweigen, gabelt sich einmal, läuft aber nach wenigen Minuten wieder zusammen. Es geht zwischen zwei niedrigen Hügelkuppen hindurch, dann ist nach gut einer Stunde der Hof **Efstidalur** zu sehen. Das letzte, neben einem Zaun bis zu einer Straße führende Stück des Königsweges gleicht allerdings eher einem profanen Wirtschaftsweg. Da das Hofgelände weiträumig umgangen werden muß – der Kongsvegur hört hier auf – folgt man der Straße links bergan zu einer Ferienhaussiedlung. Solche Anlagen finden sich am nördlichen Rand des südwestlichen Tieflandes neuerdings recht häufig, und sie dürften für die umliegenden Farmen von existentieller wirtschaftlicher Bedeutung sein. Vor den Häusern wendet man sich auf einen Abzweig nach rechts, der bald hinunter zu einem Steinbruch führt. Nun entfernt man sich wieder vom Efstadafjall. Halbrechts ist ein Zaun zu sehen, der noch eine Weide des Hofes abgrenzt. Man hält sich links von ihm, einen flachen Rücken hinauf; direkt oben verläuft wieder der Kongsvegur, der an dieser Erhebung entlang nach links führt. Nach gut 1½ Std. ist südlich des Hügels Tjaldhóll der Bach Hagalækur erreicht, der gefurtet werden muß. Viele Hufspuren zeigen die Furtstelle an. Jenseits des Gewässers bedarf es eines gewissen pfadfinderischen Geschicks, denn die Spuren führen zunächst ein kurzes Stück rechts am Wasser entlang, um sich dann wieder von ihm zu entfernen. In dem weichen Boden hat sich dann schnell wieder ein Hohlweg gebildet. Er schneidet so tief in das Gelände ein, daß die kaum schulterhohen Birken oftmals den Blick versperren. Nur manchmal sind rechts im Tiefland die Dampfwolken von Reykjanes, einer kleinen Ansiedlung am Ufer der Brúará, zu sehen, links ist bei guter Sicht der hohe Tafelberg Hlöðufell in weiter Ferne auszumachen. Nach 2 Std. trifft der Kongsvegur auf den Fluß Brúará, der auf einer Fußgängerbrücke überquert werden kann.

Heiße Quellbecken im Haukadalur

Allerdings lädt zunächst der Wasserfall **Brúarfoss** zum Verweilen ein. Das felsige Flußbett bildet in der Mitte eine lange, schmale Rinne, in welche die Wassermassen von beiden Seiten schäumend hineinstürzen, weniger Wasser fließt nahe der Ufer über stufige Absätze rechts und links dieser Klamm, die das Flußbett sozusagen längs spaltet. Weiter unterhalb hat der tosende Fluß einen querverlaufenden Basaltgang unterhöhlt, so daß eine nur wenig überspülte ›Brücke‹ entstand. Dennoch haben Wasserfall und Fluß ihre Namen Brükkenfall und -fluß nicht von diesem Naturphänomen, sondern von einer anderen natürlichen Brücke, die es einst an dieser Stelle gab. Auf ihr konnte man tatsächlich trockenen Fußes über den gefährlichen Fluß gelangen, und sie stellte daher bis zum Ende des 16. Jh. die Hauptverbindung in den Bezirk Biskupstungur dar. In Zeiten von Hungersnöten und Epidemien kamen über diese Brücke Scharen von Bittstellern zum Bischofssitz in Skálholt, wo sie sich Hilfe erhofften. 1602 zerstörten die Bediensteten von Skálholt – man sagt, auf Veranlassung der Frau des Bischofs – den Felsbogen, um die Armen und Verzweifelten fernzuhalten.

»Theorie des Geysers«

Auf der anderen Flußseite liegen halbrechts wieder etliche Ferienhäuser. Die Wanderung führt jedoch etwas nach links und ein paar Meter flußaufwärts, dann ist rechts wieder der breite Kongsvegur erreicht. Er verläßt das Ufer und trifft kurz darauf den Bach Vallá, der über große Steine trockenen Fußes überquert werden kann. Weiter verläuft die Route durch buschiges Gehölz bis zu einem kleinen, hübschen Tümpel. Der Untergrund wird welliger, geht in Grasland über, das immer häufiger unterbrochen wird von alten bemoosten Lavabrocken. Durch einen Zaun und unter Telefonleitungen hindurch trifft man nach 2½ Std. auf eine Fahrspur und folgt ihr nach rechts. Wenig später ist voraus schon wieder das weite Tiefland und die Straße Nr. 37 zu sehen. Zu diesem Zeitpunkt wendet man sich nach links auf eine Spur parallel zum Hang; der Fahrweg endet dicht beim Hof **Miðhús** an der Hauptstraße.

Durch grüne Wiesen führt die Spur nun fast bis zu einem Bauernhof, es geht durch ein Gatter, sofort links durch ein weiteres und an einem Zaun entlang hangaufwärts zu dem Anwesen **Úthlíð**, das oben am Hang

»Der neue Geyser«

schon zu sehen ist. Nach 3 Std. sind die Hofgebäude erreicht, die man allerdings rechts liegen läßt. Direkt beim letzten Wirtschaftsgebäude führt ein Weg aufwärts. Hinter einem Rücken liegen wieder viele Ferienhäuser und gleich rechts ein erst 1991 eröffnetes Schwimmbad. Es ist direkt in den Hang gebaut, so daß man selbst aus dem Wasser der unterschiedlich temperierten Pools einen phantastischen Überblick hat, bei gutem Wetter sogar bis zur Hekla sehen kann. Eine kleine Cafeteria im Eingangsraum bietet Getränke und Süßigkeiten an, zahlende Badegäste dürfen z. Zt. ihr Zelt noch umsonst neben der Anlage aufschlagen. Wer den Bus zurück nach Laugarvatn erreichen will, geht den Fahrweg vom Schwimmbad hinunter zur Straße.

Auf dem zweiten Abschnitt der Wanderung geht es nun weiter bis zum Haukadalur mit seinen heißen Quellen und Geysiren. Vom Schwimmbad führt eine Schotterstraße nach links und dann im Bogen bergauf zu den Wochenendhäusern, deren Zufahrten rechts und links von der Fahrstraße abzweigen. Den Hauptweg markieren innerhalb der nächsten Viertelstunde die Masten der Stromleitung. Dort, wo sich der Weg bei einem rechts liegenden markanten Lavabrocken gabelt, folgt man dem halblinken Abzweig etwas abwärts, bei der nächsten Gabelung dem am weitesten links liegenden, diesmal ein paar Meter hinauf. Dann endet die kleine Siedlung bei einem Zaun, dessen Gatter nach einer knappen halben Stunde durchquert wird.

Es geht nun wieder in einsamere Regionen, in denen man höchstens Wanderern oder Reitern begegnet, an einer Gabelung der Fahrspur hält man sich rechts. Die Landschaft ist immer wieder vom nacheiszeitlichen Vulkanismus geprägt: Das weite Lavafeld Úthlíðarhraun ist mit Heide und Moos bewachsen, dazwischen finden sich Sand- und Ascheablagerungen, teils mit einer Grasdecke überzogen. Voraus erhebt sich aus

Am Brúarfoss

dieser Umgebung der Palagonitrükken **Miðfell,** der später rechts passiert wird. Zur Rechten taucht nach gut einer Stunde der Fluß Andarlækur auf, der in einer breiten Schlucht um einen Felsen herumfließt.

Der gegenüberliegende steile Hang des Bjarnafell ist durch verschiedene Seitenbäche stark zerfurcht. Dort, wo der Andarlækur einen kleinen Wasserfall bildet, hat man den Miðfell schon fast neben sich. Nun geht es eine Weile an diesem entlang, voraus liegen weite Lavafelder, in der Ferne ist bei guter Sicht die weiße Eiskappe des Langjökull zu sehen. Wenn der Miðfell links allmählich flacher wird und ausläuft, taucht rechts neben der Fahrspur, die sich wie ein braunes Band durch begrüntes Land zieht, bald wieder ein Flußbett auf. In der Karte ist hier ein Gewässer mit Namen Far verzeichnet, doch zumindest im Sommer 1991 gab es hier weit und breit keinen Wassertropfen zu sehen. Das weite Gebiet rechts von der Fahrspur glich eher einer Sand- und Lavawüste. Während die Lava

zur Linken aufgrund ihres Moosbewuchses kaum auffällt, sind hier wunderschöne, durch Wind oder Wasser freigelegte schwarze Strick- und aufgebrochene Schollenformen zu sehen, die aus dem braunen Sand aufragen. Ein Abzweig der Fahrspur führt zwischenzeitlich durch dieses Gelände, kehrt dann aber wieder zur Hauptspur am linken Rand des ›Flußbettes‹ zurück.

Nach gut 2 Std. ist man auf Höhe eines Taleinschnitts zur Rechten. Der Bjarnafell läuft hier nach Norden aus, der Sandfell schließt sich an. Zwischen den beiden Bergen liegt die weite Senke, durch welche die Wanderung in der Folge verläuft. Spätestens bei einer trichterförmigen, markanten Einbruchstelle links vom Fahrweg sollte man von der Fahrspur rechts abbiegen. Es ist nicht sicher, daß hier Spuren zu finden sind, denn im sandigen Boden verwehen sie schnell. Man hält etwas links von dem Tal auf den Sandfell zu, wo oben am Hang ein Steinmann aufragt. Unterhalb von ihm ist nach 2½ Std. jetzt schon im neuen Tal zwischen den Bergen ein deutlicher Pfad zu erkennen, der sich bald einem rechts liegenden breiten Flußbett nähert. Der Weg verläuft nun teils in, teils neben den Flußschottern, denn auch dieses Gewässer führt im Sommer kein Wasser. Ein Bachbett von links wird überquert, dem rechten weiter in bisheriger Richtung – Westsüdwest – gefolgt. Nach knapp 3 Std. trifft man noch einmal auf die gleiche Situation, wieder ist der rechte Bachlauf der richtige. Kurz darauf wird er jedoch auch verlassen, denn die Spuren verlaufen geradeaus über einen flachen Paß, während der Wasserlauf vom rechts liegenden, weit ins Tal ragenden Berg **Selhnúkur** herunterkommt.

Bald ist die Wasserscheide erreicht, mit ca. 350 m der höchste Punkt der Wanderung; das Gelände ist zu einer Bültenwiese aufgewölbt, durch die die Spur aber problemlos hindurchleitet. Dann kommt auch schon das erste Rinnsal in Sicht, das abwärts in Laufrichtung weist. Man hält sich rechts von ihm und dann mehr am Hang des Selhnúkur. Eine letzte kleine Erhebung versperrt noch die Sicht voraus, aber dann eröffnet sich mit jedem weiteren Schritt ein großartiges Panorama: Unten erstreckt sich ein weites Tal, in dem die Hvítá dahinfließt; hinter dem flachen Rücken Laugarfjall dampft es, denn hier befindet sich das Thermalgebiet des Haukadalur mit seinen heißen Quellen. Wer lange genug stehenbleibt, kann sogar den kleinen Geysir Strokkur in Aktion beobachten, der ca. alle zehn Minuten

Der Strokkur

Die Geysire im Haukadalur

Der Stóri-Geysir ist eine der berühmtesten Sehenswürdigkeiten Islands. Es gibt so gut wie keinen alten Reisebericht, in dem diese Springquelle nicht Erwähnung fand. Reisende wurden im 18. und 19. Jh. für ihre mühevolle Anreise meist durch das Erlebnis einen spektakulären Ausbruchs belohnt, der Höhen bis zu 60 m erreichte. Allerdings brauchte man damals einige Geduld, denn die Eruptionen erfolgten in sehr unregelmäßigen Abständen, zwischen denen Tage liegen konnten. Dieses Problem gibt es heute nicht mehr, denn der Stóri-Geysir hat seine natürliche Tätigkeit eingestellt und wird nur noch einmal im Jahr, am Samstag vor dem Feiertag Verzlunarmannahelgi mittels etlicher Kilo Seife zum Ausbruch gebracht. Statt des Stóri-Geysirs sind dann jedoch alle Zufahrtsstraßen verstopft, so daß obige Wanderung eine gute Alternative zur Anreise mit dem Auto darstellt.

Dennoch lohnt sich immer ein Besuch an den heißen Quellen von Haukadalur. Der Große Geysir hat um seinen Quellschacht herum einen weiten weißen, terrassierten Wall aus Kieselsinter aufgebaut, der allein schon sehr sehenswert ist. In der Umgebung gibt es weitere Heißwasseraustritte, die teils wunderschön gefärbt sind oder wie riesige Wassertöpfe vor sich hin köcheln. Und dann ist da noch der Strokkur! Auch er ist ein Geysir; der Eigenname seines großen Nachbarn ist zum allgemeinen Begriff für alle heißen Springquellen geworden – deshalb hat man zur Unterscheidung auch das ›Stóri‹ (= groß) vorangestellt. Strokkur springt mehrmals in einer Stunde bis zu 20 m hoch. Unter Beachtung der Windrichtung können seine Ausbrüche daher gut beobachtet werden.

Schon früh versuchte man die Funktionsweise eines Geysirs zu ergründen. 1846 stellte Bunsen nach Untersuchungen am Stóri-Geysir die Geysirtheorie auf, die im Prinzip heute noch gilt: Entscheidend ist die Existenz eines hohen, wassergefüllten Schlotes. Das Wasser erwärmt sich von unten schneller, als es oben die Hitze abgeben kann. Es erhitzt sich als Folge des Drucks unten bei 20 m in der Röhre auf über 125 °C, überschreitet dabei sogar den Siedepunkt in dieser Tiefe. Wird der Belastungsdruck allerdings überwunden, verwandelt sich das überhitzte Wasser schlagartig in Dampf, vergrößert so sein Volumen, schießt empor und reißt das darüberstehende Wasser mit sich. So etwas Ähnliches würde passieren, wenn man einen Dampfkochtopf oben öffnet.

---

springt. Direkt am Hang unterhalb, noch vor dem Laugarfjall liegt der Hof **Helludalur,** zu dem der Abstieg erfolgen wird. Da die Böschung hier ausgesprochen steil, stark zerklüftet und zudem mit dichtem Gestrüpp bewachsen ist, muß unbedingt ein Steinmann gefunden werden, der die richtige Spur kennzeichnet. Er steht links neben einer tiefen Schlucht am Hang auf einem Absatz.

Links von der Markierung führen die Reitspuren über einen steinigen, nur wenig geneigten Sattel abwärts. Links am Hang sind gleichmäßig geformte Basaltsäulen freigelegt. Nach 3½ Std. wird der Bewuchs des Geländes wieder stärker, so daß es schon aus diesem Grund ratsam ist, dem Pfad durch das Gestrüpp zu folgen. Er endet bei einem Schafstall am Zaun, der das Hofgelände umgibt.

Entweder geht man durch ein Gatter hinein und am Wohnhaus vorbei zur Ausfahrt oder wendet sich außerhalb nach rechts, überquert ein paar Rinnsale und folgt dem Zaun um eine Linkskurve bis zu einem größeren Wirtschaftsgebäude, bei dem durch mehrere Gatter ebenfalls die Hofzufahrt erreicht wird.

Leider ist es nicht möglich, gewissermaßen von hinten über den Laugarfjall zum Geysir zu gelangen, da die tiefe Laugaá vor dem Bergrücken dies verhindert, außerdem ist das Gebiet der heißen Quellen weiträumig mit einem hohen Zaun umgeben. Es geht also hinter Helludalur auf dem Fahrweg bis zur Straße Nr. 35 und auf dieser nach links. Auf einer Brücke wird die Laugaá überquert, dann ist bei den heißen Quellen von Haukadalur nach etwa 4½ Std. das zweite Teilstück der Wanderung beendet.

6 Zwischen Siedlungsraum und Inlandwüste – der Gullfoss

Die Rundwanderung führt auf Pisten und durchs Gelände in die Einöde des isländischen Hochlands, in dem Gletscher und bizarre Bergketten das Panorama bilden. Die Tour erfordert etwas Orientierungsvermögen. Zwei Wasserfälle und die Schlucht der Hvítá liegen am Weg.

Dauer: 4 Std.
Gesamtlänge: ca. 15 km.
Ausrüstung: Grundausstattung, Stulpen, Stock.
Karten: Aðalkort 3, Atlasblöð 46.
Unterkunft: Geysir/Haukadalur (9 km): Hotel, Camping; Reykholt/Biskupstungur an der Nr. 35 (25 km): Jugendherberge; Laugarvatn (40 km): Edda-Hotels, Schlafsackunterkunft, Camping; Flúðir (Nr. 30; 32 km): Camping, Gästezimmer.
Sonstiges: Am Wochenende sehr viel Verkehr am Gullfoss; Reitmöglichkeiten auf verschiedenen Höfen der Umgebung; Schwimmbäder in Reykholt, Úthlíð und Flúðir.
Anfahrt: Auf der Straße Nr. 35 vorbei am Geysir bis zum Parkplatz am Gullfoss. Busverbindung von Laugarvatn zum Geysir und zum Gullfoss.

Die Wanderung beginnt auf dem Parkplatz vor dem **Gullfoss**, einem der schönsten Wasserfälle Islands. Links am Hang folgt man einer Treppe aufwärts, die an der F 37, dem ›Kjalvegur‹ endet. Auf diesem geht es nach rechts, Richtung Inland. Zunächst führt die Piste durch feuchtes Grünland. Dann ändert sich nach und nach der Charakter der Landschaft, die Umgebung wird trockener; Sand, Kies und große Steine wirken ausgesprochen schroff und weisen auf Grundmoränen hin. Nach etwa einer Dreiviertelstunde ist hier ein Abzweig nach links zu finden, dem man folgt.

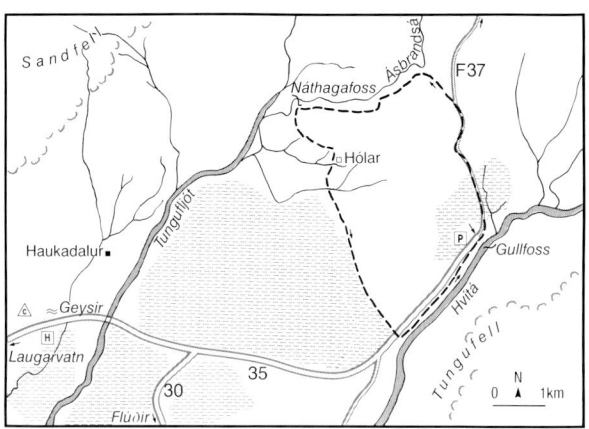

Wanderung 6

Schon auf diesem kurzen Abschnitt des Kjalvegur kann man einen Eindruck von der großartigen Weite und Trostlosigkeit gewinnen, wie sie auch große Teile des Inlands kennzeichnen. Wesentlich zu dieser Wirkung trägt das Panorama bei: In ungefähr 20 km Entfernung hebt sich der Palagonitrücken der Jarlhettur steil aus der sonst nur leicht welligen Kieswüsten-Landschaft heraus. Dahinter glänzt weiß der gewölbte Schild des Langjökull. Bald kommt voraus ein Bach in Sicht. Auf einer der zahlreichen Spuren halblinks nähert man sich ihm langsam und wandert schließlich an einem Zaun entlang flußabwärts. Dieser Wasserlauf ist einer der Abflüsse des Sandvatn, der seinerseits in erster Linie von Gletscherflüssen des Langjökull gespeist wird. Sein untypisch klares Wasser ist darauf zurückzuführen, daß sich die mitgeführten Gesteinsteilchen zuvor bereits im See abgelagert haben. In der Karte ist der Fluß mit den Namen Asbrandsá bzw. Tungufljót verzeichnet.

Nach gut einer Stunde machen Zaun und Bach einen scharfen Knick nach rechts. Danach ist der **Nátthagafoss** erreicht (1½ Std.). In vielen Kaskaden rauscht der Wasserlauf eingezwängt zwischen steilen Felsen malerisch hinab und bildet dann einen kleinen Fall. Um über den Zaun zu gelangen, empfiehlt es sich, bis zu einem großen Stein zunächst am Wasserfall vorbeizugehen. Dieser Felsen bietet eine gute Steighilfe über die Einfriedung, die an dieser Stelle auch keinen Stacheldraht hat. Direkt am *foss* ragt ein freistehender, grasbewachsener Felsen empor. Mit einem kleinen Sprung kann man diesen schönen Rastplatz erreichen. Flußabwärts im Südwesten ist gelegentlich die Fontäne des Geysirs Strokkur auszumachen. Um die Wanderung fortzusetzen, klettert man zunächst wieder über den Zaun, wendet sich zurück nach links in südliche Richtung und läßt den Bach allmählich links liegen. Halbrechts in Richtung Strokkur öffnet sich eine weite Graslandschaft, die allerdings ausgesprochen feucht ist. Deshalb führt die Wanderung am Hang einzelner Hügel entlang, die zu diesem Feuchtgebiet abfallen. Man muß einige Bacheinschnitte queren und erreicht nach fast 2 Std. eine grüne Hütte, die am Rande einer saftigen Wiese steht.

Eine Fahrspur beginnt kurz hinter diesem Gebäude, das an der alten Hofstelle von Hólar liegen dürfte. Diese Spur schneidet zunehmend tiefer in den Boden ein und gabelt sich nach wenigen Metern. Sollte der Untergrund schon bisher sehr matschig gewesen sein oder sich die Sicht plötzlich verschlechtern, wird einem nichts anderes übrig bleiben, als links herum in oder neben der gut einen halben Meter tief eingeschnittenen Piste zurück zum Kjalvegur und zum Startpunkt zu gehen. Die Wanderung folgt allerdings an der Gabelung der Spur nach rechts. Daß es sich hierbei um eine Pferdespur handelt, merkt man spätestens nach wenigen Minuten bei der Querung eines kleinen Bachs mit einem riesigen Felsblock an seinem Rand: Das ganze Ufer ist mit Hufabdrücken übersät. Auf der gegenüberliegenden Seite teilt sich die bisherige Fährte in viele Einzelspuren auf. Die Wanderung verläuft weiter nach links, auf eine kleine Kuppe mit einem Steinmann zu, der nach 2¼ Std. erreicht ist. Es ist wichtig, diese Richtung einzuhalten, da es weiter rechts immer feuchter wird.

Von diesem kleinen Hügel aus ist deutlich die Grenze zwischen relativ trockenem, steinigen und feuchtem, grünen Land zu sehen. Man orientiert sich anhand dieser Linie nach SSO, stößt nach ca. 2½ Std. auf einen Zaun und folgt ihm nach links, bis er sich auf einer kleinen Anhöhe gabelt. Voraus ist in der Ferne schon die Straße vom Gullfoss zum Geysir zu erkennen, und man kann von hier sowohl die Sprühwolken des Falls halblinks als auch die Dampfwolken des Strokkur rechts erkennen. Die Wanderung führt aber genau geradeaus weiter, auf eine Steilwand im Hang des Hvítá-Cañons hinter der Straße zu. Es geht zunächst durch eine große Wollgras-Wiese, ab und zu sind kleine Bäche zu überwinden, deren Querung aber keinerlei Schwierigkeiten bereitet. Hinter einem besonders breiten Wasserlauf trifft man auf eine deutliche Reitspur, die quer zur Wanderrichtung verläuft. Durch kniehohes Gestrüpp führt die Wanderung auf bemoostem Grund bis zu einem Bachlauf, dann weiter auf eine kleine Anhöhe etwas weiter links, auf der sich ein Steinmann befindet. Direkt unterhalb ist jetzt schon die Straße zu sehen, versperrt lediglich durch einen Zaun und einen Graben unmittelbar am Straßenrand. Um letzteren zu überwinden, sollte man sich ab dem Steinmann zunächst einige Minuten nach links halten und erst dort absteigen, wo der Graben ein kurzes Stück unterirdisch verläuft. Nach 3¼ Std. ist die asphaltierte Straße erreicht. Man quert diese und wandert über eine alte Fahrspur hinweg, vorbei an zwei kleinen Teichen zur Schlucht der **Hvítá,** direkt zu der Stelle, die schon seit mehr als einer Stunde als Wegweiser diente. Ein schmaler Trampelpfad führt nach links am

Am Rande des Kjalvegur: Blick auf den Jarlhettur

Cañon entlang in einer Dreiviertelstunde bis zum Parkplatz und bietet immer wieder phantastische Ausblicke.

Zunächst ist die Schlucht noch ziemlich breit, und der Fluß mäandriert in einem weiten Schotterbett. Doch bald wird der Cañon schmaler, so daß die Hvítá das gesamte Flußbett ausfüllt. Hvítá heißt übersetzt ›Weißer Fluß‹, und im Kontrast zum Tungufljót ist das Wasser milchigtrüb. Dieses Gewässer ist ein Gletscherfluß, dessen Sand, Schutt und Geröll die erodierende Kraft des fließenden Wassers erheblich verstärken. Über 100 m^3/s beträgt hier die durchschnittliche jährliche Wassermenge, mit Maximalwerten in der warmen Jahreszeit und Minimalwerten im Winter.

Die steilen Wände des Cañons geben im doppelten Sinne des Wortes einen Aufschluß über seine geologische Vergangenheit. Als ›Aufschluß‹ wird in den Geowissenschaften eine Stelle bezeichnet, an der ein Einblick in die Lagerung der Gesteine erfolgen kann. Deutlich ist am gegenüberliegenden Steilhang die Trennung zwischen einer unteren, dunklen Sedimentation und der darauf lagernden Basaltschicht zu erkennen, da sich letztere in über 10 m hohen Basaltsäulen abgelagert hat. Darüber ist noch einmal eine waagerechte Schichtung zu erkennen und dann noch einmal Basalt. Bei den beiden horizontalen Ablagerungen handelt es sich um Flußschotter.

Die Entstehung des Cañons ist folgendermaßen zu erklären: Nach der letzten Eiszeit, also vor gut 10 000 Jahren, floß die ›Ur-Hvítá‹ nur wenige Kilometer südlich des heutigen Gullfoss ins Meer. Durch das weltweite Abschmelzen des Inlandeises war der Meeresspiegel nämlich kräftig angestiegen. Meeresablagerungen konnten in der Nähe von Brattholt nachgewiesen werden. Befreit von der Last des Eises hob sich Island, und das Meer zog sich wieder zurück. Die Hvítá, die einer Kluftrichtung von Nordost nach Südwest folgte, erhielt so ein wesentlich größeres Gefälle. Wie jeder Wasserfall ›wanderte‹ dieser rückwärts den Fluß hinauf und befindet sich zur Zeit beim Ausgangs- und Endpunkt der Wanderung. Hinterlassen hat er den Cañon, dessen ältere Teile nicht mehr so steile Wände aufweisen, da die Verwitterung und Erosion natürlich an den Schluchträndern wirkt und diese langsam abflacht. Umgekehrt werden sie umso steiler, je mehr man sich dem Gullfoss nähert.

Bleibt nur noch zu klären, warum ein Wasserfall rückwärts wandert, wieso insbesondere derjenige der Hvítá besonders günstige Bedingungen vorfindet. Die beiden harten Basaltschichten, die man im Aufschluß sehen kann, sind die Fallmacher. Von ihnen stürzt das Wasser in die Tiefe, hier auf relativ weiches Sedimentgestein. Dieses wird schnell vertieft, und es entsteht eine Grundwalze. In einem fortwährenden Strudel wird Wasser und mit ihm Gesteinsschutt gegen die Wand des Falls geworfen, die dabei unterhöhlt wird. Das Gestein darüber, hier die Basaltsäulen, bricht nach, der *foss* ist ein Stück zurückgewandert. Bei der Hvítá wirkt dieser Mechanismus zweimal kurz hintereinander.

7 Die Hochtemperaturgebiete bei Hveragerði

Die anspruchsvolle Geländewanderung, die sowohl Ausdauer als auch Orientierungsvermögen und absolute Trittsicherheit erfordert, führt in das zerklüftete Bergland zwischen dem jungen Gartenbauzentrum Hveragerði und dem Þingvallavatn. Zahlreiche heiße Quellen liegen in dem geothermal aktiven Gebiet am Wegesrand und erfordern besondere Vorsicht. Ein steiler Abstieg durch eine Scharte ist zu bewältigen, und mehrere Bäche werden unterwegs gefurtet.

Dauer: 7 Std.
Gesamtlänge: ca. 28 km, 450 Höhenmeter.
Ausrüstung: Grundausstattung, Stulpen, Watschuhe, Wanderstock.
Karten: Sonderkarte Suðvesturland 1:100 000; Aðalkort 3, Atlasblöð 37.
Unterkunft: Hveragerði: Camping, Jugendherberge, Gästehaus und Hotel.
Sonstiges: Schwimmbad, Reitmöglichkeiten, Freizeitpark, Gewächshaus-Café, vegetarisches Restaurant im Sanatorium.

Anfahrt: Mit Linienbus oder PKW auf der Ringstraße nach Hveragerði.

Von Reykjavík kommend biegt man von der Ringstraße links in die Hauptstraße Breiðamörk ein, die nach Hveragerði hineinführt. Links wird ein Hotelneubau passiert, rechter Hand geht es zu verschiedenen Gewächshäusern und dem ›Tivoli‹, das jedoch dem intendierten Vergleich mit dem Kopenhagener Original nicht standhält. Die Wanderung beginnt an der Tourist-Information und führt an der Post vorbei geradeaus.

Hveragerði, der Start- und Endpunkt der Wanderung, ist ein recht junger, wachsender Ort mit heute etwa 1300 Einwohnern und ein Zentrum des Gartenbaus. Die geothermale Energie, die hier in Form von zahlreichen Heißwasserquellen vorkommt, wird zur Beheizung von Gewächshäusern genutzt. Unterirdisch verlaufende Rohrleitungen wärmen den Erdboden, auf dem Gemüse, Obst und Zierpflanzen gedeihen. Heute sind etwa 14 ha Boden unter Glas und bilden einen landwirtschaftlichen Produktionszweig, der im Gegensatz zum Freilandanbau nicht abnehmende, sondern wachsende Tendenz aufweist. Eine staatliche Gartenbauschule, die sich neben dem – natürlich thermal beheizten – Schwimmbad befindet, kann in Hveragerði ebenso besichtigt werden wie einige Gewächshäuser. Hier werden nicht nur Anbauprodukte, sondern auch verschiedene, mehr oder weniger typisch isländische Souvenirs verkauft, und im Café Eden läßt sich ein verregneter Nach-

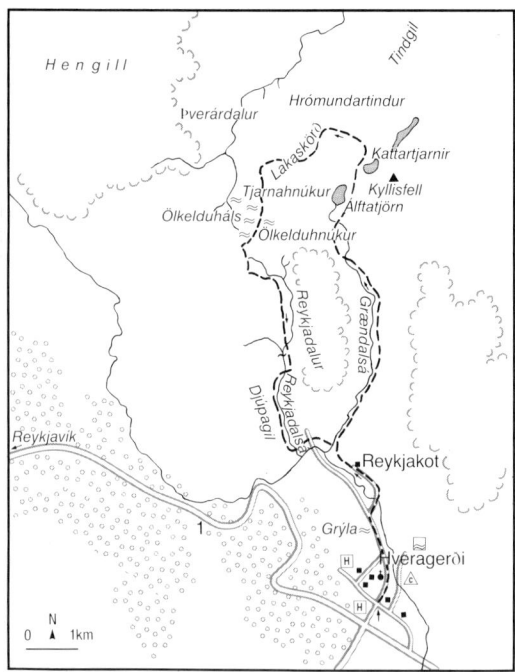

Wanderung 7

Dampfende Schlammtöpfe am Ölkelduháls

mittag unter tropischen Palmen ›abwettern‹. Verschiedene Unterkunftsmöglichkeiten und ein Fremdenverkehrsbüro ergänzen die touristische Infrastruktur des an der Ringstraße gelegenen und daher leicht erreichbaren Städtchens. Kurz vor einer Linkskurve biegt rechts der Weg Skólamörk ab, der zum Campingplatz, der Gartenbauschule und dem Schwimmbad führt. Wer werktags bis etwa 20 Uhr von seiner Wanderung zurück ist, kann sich ein entspannendes Bad gönnen und im *gufubað*, der feucht-heißen Dampfsauna die Wanderung noch einmal in Gedanken Revue passieren lassen, wobei der zischend austretende, schweflige Dampf der Phantasie nachhilft.

Man folgt der Hauptstraße um die Linkskurve und am Bach entlang. An vielen Stellen im Tal weisen Dampfaustritte auf heiße Quellen hin. Vor dem Fußballfeld am Ortsende liegt links ein eingefaßtes Loch. Die kleine, **Gryla** genannte Springquelle ist allerdings in letzter Zeit sehr unzuverlässig geworden, so daß man sie wahrscheinlich nicht in Aktion sehen wird. Der Fahrweg gabelt sich bald darauf, es geht auf dem rechten Abzweig über den Fluß. Schilder weisen auf eine Schule und den Hof Reykjakot mit Pferdeverleih hin. Beide sind nach etwa einer halben Stunde erreicht. Hinter dem schwarzen Holzgebäude der Schule läuft eine Fahrspur links auf ein Gatter zu und dahinter rechts flußaufwärts. Man folgt ihr vorbei an zwei Bohrstellen mit Absperrventilen. Die Fahrspuren teilen sich mehrmals; man wahrt jeweils die rechte. Bald kommt ein erstes Seitental, das Grændalur, rechts in Sicht, dorthinein wendet man sich, ohne den dazugehörigen Bach zu queren. Am engen Talausgang führt ein Schafspfad an einem Zaun entlang bergan, dann geht es nach links am Hang taleinwärts. Auf der anderen Bachseite kommen Solfataren in Sicht, die Schafspuren entfernen sich kurzfristig vom Fluß, der außer Sichtweite gerät, und passieren Solfataren, die oberhalb im Berghang erkennbar werden.

Wenn die **Grændalsá** nach etwa einer Stunde Gehzeit zur Linken wieder auftaucht, geht es eine Weile an einem geröllhaltigen, unbewachsenen Rücken entlang, bis der Trampelpfad direkt zu einer heißen Quelle an einem schmalen Bachlauf führt, dem man nun abwärts folgt. Dieser umfließt nun einen grau-grünlich gefärbten Geröllrücken, der oben von einem Felsen gekrönt ist, und mündet im Haupttal in die Grændalsá. Am Hauptbach geht es nun weiter flußaufwärts. Den Namen Grændal (= grünes Tal) trägt es zu

Recht; sein Boden ist mit knichohem, dichtem Gras bestanden und kann nach Regenfällen sehr naß sein. In diesem Fall ist es ratsam, Stulpen über die Wanderstiefel zu ziehen, damit kein Wasser hineinläuft, denn die Wanderung führt nun durch dieses Terrain. Nach fast 2 Std. münden zwei Zuflüsse von rechts und links, es ist also notwendig, einen Bach zu queren, um dem mittleren Hauptgewässer weiter folgen zu können. Das Tal wird nun allmählich enger, bleibt aber grün. Kaum merklich geht es aufwärts. Man sucht sich bald eine geeignete Stelle, um auf die andere Bachseite zu wechseln.

Voraus kündigen Schwefelquellen dann den Talschluß auf 250 Höhenmetern an. Dort fällt die Grændalsá von links kommend über schöne Kaskaden herunter, der links davon befindliche Hügelrücken muß nun erklommen werden. Wenn man nach ungefähr 2½ Std. oben auf 400 m angekommen ist, liegt voraus der See **Álfatjörn** in einer grünen, sumpfigen Senke. Aus ihm entspringt die Grændalsá, deren tief einschneiden-

Schlammtopf

des Flußbett nun oberhalb der Kaskaden ein letztes Mal gequert wird. Dann geht es rechts am Hang des Kyllisfell um die Senke herum. Bald kommt voraus ein zweiter See in Sicht, dessen tiefen Kessel man rechts unter sich läßt. Seinen Namen, Katartjarnir, teilt er sich mit einem weiteren, der kurze Zeit später sichtbar wird. Von dem Sattel, der die Senke um den Álfatjörn von einem vorausliegenden schroffen Taleinschnitt trennt, überblickt man die drei Seen. Jenseits des Sattels zieht sich der schroffe Bergrücken Hrómundartindur nach Norden. Durch das vorausliegende Tal Tindargil fällt der Blick zwischen spitzen Berggipfeln hindurch auf den Þingvallavatn. Dieser lohnende Aussichtsplatz ist nach etwa drei Stunden erreicht.

Es geht nun nach links über den Sattel, auf den Einschnitt zwischen Hrómundartindur rechts und Tjarnahnúkur links zu. Der letztgenannte Berg zeichnet sich durch schöne, vom Wind erodierte Gipfelfelsen aus, unter denen vorbei es zum Paß auf 480 m Höhe geht. An diesem höchsten Punkt der Wanderung hat man vor sich das weite Tal der Þverá liegen, an das sich das Hengill-Massiv anschließt. An dessen Fuß, besonders im nördlichen Bereich, treten weithin sichtbar mehrere Dampfquellen aus. Das bis hierher wahrnehmbare Donnergrollen und Zischen stammt von einem Bohrloch, aus dem der hochtemperierte Wasserdampf entweicht.

Der Weg führt nun nach links und bleibt lange am Hang des Tjarnahnúkur, der aus zwei Gipfeln besteht. Man verliert nur langsam an Höhe, während es abwechselnd durch geröllhaltige und moosbewachsene Passagen geht. Nach gut vier Stunden Wanderzeit kommt das größte Solfatarengebiet dieser Tour, **Ölkelduháls,** in Sicht, das sich vom linken Arm des Þverárdalur hangaufwärts zieht. In mehreren Einschnitten im Berg brodeln Schlammtöpfe, sind kleine Höhlen und verschiedenfarbige Ausblühungen zu sehen. Hier ist natürlich besondere Vorsicht geboten, da in dieser Einsamkeit jegliche Warnschilder oder Absperrungen fehlen! Vom Ölkelduháls geht es weiter in

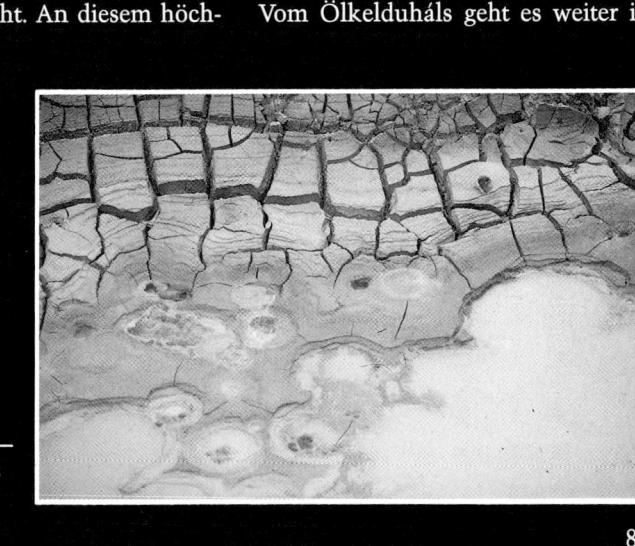

Schlammtopf mit Trockenrissen

der bisherigen Richtung Süd-Südwest. Links oberhalb liegt jetzt der Ölkelduhnúkur. Hinter einem tief einschneidenden Bachbett erreicht man bald eine Jeepspur, die sich den Berg hinunter ins Haupttal zieht, und folgt ihr nach rechts. Auf der anderen Seite des Baches, den sie kurz darauf quert, sind zwei weitere beeindruckende Schlammtöpfe zu besichtigen.

Dann folgt man dem Bach am rechten Steilufer der Klambragil auf einem Trampelpfad. Dieser gabelt sich, vereint sich jedoch vor dem Abstieg wieder. Da der obere in sicherem Abstand zur Schlucht verläuft, die Aussicht aber genauso schön ist, sollte er dem unteren vorgezogen werden. Der Abstieg erfolgt problemlos auf diesem Weg. Gegenüber beeindrucken die schroffen Wände der Schlucht, unterhalb dampfen Solfataren in dem lieblich anmutenden Talgrund, der nach gut 5 Std. erreicht ist.

Der Pfad führt nun eine Weile bequem am rechten Talhang entlang, vorbei an weiteren Anzeichen für geothermale Aktivitäten, die dem Namen **Reykjadalur** = Rauchtal seine Berechtigung geben. Nach etwa 5½ Std. entfernt sich der Weg vom Bach und wendet sich bergan in Richtung auf die Hochebene Hellisheiði, auf der die Ringstraße verläuft. Die Wanderung hingegen bleibt im **Reykjadalur** und wechselt auf die andere Bachseite hinüber. Eine geeignete Stelle muß jeder selbst finden, möglicherweise helfen Pferdespuren bei der Suche. Kurz darauf steht man in der Nähe des Hauptbaches vor dem Wasserfall der Reykjadalsá. Eine steile Scharte, von einem Nebenbach eingeschnitten, bietet die einzige Abstiegsmöglichkeit. Da der Untergrund jedoch gute Bodenhaftung für die Schuhe bietet, gestaltet sich die Bewältigung der Passage weniger schwierig, als sie von oben anmutet; unten wird man nach fast 6 Std. Gehzeit durch die Aussicht auf den Wasserfall und eine schöne Gangbildung davor für seinen ›Wagemut‹ entschädigt.

Eine rutschige Planke soll das Überqueren des rauschenden Flüßchens vereinfachen; es ist möglicherweise aber sicherer, zu furten. Nun geht es am Flußlauf entlang durch das geröllübersäte Tal hinab, wo viele kleine Rinnsale den Bach speisen. Nach einer Weile fließt er noch einmal über eine Felsstufe, von wo schon das Varmá-Tal in Sicht kommt. Dort angekommen, gibt es die Möglichkeit, die Varmá zu furten und an ihr entlang zu einem Hofgebäude mit Anschluß an den Fahrweg nach Hveragerði zu gelangen. Wer jedoch zum Schulhaus und Reiterhof zurückkehren will, durchwatet statt dessen die Reykjadalsá und später die Grændalsá. In beiden Fällen ist der Ausgangspunkt der Wanderung nach gut 7 Std. erreicht.

8 Der Vörðufell – Aussichtsberg im fruchtbaren Schwemmland der südwestliche Tiefebene

Die Streckenwanderung über den Vörðufell hinweg erfordert im Auf- und Abstieg etwas Orientierungsvermögen. Die große Senke im abgeflachten Gipfel füllt ein einsamer Bergsee, der durch eine Schlucht entwässert. Der Blick fällt über das Tiefland, in dem einzelne Berge aufragen und das von großen Gletscherflüssen durchströmt wird. Geschichtsträchtige Plätze wie der alte Bischofssitz Skálholt liegen hier ebenso am Weg wie junge ländliche Siedlungen.

Dauer: 4 Std.
Gesamtlänge: ca. 12 km, 350 Höhenmeter.
Ausrüstung: Grundausstattung.
Karten: Aðalkort 6, Atlasblöð 47; Faltblatt: Uppsveitir Árnessýslu.
Unterkunft: Laugarás: Camping; Reykholt an der Nr. 35 (12 km): Jugendherberge, Camping; Brautarholt: Schlafsackunterkunft, Camping; Flúðir an der Nr. 30 (18 km): Hotel, Gästezimmer, Camping; verschiedene Gästehöfe in der Umgebung.
Sonstiges: Der ehemalige Bischofssitz Skálholt; Schwimmbäder in Brautarholt, Flúðir und Reykholt; Reit- und Angelmöglichkeiten bei den Gästehöfen der Umgebung.
Anfahrt: Von der Ringstraße bei Selfoss auf die Nr. 35 fahren, bis nach etwa 35 km die Straße Nr. 31 rechts nach Skálholt abbiegt. Auf dieser durch den Ort Laugarás, über die Hvítá hinweg; etwa 1 km hinter der Brücke zweigt ein Fahrweg links zum Hof Iða ab, eine Zufahrt rechts zu einem Ferienhaus am Fuß des Vörðufell. An dieser ›Kreuzung‹ beginnt die Wanderung.

Nach Laugarás fährt täglich ein Bus von Reykjavík (Reykjavík – Gullfoss über Biskupstungur), die 2 km bis zum Beginn der Wanderung müssen zu Fuß zurückgelegt werden. Am Endpunkt der Streckenwanderung in Brautarholt an der Nr. 30 besteht ebenfalls Busanschluß zur Ringstraße und nach Reykjavík, jedoch nicht zurück zum Ausgangspunkt! Autofahrer können auf den Vörðufell und zurück wandern.

Auf der Zufahrt zum Ferienhaus geht es durch ein Gatter und über einen Graben. Noch vor dem Grundstück hält man sich auf einer Wiese links und wandert zu einem ersten flachen Absatz im vergleichsweise flach geneigten Nordhang des Vörðufell hinauf. Dort wird das Gelände etwas sumpfig, so daß es ratsam ist, gleich weiter links den Aufstieg fortzusetzen. Der Blick fällt dabei in der nächsten Zeit nach links auf die unterhalb verlaufende Straße und die Stóra Laxá dahinter. Zurück ist die Brücke über die Hvítá zu sehen. Der Gletscherfluß verdankt seinen Namen (weißer Fluß) der milchig-weißen Farbe, von der sich das klare Wasser der Stóra Laxá beim Zusammenfluß deutlich abhebt. Bis zur Brücke ziehen sich ein heller und ein dunkler

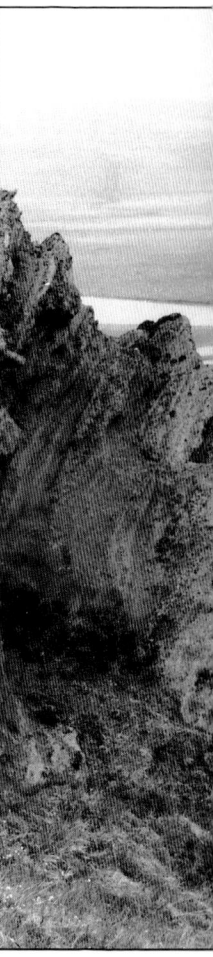

Wanderung 8

Streifen im Fluß dahin. Diesseits liegt der Hof **Iða** nahe der Hvítá, jenseits die ländliche Siedlung Laugarás inmitten von Bäumen und Gewächshäusern. Weiter links erhebt sich auf einer kleinen Anhöhe die weiße Kirche von Skálholt, dem ehemaligen Bischofssitz Südislands.

Bald wird der Hang steiniger, und nach etwa einer halben Stunde zieht sich eine Senke zwischen den von Wind und Regen glattgeschliffenen Palagonitfelsen hinauf. Eine Schafspur kann zwischen den Felsvorsprüngen hindurch verfolgt werden, dann muß man sich seinen Weg wieder selbst suchen. Ein hoher Steinmann auf einem schroffen Vorsprung oberhalb ist dabei bald hilfreich; zu ihm führt nach einer knappen Stunde der Aufstieg. Nun liegt voraus eine erste Einsenkung, in der sich ein

88

Blick vom Vörðufell auf das südwestliche Tiefland

Tümpel, von mooriger Feuchtwiese umgeben, befindet. Die tiefere Senke mit dem See Úlfsvatn liegt noch unsichtbar dahinter. Rechts und links reihen sich mehrere Erhebungen aneinander – der Berg besteht aus einem ovalen Ring kleiner Gipfel, die nur noch wenig höher sind als der, auf dem man gerade angekommen ist. Rechts sind auch die nächsten Steinmänner auf diesen Anhöhen zu erkennen. Bevor die Wanderung aber dorthin weiterführt, sollte die Gelegenheit zu einem letzten Blick zurück genutzt werden: Die grüne Ebene liegt nun schon 300 m unterhalb. Zahlreiche Wasserarme durchziehen sie; links die breite Hvítá und die Brúará, die um eine flache Halbinsel herum in den Gletscherfluß mündet. Dahinter ist jenseits des niedrigen Bergrückens Mosfell der große Apavatn auszumachen. Rechts sieht man die Stóra Laxá und weiter hinten die mächtige Þjórsá, deren Gletscherwasser wie das der Hvítá trübe zwischen zahlreichen Sandbänken dahinfließt. Weit im Norden erkennt man die Berge der jungen Vulkanzone, die das fruchtbare Tiefland vom unbewohnten Inneren Islands abgrenzen. Die zahlreichen heißen Quellen in der Region dazwischen sind ein Zeichen für die Nähe des aktiven Vulkanismus im südlichen Tiefland.

Auf die nächsten Steinmänner zu geht es entlang der rechten Gipfelkette weiter. Hier ist die Bergflanke stark zerfurcht und steil, zur eingesunkenen Mitte hin fällt der Vörðufell nur flach ab. Über mehrere der Anhöhen hinweg wandert man in südliche Richtung weiter. Auf einer fast ebenen Fläche sind wunderschöne Steinpolygone zu sehen, die auf keinen Fall zertreten werden sollten. Steinringe oder -polygone entstehen, wenn das im Boden enthaltene Wasser friert. Durch Volumenvergrößerung entsteht ein Frostschub. Der Bereich des feinen, zuerst gefrorenen Bodens wölbt sich leicht auf und drückt die größeren Steine zur Seite, gewissermaßen die flache Wölbung ›hinunter‹. Diese Art des Struktur- oder Frostmusterbodens findet man nur auf nahezu ebener Fläche. Sobald der Boden geneigt ist, bilden sich langgezogene Steinstreifen, die der Schwerkraft folgen.

Nun ändert sich das Bild voraus. Nach 1½ Std. kommt der **Úlfsvatn** in Sicht; er füllt die weite Senke im Vörðufell und ist diesseits von einigen Erdrutschhügeln begrenzt, zwischen denen sein Ufer sumpfig und von kleinen Rinnsalen durchzogen ist. Am linken Rand steigen schroffe Felsen auf, und auf der weit entfernten anderen Seeseite ist die Schlucht Úlfsgil zu erkennen, in die der See entwässert. Es geht weiter über das gewellte Gelände zwischen See und Bergabhang, wobei es egal ist, ob man sich weiter links mit Blick auf den Úlfsvatn hält oder mehr rechts mit Aussicht auf die zerklüftete Flanke des Vörðufell und die grüne Ebene darunter. Brauchbare Wege sind im bemoosten Boden nicht durchgängig zu erkennen. Schafspfade laufen kreuz und quer. Je nach individueller Route taucht früher oder später halbrechts zwischen den Erhebungen der Nachbarberg Hestfjall auf, der auf seiner Nordseite steil aufragt, zur Küste hin jedoch flach ausläuft. Diese eigenartige Form verdankt er seiner Entstehung während der Eiszeiten. Der Gletscherrand muß sich nur wenig südlich der Ausbruchstelle befunden haben, so daß nach einem ersten subglazial verlaufenen Ausbruch die nachfließenden Lavaströme im Süden ungehindert abfließen konnten, während in seinem

Frostmusterboden auf dem Vörðufell

Nordteil eine Art Tafelberg entstand. Auch der weiter entfernte Tafelberg Ingólfsfjall ist möglicherweise schon zu erkennen.

Nach 2 Std. ist das Ende des Úlfsvatn bei einer hübschen Bucht erreicht, die einen schmalen dunklen Strand hat und sich bei entsprechendem Wetter gut als Rastplatz eignet. In der Verlängerung der Bucht zieht sich eine flache Talsenke leicht ansteigend nach Süden, in der es sich jedoch nicht gut läuft, da ihr Boden sumpfig ist. Statt dessen hält man sich an ihrem rechten Rand, passiert einen moorigen Tümpel und trifft auf ein links verlaufendes erodiertes Bachbett, das schon in die Richtung des Abstiegs hinunterführt. Doch zuvor sollte ein kurzer Abstecher an die **Úlfsgil** unternommen werden: Das Bachbett wird überquert, über den jenseitigen Grasrücken erreicht man nach wenigen Minuten den Rand der tief eingeschnittenen Úlfsgil. Der Blick durch das schroffe Flußtal bis hinunter zum Fuß des Vörðufell ist recht beeindruckend. In der gegenüberliegenden Felswand brüten Eissturmvögel und einige Raben, deren Krächzen der einsamen Umgebung etwas Unheimliches gibt. Von oben kommt der Bach zwischen Felsen vom See herunter. Ein paar Meter Aufstieg am Rand der Úlfsgil werden mit dem Blick auf den Seeabfluß in das tiefe Tal belohnt. Dann geht es zurück bis zum erodierten Bachbett.

Jenseits des Bachbetts zieht sich der Rücken **Langahlíð** sanft nach Süden hinunter; auf ihm erfolgt nun der Abstieg. Es gibt auf diesem Hang mehrere Steinmänner, die Wanderer sicher von Absatz zu Absatz leiten. Nach der obersten Markierung, die auf einer schroffen Nase des Sattels steht, sollte schon auf dem Weg von der Úlfsgil zurück Ausschau gehalten werden. Von weitem wirkt der Steinmann möglicherweise auf den ersten Blick nicht wie eine künstliche Anhäufung. Wer die Markierungen nicht findet, hält sich in der Nähe eines der Bachbetten, die parallel zum Rücken hinunter- und bald zusammenführen. Es geht nun mal steiler, mal flacher den Hang hinunter, wobei kein regelrechter Weg erkennbar ist. Vielmehr weisen die Steinmänner die grobe Richtung Südwest und führen in einem leichten Rechtsbogen bis in Sichtweite des Hofs Fjall unweit der Hvítá.

Nach etwa 3 Std. ist der Zusammenfluß der nun wasserführenden Bäche erreicht. Der rechte muß überquert werden. Auf dem jenseitigen Grashang läßt sich das letzte Gefällestück bis zur Hofumzäunung gut bewältigen. Dort, wo zwei Zäune ein ›T‹ bilden, überquert man den quer- und folgt dem längsverlaufenden. Er begrenzt ein Aufforstungsgebiet. Natürlich darf hier nichts zertreten werden. Ein nächster Zaun wird überquert, und über ein kleines Grundstück ist die Straße schnell erreicht. Der Hof **Fjall** wird nun rechts liegengelassen, und man folgt dem Fahrweg, auf dem die letzte Wanderstunde zurückgelegt werden muß, nach links. Von hier unten ist gut zu erkennen, warum der Abstieg nicht an einer beliebigen Stelle im Hang möglich war; zur Úlfsgil hin wird der Vörðufell immer steiler. Vorbei an der Einfahrt zu einem aufgege-

Der Bischofssitz in Skálholt

Skálholt liegt zentral in der großen, fruchtbaren Tiefebene zwischen Ölfusá und Pjórsá im Südwesten Islands. Diese Region gehörte schon während der Landnahmezeit zu den begehrtesten Siedlungsräumen. Sie eignet sich besonders gut für die Landwirtschaft und wird noch heute intensiv für die Viehhaltung genutzt.

Auf dem Bauernhof Skálholt lebte Gizur, einer der Verfechter des Christentums, die auf der Thingversammlung im Sommer 1000 der ›neuen Sitte‹ zum Durchbruch verholfen hatten. Sein Sohn Isleif wurde in Herford zum Geistlichen ausgebildet und in Bremen 1056 zum Bischof geweiht. Er kehrte als erster isländischer Bischof auf seinen Erbhof zurück. Sein Sohn und Nachfolger, Gizur Isleifsson, schenkte das Anwesen der Kirche. Er verschaffte dem Klerus mit der Einführung des ›Zehnten‹ 1096 darüber hinaus sichere Einkünfte. Die isländische Besonderheit des Laienpatronats führte allerdings dazu, daß nicht nur der Bischof, sondern auch diejenigen Goden, in deren Besitz sich die regionalen Gotteshäuser befanden, ihre ökonomische Situation stärken konnten – die Steuer wurde zwischen ihnen und dem Bischof ›geteilt‹. Dieser Zustand war dem norwegischen Klerus ein Dorn im Auge; bereits Bischof Porlákur Pórhallsson hatte gegen Ende des 12. Jh. vergeblich gegen den weltlichen Kirchenbesitz gekämpft, 1239 setzte der Erzbischof von Nidaros Norweger auf die Bischofsstühle in Skálholt und Hólar, die nun mit Unterstützung der norwegischen Krone die Kircheneinnahmen zurückgewannen.

Macht und Reichtum des Bischofssitzes stiegen bald beträchtlich; bis zum Ende des 13. Jh. hatte Bischof Árni Porláksson alle Kirchen und etwa 60 Höfe in kirchlichen Besitz überführt. Im Verlauf von zweieinhalb Jahrhunderten bis zur Reformation konnten die Bischöfe von Skálholt ihren Besitz an Ländereien versechsfachen: Sie besaßen in Eyrarbakki einen der wichtigsten Hafenplätze des Landes und unterhielten zeitweilig eigene Schiffe für Handel und Fischerei. Einige der geistlichen Häupter in dieser Zeit waren keine Isländer, etliche Bischöfe hielten sich, wenn überhaupt, nur vorübergehend in Skálholt auf; beliebt waren sie nicht bei der Bevölkerung, was der Totschlag des Bischofs Jón Gereksson 1433 deutlich macht.

Die Reformation brach die Macht der katholischen Kirche, und ihr Besitz fiel an die Krone. Skálholt wurde 1550 Schauplatz der Hinrichtung des Bischofs von Hólar, Jón Arason, und zweier seiner Söhne. Mit dieser Tat, die unter den Isländern große Empörung und Racheaktionen auslöste, setzte Dänemark den Glaubenswechsel radikal durch.

Bis 1785 blieb Skálholt Sitz der nun protestantischen Bischöfe, dann wurde er nach einem Erdbeben nach Reykjavík verlegt. Der Hof geriet fast völlig in Vergessenheit, bis im Zuge der nationalen Eigenständigkeit Islands auch eine Rückbesinnung auf diese historische Stätte stattfand; 1949 wurde eine Skálholt-Gesellschaft gegründet, die den Bau der Kirche von 1963, der elften an dieser Stelle, initiierte.

Heute findet man nur wenige Zeugnisse der Vergangenheit in Skálholt. Die Krypta mit dem Sarkophag des Bischofs Páll Jónsson, gestorben 1211, und ein unterirdischer Verbindungsgang zwischen der Kirche und der ehemaligen Schule sind wohl die wichtigsten. Das Inventar der Kirche, die oft für kulturelle Veranstaltungen benutzt wird, ist durchweg modern. Bemerkenswert ist vor allem das Altarbild der bekannten isländischen Künstlerin Nína Tryggvadóttir. Es wurde als Mosaik in die Mauer eingefügt und erinnert in seiner Gestaltung an einen gewebten Wandteppich, wie sie früher als Schmuck in den Bauernhöfen benutzt wurden.

benen Hof entfernt sich die Straße allmählich vom Berg, an dessen Fuß nahe der Schlucht noch ein weiterer Hof liegt. An seiner Zufahrt wendet sich die Straße nach rechts. Durch grünes Weideland führt sie zur Nr. 30, an der rechts gleich die kleine Siedlung **Brautarholt** erreicht wird.

9 Vom Wikingerhof Stöng zum Wasserfall Háifoss

Die Geländewanderung erfordert Kondition und Trittsicherheit, je nach Wasserführung werden auf dem Weg durch die weite Flußebene mehrere Wasserarme gefurtet. Die Tour führt zum Cañon der Fossá, an dessen Ende der Fluß in mächtigen Wasserfällen hinunterstürzt. Die Ausgrabungsstätte Stöng und das nahegelegene liebliche Tal Gjáin liegen ebenfalls am Weg.

Dauer: 6 Std.
Gesamtlänge: 20 km.
Ausrüstung: Grundausstattung, Watschuhe.
Karten: Aðalkort 6, Atlasblöð 57; Faltblatt: Uppsveitir Árnessýslu.
Unterkunft: 1991 Campingmöglichkeit direkt unterhalb der Ausgrabungsstätte Stöng; Arnes an der Nr. 32 (25 km): Schlafsackunterkunft, Camping; Flúðir an der Nr. 30 (45 km): Hotel, Camping.
Sonstiges: Schwimmbad im Þjórsárdalur, 5 km ab Nr. 32, Mi–So bis 21 Uhr geöffnet. Rekonstruierter Museumshof Þjóðveldisbærinn.
Anfahrt: 15 km östlich von Selfoss biegt man von der Ringstraße auf die Nr. 30 ab, von dieser führt nach knapp 20 km die Nr. 32 zum Kraftwerk Búrfell. Nach ungefähr 30 km auf dieser Straße weist links ein Schild zum Schwimmbad, 2 km weiter geht es auf einer Brücke über die Fossá, kurz dahinter führt eine ausgeschilderte, 6 km lange Piste, die bei umsichtiger Fahrweise auch mit normalen PKWs befahren werden kann, links nach Stöng. Weitere 200 m später steigt die Nr. 32 links steil an, geradeaus kommt man zur Kraftwerkssiedlung. An diesem Abzweig steht eine Übersichtstafel, kurz dahinter ist der rekonstruierte Hof Þjóðveldisbærinn zu sehen. Die Wanderung beginnt am Parkplatz nahe der Ausgrabungsstätte Stöng. Busreisende benötigen einiges Organisationsgeschick und ein eigenes Zelt. Es gibt eine Verbindung mit dem Linienbus ab Reykjavík, die jedoch für Wanderer ungünstige Ankunftszeiten hat. Die 6 km zum Parkplatz müssen dann zusätzlich zu Fuß bewältigt werden. Die öffentliche Busgesellschaft bietet außerdem zweimal wöchentlich Ausflugsfahrten zum Stöng-Hof an, die zudem Gullfoss und Geysir zum Ziel haben.

Die Wanderung beginnt am Parkplatz direkt an der Piste. Auf einem gut erkennbaren Trampelpfad geht es zu einer Fußgängerbrücke über die

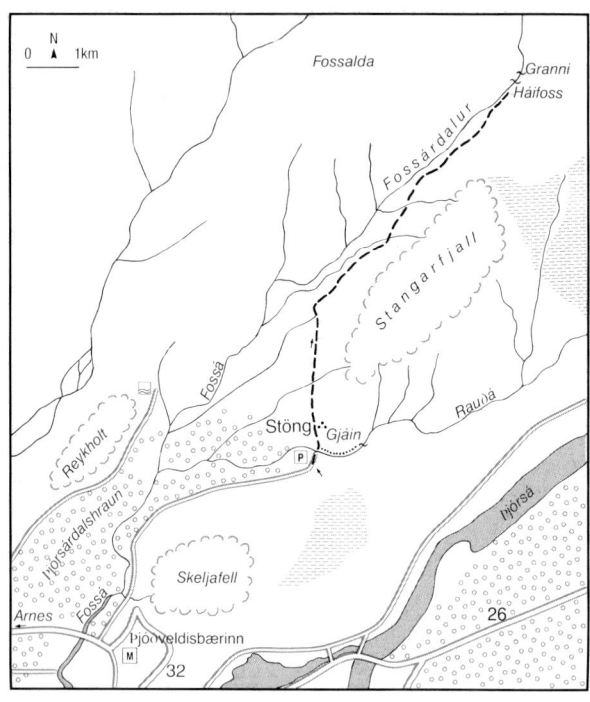

Wanderung 9

Rauðá, die hier besonders lieblich durch üppig bewachsene Lava fließt. Oben am Hang ist die Dachkonstruktion zu sehen, welche die 1939 freigelegten Grundmauern des 1104 durch einen Hekla-Ausbruch verschütteten **Stöng**-Hofes vor Witterungseinflüssen schützt. Die Wanderung verläuft zunächst auf einer Piste gleich hinter der Rauðá halblinks am Hof vorbei. Nach wenigen Metern wird ein Tor passiert, das natürlich wicder zu schließen ist. Es geht noch einige Meter durch das ungefähr 4000 Jahre alte Þjórsárdalshraun, dann aber bei einer Weggabelung geradeaus in die weite Flußschotterebene der Fossá.

Auf der Piste kommt man nun flott voran, bis nach ungefähr einer Dreiviertelstunde ein erster Arm der **Fossá** erreicht ist. Hier hat sich der Weg schon dicht an die Hänge des Stangarfjall zur Rechten angenähert. Man kann sich jetzt rechts zum Bergrükken halten und oberhalb der weiten Flußebene taleinwärts laufen. Das hat den Nachteil, daß immer wieder tiefe querliegende Einschnitte zu umgehen sind und der Hang teilweise ausgesprochen steil geneigt ist. Außerdem versinkt man immer wieder in Anhäufungen feiner Asche oder haselnußgroßer Lapilli, die durch zahlreiche Hekla-Ausbrüche hier angehäuft wurden. Die hellen Teilchen bestehen aus Bims, einem porösen, luftreichen Gestein, das leichter ist als Wasser. Man sollte sich mal das Vergnügen machen und diese Steinchen ›auf‹ den Fluß werfen.

Ein alternativer Weg kann weiter durch die Flußschotter führen. Hierbei ist jedoch zu beachten, daß die Fossá sich in sehr viele Flußarme aufgespalten hat, die immer wieder zu furten sind. Wer nicht gerade mit seinen Wanderstiefeln durch das Wasser laufen möchte, muß daher häufig seine Schuhe wechseln, denn die groben Flußschotterablagerungen erfordern festen Halt für die Füße. Die beste Variante ist eine Kombination aus beidem. Man hält sich hart am rechten Rand des breiten Talgrunds und entscheidet von Fall zu Fall, ob ein Ausweichen zum Hang oder ein Furten besser ist.

So geht es nun gut eine Stunde am Rand des Fossárdalur entlang. Nach und nach wird das Haupttal enger, am gegenüberliegenden Hang des Bergrückens Fossalda befinden sich hoch oben große Steilabbrüche. Nach ungefähr 2 Std. ist dann die für die Orientierung entscheidende Stelle erreicht. Aus einem V-förmigen Tal kommt der erste nennenswerte Nebenbach herunter. Dieses Musterbeispiel eines steilen Kerbtales verläuft nahezu in Verlängerung der bisherigen Laufrichtung, die Fossá macht einen leichten Bogen nach links. Wer versucht, im Haupttal weiterzuwandern, wird nach spätestens 10 Min. wieder zurück sein, denn dort ist kein Durchkommen mehr. Die Hänge sind zu steil, und die Fossá füllt das gesamte Flußbett aus. Man überquert den Nebenbach und steigt an seiner linken Böschung steil nach oben, wo man sich wieder links hält, um im weiteren am Schluchtrand des Hauptflusses entlangzuwandern.

Die Schlucht zur Linken wird immer wilder und zerklüfteter. Voraus kommt hoch oben von der Fossheiði der **Háifoss** heruntergestürzt. Er trägt seinen Namen ›Hoher Fall‹ völlig zu Recht, denn er fällt immerhin über 120 m tief. Nach gut 2½ Std. beginnen voraus auch am diesseitigen Hang mächtige Steilwände. Genau an dieser Stelle gibt es eine Möglichkeit, auf stark geneigtem, begrüntem Hang in Serpentinen zur Fossá abzusteigen. Es versteht sich wieder von selbst, daß dabei möglichst vorhandene Spuren zu benutzen sind, die man spätestens rechts von einer steilen Felsnase im Tal findet. An einer Böschung entlang und dann direkt am Fluß über große Steine hinweg erreicht man schließlich den Háifoss nach insgesamt 3 Std.

Von hier unten wirkt er unendlich hoch; unzählige kleine weiße ›Wasserbomben‹ stürzen hernieder, überholen sich, verschmelzen ineinander zu einem breiten Band. Kaum in einem kleinen Teich oder auf dem in ihm liegenden riesigen Felsbrocken gelandet, stieben sie wieder auf, diesmal allerdings in unzähligen kleinen Tröpfchen, die eine zehn, manchmal zwanzig Meter hohe Wasserwolke bilden. Bei Sonnenschein spannt sich ein Regenbogen herüber auf das diesseitige Flußufer, auf dem sich aufgrund der fortwährenden Feuchtigkeit eine üppige, sattgrüne, mit Blumen übersäte Wiese gebildet hat. Die Steine sind dick mit Moos und Farn überwuchert. Fast noch großartiger als der Fall selbst sind die senkrechten Felswände, die ihn halbkreisförmig umrahmen. Alle paar Meter wechselt das Gestein: Mal stürzt das Wasser an prächtigen, senkrecht stehenden Basaltsäulen vorbei, dann an

Die Schlucht Gjáin

1 Quellmulde im Talkessel Gjáin ▷
2 Hochtemperaturgebiet am Mývatn ▷▷
3 Bei Höfn ▷▷▷

4 Lavatürme im Mývatn

5 Dünen am Mývatn

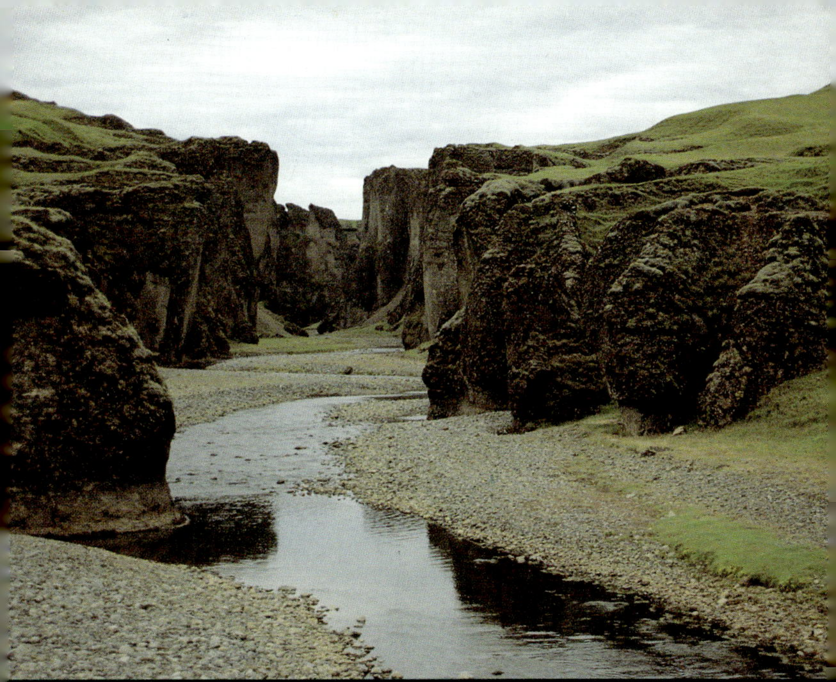

6 Schlucht der Fjarðará

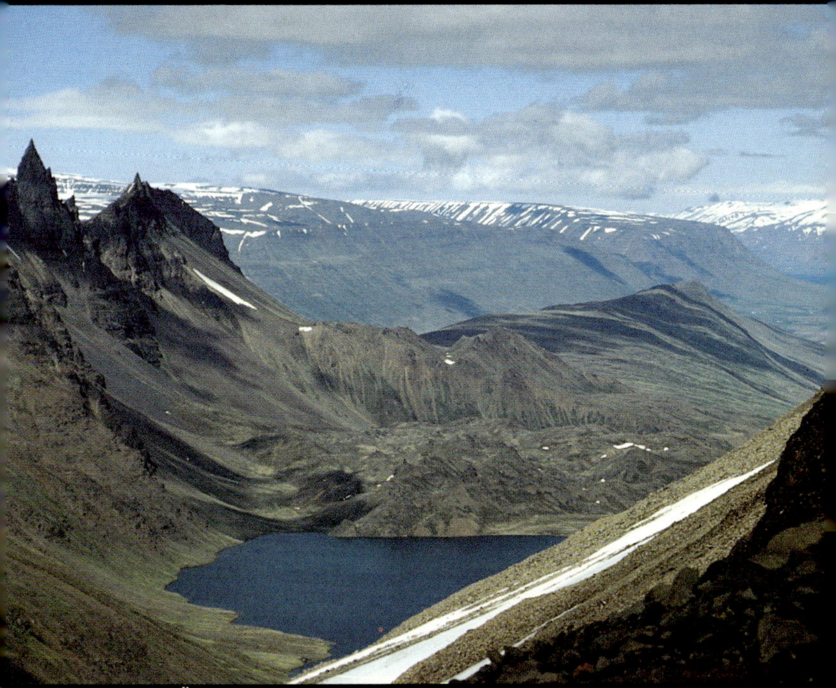

7 Hraunsvatn und Öxnadalur

8 Der Eissee Jökulsárlón am Breiðamerkurjökull

9 Museumshof in Skógar

10 Museumshof in Laufás

11   Prestbakki am Hrútafjörður   12   Erdrutschhügel beim Ljósavatn

3 Wasserfall der Rauðá bei Stöng

4 Wasserfall Glanni der Norðurá

15 Talende des Fossárdalur

Der Háifoss

Stöng

Im Jahr 1104 brach zum ersten Mal in historischer Zeit der Vulkan Hekla aus. Die Ascheauswürfe begruben zahlreiche Höfe unter sich, darunter auch das Gehöft Stöng. Jedoch erhielten sich die Ruinen unter der leichten Bimsschicht auf einzigartig gute Weise. Die Ausgrabungsfunde von Stöng und zwei weiteren Höfen dienten als Vorlage für die Rekonstruktion eines Bauernhofes der Wikingerzeit, Þjóðveldisbærinn. Man kann hier also dicht beieinander sowohl die Grundmauern im Original als auch den Nachbau besichtigen!

Stöng wurde in der für Island typischen Torfsodenbauweise errichtet: Steine und Torfsoden bildeten die dicken, isolierenden Wände des Gehöfts. Schwere Dachkonstruktionen können von diesen Torfwänden nicht getragen werden. Der Dachstuhl ruhte daher nicht auf den Außenwänden, sondern einer inneren Holzkonstruktion, ähnlich der norwegischen Stabbauweise. Gras bildet die Dachbedeckung. Es wurde aus länglichen Streifen zusammengesetzt, die quer zur Verschalung auf eine luftdurchlässige Zwischenschicht aus Reisig, Rinde oder Stroh gelegt wurden und bald zu einem festen grünen Abhang zusammenwuchsen. Wie haltbar solche Dächer waren, belegen Schilderungen in Sagas: »Skarphedin sprang auf das Gebäude hinauf und rupfte Gras und die drinnen waren, meinten, es sei Vieh.« (Thule, Bd. 4, S. 173) Ein Grasdach mußte gepflegt werden, wozu das grasende Vieh beitrug; es düngte die Fläche und hielt die Halme kurz.

Man betritt das langgestreckte Gebäude durch einen Vorraum und gelangt in die Halle, Hauptraum in den Höfen der Wikingerzeit. Hier spielte sich ein großer Teil des Lebens der Bewohner ab. Ein Langfeuer in der Mitte des festgestampften Bodens gab Licht und Wärme, auf den Podesten entlang der Wände befanden sich die Schlafstellen, wobei nur der Bauer und seine Frau getrennt von den anderen in einem Alkoven schliefen. Gleichzeitig bildeten die Podeste die Sitzbänke am Tag bei den häuslichen Arbeiten. Eine angrenzende Stube stellt schon eine Neuerung gegenüber den ältesten isländischen Höfen dar. Hier stand der Webstuhl, an dem die Frauen Wolle verarbeiteten, und fanden gelegentlich Feste statt.

Von der Halle aus erreicht man den Vorratsraum mit den Fässern für Milchprodukte und einen weiteren Annex. Beide sind direkt an die Halle angebaut, so daß nur wenig kostbares Holz verbraucht wurde. Typisch ist auch die Lage des Wikingerhofes hoch am Hang oberhalb eines Flusses, wo der Blick weit über die Landschaft schweifen kann.

---

breiten Tuffschichten, schmaleren Bändern oder dem Tohuwabohu eines Lavastromes.

Wer jedoch meint, damit sei die Vorstellung beendet, irrt: Ein immer noch recht respektabler Bach kommt aus der Schlucht. Man kann mühsam über Steine hinweg noch etwas weiter vordringen und sieht dann gleich, daß die Klamm hier immer enger wird und in einer senkrechten Wand abrupt endet. Voraus und zur Rechten fließen und fallen kleine Rinnsale herunter, dann taucht an der linken Wand der Granni auf, und es ist nicht zu entscheiden, welcher der beiden

Fälle schöner ist (s. Farbabb. 15). Der Weg zurück zum Stöng-Hof erfolgt auf der gleichen Route.

Ein etwa halbstündiger **Abstecher** führt zur Schlucht **Gjáin** (s. Farbabb. 1). Hierzu hält man sich hinter der Fußgängerbrücke rechts und verfolgt den breiten Weg hangaufwärts, wobei der Stöng-Hof links liegen bleibt. Nach wenigen Minuten ist unterhalb wieder die Rauðá zu sehen, die sich malerisch durch das Þjórsárdalshraun schlängelt. Sie hat wunderschöne Basaltsäulen und Lavastrukturen freigelegt. Die Schlucht endet in einem hübschen kleinen See, in den der Fluß über einen schönen Wasserfall hinabstürzt (s. Farbabb. 13).

Die Ringstraße

Am Rand der Gletscher

Fjallsárlón und Fjallsjökull

im Süden

10 Entlang der Skógá zum Paß Fimmvörðuháls

Beginnend am Skógafoss führt die lange Bergwanderung am Fluß Skógá mit seinen zahlreichen Wasserfällen entlang und zum Paß zwischen den Gletschern Eyjafjalla- und Mýrdalsjökull hinauf. Zurück verläuft die Tour auf einem Wirtschaftsweg mit großartigem Blick über die Südküste bis zu den Vestmannaeyjar. Ausdauer und Trittsicherheit sind erforderlich.

Dauer: gut 7 Std., Abkürzungsmöglichkeit.
Gesamtlänge: ca. 25 km, 900 Höhenmeter.
Ausrüstung: Grundausstattung, Wanderstock.
Karten: Spezialkarte 1:100 000 Þórsmörk-Landmannalaugar; Aðalkort 6, Atlasblöð 58 und 59.
Unterkunft: Skógar: Hotel, Schlafsackunterkunft, Camping; Fimmvörðuháls: unbewirtschaftete Hütte; Seljavellir (6 km): Camping.
Sonstiges: Schwimmbad in Seljavellir, Reiten und Museumshof in Skógar (s. Farbabb. 9).
Anfahrt: Mit Linienbus oder Auto auf der Nr. 1 bis Skógar.

Diese Wanderung führt entlang der Skógá bis zur Hütte Fimmvörðuháls zwischen den Gletschern Eyjafjalla- und Mýrdalsjökull und dann zum Teil auf anderen Wegen wieder zurück. Es ist möglich, weiter nach Þórsmörk zu wandern. Diese Fortsetzung ist markiert, beinhaltet allerdings eine recht schwierige Kletterpassage.

Ausgangspunkt der Wanderung ist der **Skógafoss,** der in einem breiten Fall gut 60 m überwindet. Er stürzt wie viele andere Wasserfälle des Südwestens eine ehemalige Steilküste hinunter bzw. hat sich durch rückschreitende Erosion schon weiter ins Landesinnere verlagert. In den warmen Perioden zwischen den verschiedenen Eiszeiten war der Meeresspiegel wesentlich höher als heute, so daß die Abrasion, die erodierende Kraft der Meeresbrandung, diese Steilhänge schuf. Mit dem Ende der letzten Eiszeit hob sich Island, gleichzeitig wurde die ehemalige Brandungsplattform durch die Schotter- und Sandablagerungen insbesondere der Gletscherflüsse bedeckt, so daß sich heutzutage die ehemalige Steilküste weit entfernt vom Atlantik erhebt.

Rechts vom Skógafoss ist am Hang deutlich ein schmaler Trampelpfad zu erkennen, auf dem es steil bergan geht. Die Wanderung folgt in den nächsten 2½ Std. dem Verlauf der Skógá. Sollte man den Bach zwischenzeitlich aus den Augen verlieren, muß man sich einfach wieder mehr links halten, um einen Pfad mit Sicht zum Fluß zu finden. Der Wasserlauf hat oberhalb des Skógafoss eine tiefe Schlucht gebildet, durch die er sich in vielen Kaskaden und zahlreichen weiteren Fällen hindurcharbeitet. Immer wieder wird sein Lauf durch mächtige Felsen behindert, die stehengeblieben oder seitlich aus der Schluchtwand abgebrochen sind. Sie sind überzogen mit einem dicken grünen Moospolster, das aufgrund

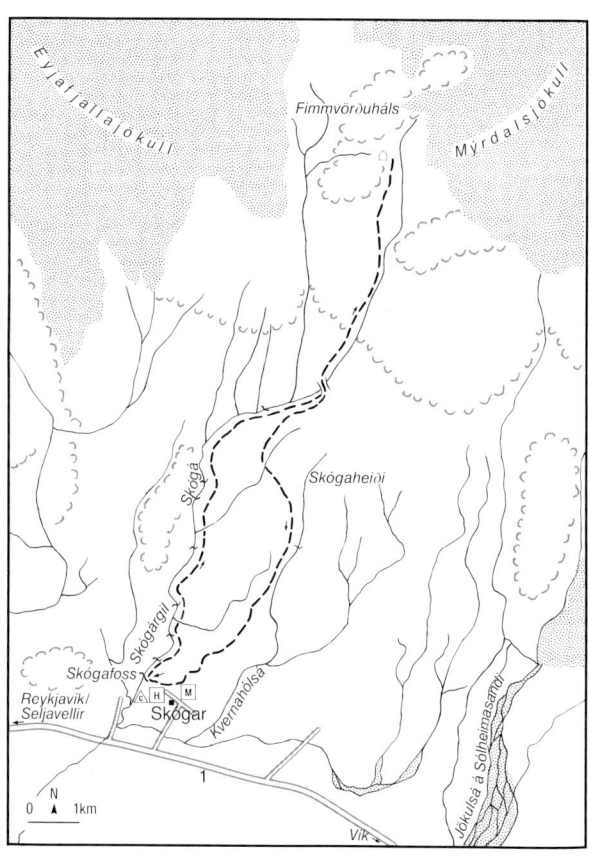

Wanderung 10

der ständigen Feuchtigkeit durch das aufgewirbelte Wasser gute Wachstumsbedingungen findet. Weiter geht es zügig bergauf. Nach etwa einer halben Stunde muß man eine tief einschneidende Nebenschlucht queren, was aber auf dem Trampelpfad keine Probleme macht. Schwieriger kann es da nach ca. 1 Std. werden: Hier muß man auf dem Pfad, der direkt der Schlucht der Skóga folgt, eine Kletterpassage bewältigen, die insbesondere bei feuchtem Wetter sehr rutschig sein kann. Es ist möglich, diese Stelle rechts den Grashang hinauf zu umgehen und dann wieder auf die Hauptspur zurückzukommen.

Bald ist ein weiterer Nebenbach zu kreuzen, und immer wieder ist ein *foss* zu sehen, der namenlos zur Unzählbarkeit der isländischen Wasserfälle beiträgt. Nach fast 2 Std. hat man, schon frühzeitig durch Wolken feinster Wassertröpfchen angekündigt, eine Stelle erreicht, wo das Wasser wohl hundert Meter hinabstürzt. Hier strahlt auch schon die Eiskappe des Eyjafjallajökull herüber.

Der Pfad entfernt sich zwischenzeitlich etwas von der Schlucht und

Einer von vielen Wasserfällen der Skóga

führt wenig später direkt zur Skógá, die hier ein weites Tal bildet. Bald trifft die Wanderung an eine Stelle, wo von links ein ebenso breiter Nebenlauf einmündet. Es geht den rechten Flußarm aufwärts. Wenige Minuten später gelangt man zu dem vorerst letzten Wasserfall (s. Farbabb. 16). Um ihn zu sehen, muß man sich sehr dicht am Flußlauf halten und erst später weiter nach rechts zum Trampelpfad wenden, der den *foss* umgeht. Nach einem kurzen Anstieg wird der Weg dann vorübergehend nahezu eben. Von weitem ist schon eine **Fußgängerbrücke** über den Fluß zu sehen, der hier mit seinem klaren Wasser sehr schöne Kaskaden bildet. Der Übergang ist nach fast 3 Std. erreicht. Hier sollte man Wasser fassen, da es oben bei der Hütte nur einige Schmelzwassertümpel von zweifelhafter Qualität gibt. Darauf, daß der Wasserbehälter hinter der Unterkunft gefüllt ist, sollte man sich auch nicht verlassen. Bis zur Brücke sind nun gut 600 Höhenmeter bewältigt, die Hütte auf dem **Fimmvörðuháls** liegt weitere 300 m höher. Wer jetzt schon umkehren will, kann den Markierungen abwärts nach Skógar folgen. In diesem Fall dauert der Rückweg etwa 2 Std.

Auch aufwärts gibt es jetzt Holzpfeiler, die bald zu einer Piste führen. Im folgenden entfernen sich die Markierungen immer wieder von der Fahrspur, es empfiehlt sich aber, auf dieser zu bleiben, da der Anstieg hier bequemer ist. An einer Stelle, wo das Tal rechts dicht am Weg liegt, sollte man die Gelegenheit wahrnehmen, dort hinunterzuschauen. Der Bach, den man zuvor auf der Brücke gequert hat, liegt nun tief unterhalb und ist zum Teil von Altschnee bedeckt. Im weiteren Verlauf der Wanderung trifft man immer wieder auf Schneefelder, welche das Bild der ansonsten nur noch aus Stein und Kies bestehenden Landschaft beleben. Nur 3–4 km entfernt erheben

sich zu beiden Seiten die Gletscher Eyjafjalla- (links) und Mýrdalsjökull. Endlich ist nach fast 4 Std. Wanderzeit die Hütte erreicht. Je nach Schneeverhältnissen liegt sie inmitten eines großen Firnfeldes oder doch zumindest oberhalb einer weiten, mit Schnee gefüllten Senke, durch die die Markierungen den möglichen Weg nach Þórsmörk anzeigen. Sicherlich wird jeder hier oben in 940 m Höhe eine Rast einlegen; wichtig ist es, die unbewirtschaftete **Hütte** anschließend wieder aufzuräumen und gut zu verschließen.

Der Rückweg folgt zunächst den Holzpflöcken, welche die eine oder andere Schleife der Piste auslassen, oder dem Fahrweg. Phantastisch ist die Fernsicht, die sich während des Abstiegs nach vorn bietet. Man kann deutlich die Küstenlinie erkennen, die sich als Gegensatz zwischen dem schwarzen Sander und den sich brechenden weißen Wellen abzeichnet. Links sind die Felsen von Dyrhólaey und Vík auszumachen, weiter rechts erheben sich die Westmänner-Inseln aus dem Atlantik. Nach einer Stunde Abstieg ist die Brücke wieder erreicht. Die Fahrspur macht einen kleinen Bogen nach links und furtet dort. Wer den Abzweig zur Brücke verpaßt hat, geht an der Furt ein paar Meter nach rechts. Bald führen die Markierungen wieder zurück auf den Weg, dem man in weiteren 2 Std. bis nach Skógar folgt. Dieser Abschnitt der Wanderung ist nicht so spektakulär wie der Aufstieg, nimmt aber wesentlich weniger Zeit in Anspruch. Links begleitet bald die Kvernahólsá in einem tiefen Tal die Jeepspur und bildet auch einige sehenswerte Wasserfälle. Noch bevor die Piste mitten auf einem Gehöft ausläuft, sollte man sich am Hang schon weiter nach rechts und auf den Campingplatz zuhalten, der frühzeitig zu erkennen ist. 3 Std. ab Fimmvörðuháls bzw. nach 7 Std. reiner Wanderzeit ist der Ausgangspunkt wieder erreicht.

11   Die Gletscherzunge Sólheimajökull

Die anspruchsvolle Geländewanderung führt durch Sander- und Moränenlandschaft zur Gletscherzunge Sólheimajökull und an ihr entlang ins zerklüftete Vorland des Mýrdalsjökull mit schroffen Tälern, unergründlichen Schluchten und jähen Steilabbrüchen. Ein Gletscherbach muß an einer Furtstelle durchwatet werden.

Dauer: 4½ Std.
Gesamtlänge: ca. 14 km, insgesamt 400 Höhenmeter.
Ausrüstung: Grundausstattung, Watschuhe, Stock, Reservefilm.
Karten: Aðalkort 6, Atlasblöð 59.
Unterkunft: Gästehöfe in 5–20 km Entfernung; Skógar (7 km): Hotel, Schlafsackunterkunft, Camping; Seljavellir (15 km): Camping; Vík (26 km): Camping.
Sonstiges: Schwimmbad in Seljavellir.

Anfahrt: Ca. 6 km hinter Skógar überquert die Ringstraße die Jökulsá á Sólheimasandi. Direkt dahinter zweigt links eine Piste ab. Mit normalem PKW kann man 1½ km bis zur ersten Furt fahren. An diesem Gletscherbach beginnt und endet die Wanderung. Es verkehren täglich zwei Busse je Richtung zwischen Reykjavík und Vík, die An- und Weiterreise ermöglichen. Man steigt am o. g. Abzweig aus und wandert in knapp 20 Min. zur Furt.

Die Wanderung beginnt gleich mit dem Furten eines Gletscherbaches. Dies ist nicht weiter problematisch, da er hier nur knietief ist; eventuell wartet man auch ab, bis ein Geländewagen diese Stelle passiert, um sich übersetzen zu lassen. Das Verkehrsaufkommen ist allerdings nicht allzugroß. Deshalb verläuft die Wande-

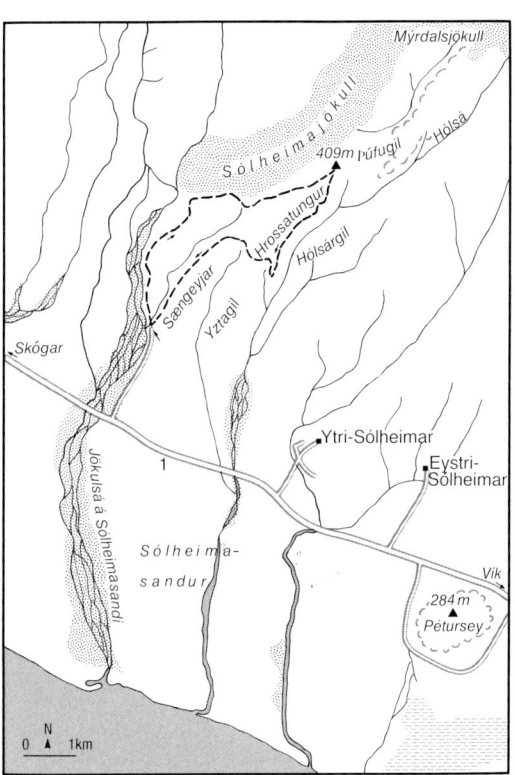

Wanderung 11

rung auch eine gute halbe Stunde auf dieser Piste bis zur Stirn des **Sólheimajökull**. Dieses Teilstück führt durch eine Moränenlandschaft, also durch ungeschichtete Ablagerungen, die der Gletscher bei seinem Rückschreiten hinterlassen hat. Teilweise wandert man dicht am Gletscherfluß Jökulsá á Sólheimasandi entlang. Er wird auch häufig als Fúlilækur bezeichnet, als ›stinkender Bach‹, denn sein Wasser ist, bedingt durch subglaziale Thermen, stark schwefelhaltig.

Dann ist der Gletscher erreicht. Seine Stirn erhebt sich 10 bis 20 m hoch und ist stark zerfurcht. Von weitem erscheint sie völlig schwarz, erst unmittelbar davor leuchtet das Eis in diesem Randbereich auch bläulichweiß. Man erkennt aber deutlich, woher die dunkle Färbung stammt. Überall auf dem Eis oder in ihm eingeschlossen sind schwarze Sandpartikel, die durch frühere Vulkanausbrüche oder auch einfach nur durch Wind auf dem Gletscher abgelagert wurden. Durch das Abschmelzen des Eises verstärkt sich natürlich ihr Anteil. Unmittelbar vor dem Gletscher bildet dieses Material dann mehr oder minder große Anhäufungen, auf denen man nicht herumlaufen sollte, da sie z. T. ausgesprochen weich sind, was ein tiefes Einsinken zur Folge haben könnte. Je nach

Außentemperatur fließen auf, neben und durch die Gletscherzunge mehr oder weniger große Rinnsale, sichtbares Zeichen für das Abschmelzen.

Die Gletscher sind ständig in Bewegung, so auch der Sólheimajökull. 1991 hatten sich seine vordersten Bereiche über die Fahrspur hinweggeschoben. Immer wenn ein Gletscher unmittelbar an Bewuchs stößt, ist dies ein sicheres Zeichen dafür, daß das Eis erst jüngst vorgerückt ist, denn die Vegetation braucht einige Jahre, um sich auf dem Moränenmaterial zu entfalten. Für das nächste Teilstück gilt daher folgendes Prinzip: Man wandert rechts am Gletscher entlang aufwärts und entscheidet von Fall zu Fall, ob der Bereich zwischen Gletscher und angrenzenden Hügeln passiert werden kann oder über die jeweilige Anhöhe ausgewichen werden muß.

Vorhandene Spuren können dabei nützlich sein und sollten auch verfolgt werden. Nach ca. einer Stunde, also knapp 30 Min. nach Verlassen der Piste, muß zunächst noch einmal abgestiegen werden. 1991 konnte man hier ohne Probleme trockenen Fußes passieren, da sich der Gletscherbach erst weiter unterhalb aus mehreren kleinen Rinnsalen bildete.

Nun geht es neben dem Gletscher stetig bergan, wobei dieser ›mitwächst‹. Erst nach und nach ist ein Blick auf die Zunge möglich, die oben nahezu weiß erscheint, von unzähligen Längsspalten durchzogen. Die unmittelbaren Ränder bleiben auch seitlich des Sólheimajökull schwarz und erheben sich etwas über die helle Eisfläche. Im Hintergrund ist der weitere Verlauf bis zur weißen Kuppe des Mýrdalsjökull zu sehen. Der Anstieg auf den Rücken Hrossa-

Sólheimajökull mit Seitenmoränen und Toteisloch

tungur ist vergleichsweise gemütlich, denn parallel zum Gletscher gibt es immer wieder langgestreckte, bahndammartige Anhäufungen, auf denen es gleichmäßig bergan geht. Es sind ehemalige Seitenmoränen des Gletschers. Man wechselt immer wieder einmal auf einen höher verlaufenden Damm, bis nach ungefähr 2¼ Std. die **Höhe 409 m** erreicht ist.

War der Ausblick über den Sólheimajökull und hinauf zum Mýrdalsjökull bislang schon großartig, so ist er nun grandios. Die Gletscherzunge wird nun voraus von steilen Felswänden eingerahmt, zu denen man allerdings nicht wandern kann, denn unmittelbar hinter dem höchsten Punkt der Wanderung endet eine breite, ungefähr 150 m tiefe Schlucht. Ein kurzer Seitenabfluß des Gletschers füllt ihren ersten Bereich schwarz aus. Ein milchiger Bach entspringt aus den dunklen Trümmern und vereint sich kurz vor einer Kurve wenig später mit der Hólsá, die aus einer Nebenschlucht kommt. Der diesseitige Hang ist fast vollständig mit Geröll bedeckt, während auf der gegenüberliegenden Seite vorwiegend steile Felswände stehen, die durch Moosbewuchs grünlich eingefärbt sind. Die Wanderung folgt nun dem oberen Rand der **Hólsárgil**.

Überall liegen große Steine herum, die z. T. durch Spaltenfrost zersprengt sind. Wasser dringt dabei in kleine Risse des Felsens ein und gefriert, wobei sich das Volumen vergrößert, was zur Spaltung führt. Hier oben findet man eine besonders schöne Form, die im Isländischen *tröllabrauð* (Trollbrot) heißt. Der Sage nach haben sich die steinfressenden Trolle die Felsen in mundgerechte Scheiben geschnitten.

Frostsprengung *(tröllabrauð)*

Nach 2½ Std. steht man oberhalb des Zusammenflusses der beiden Bäche. Hier ist nun nicht nur ein Blick in das klammartige Nebental möglich, das in einer steilen Felswand endet, von der die Hólsá herunterfällt, voraus wird die Hólsárgil auch immer enger und bizarrer. Über sie hinweg kann man sogar schon die weiten Sander und das Meer sehen. Weiter geht es immer an der Schlucht entlang, in der der Fluß Wasserfälle bildet, sich um herausragende Felsvorsprünge windet und steile Wände unterhöhlt, von denen dünne Wasserfäden durch sattgrünes Moos fallen. Ab und zu muß man allerdings auch nach rechts sehen, denn hier schneidet bald eine Senke ein, die in ihrem oberen, noch flachen Teil zu queren ist. Es geht stetig bergab, und nach 3 Std. ist eine Stelle erreicht, wo sich rechts deutlich eine tiefe Nebenschlucht aus der Hólsárgil hochzieht. Es empfiehlt sich, einige Meter zwischen den beiden Schluchten weiterzugehen, bis der schmale Rücken in einigen ausgesetzten Felsen ausläuft, um von hier einen abschließenden Blick über das bizarre Tal der Hólsá zu werfen.

Nun muß man sich im rechten Winkel von der Schlucht entfernen und oberhalb den Talschluß der Nebeneinkerbung passieren. Es ist sogar sinnvoll, noch etwas weiter rechts durch relativ feuchtes Terrain zu gehen, da man so nach gut 3¼ Std. gleich an den nördlichen Abschluß der folgenden **Yztagil** stößt. Dieses Tal ist wesentlich breiter und sanfter geneigt als die bisherigen. In seinem Ende liegen allerdings einige hausgroße Felsbrocken herum. Während seine Schutthänge kaum bewachsen sind, ist der breite Grund völlig grün, obwohl hier kein Wasserlauf zu sehen ist. Statt dessen führt tief unten eine Fahrspur hinein. Auch die Yztagil wird an ihrem Talschluß passiert, und über einen kleinen Paß erreicht man dann nach wenigen Minuten ein weiteres Tal, in dem nun wieder der Gletscherbach fließt, an dessen erster Furt die Wanderung begann. Sobald dieses Tal vor einem liegt, wendet man sich nach links und sucht sich eine Schafspur, die am Rücken Sængeyjar entlangführt. Nach ungefähr 4 Std. weicht der Hang deutlich nach links zurück, und die Böschung wird flacher. Da sie zudem bewachsen ist, bietet sich hier eine günstige Gelegenheit, zum Gletscherbach hinunterzusteigen. An ihm entlang ist dann nach knapp 4½ Std. der Ausgangspunkt der Wanderung erreicht.

12   Fellsmörk: Täler und Schluchten am Südrand des Mýrdalsjökull

Die Geländetour stellt hohe Anforderungen an die Trittsicherheit; es geht über zahllose Felsbrocken und mehrmals durch einen rauschenden Bergbach. Bizarre Schluchten und der großartige Ausblick auf Gletscher und Südküste bilden den Schwerpunkt der Wanderung.

Dauer: 5½ Std.
Gesamtlänge: ca. 8 km, 300 Höhenmeter.
Ausrüstung: Grundausstattung, Watschuhe, Stock, Reservefilm.
Karten: Aðalkort 6, Atlasblöð 59.
Unterkunft: Gästehöfe in 5–20 km Entfernung; Skógar (15 km): Hotel, Schlafsackunterkunft und Camping; Seljavellir (22 km): Camping; Vík (18 km): Camping.
Sonstiges: Schwimmbad in Seljavellir.
Anfahrt: 8 km hinter der Brücke über die Jökulsá á Sólheimasandi in Richtung Vík zweigt links eine Piste von der Nr. 1 ab. Direkt an ihrem Beginn steht ein Schild ›Fellsmörk‹, das Aufforstungsarbeiten in diesem Gebiet anzeigt. Dieser Stichweg ist auch mit normalen PKWs zu befahren. Nach 1,5 km wird auf einer Brücke der linke Zufluß des Klifandi, der Gletscherfluß Klifurá, überquert. Kurz dahinter zweigt links eine Piste ab, führt über einen Damm und dann am Rand der Flußschotter entlang, bis sie nach insgesamt 3 km hangaufwärts zu einigen Ferienhäusern führt. Bei umsichtiger Fahrweise kann man auch ohne geländegängiges Fahrzeug bis zur kleinen Wochenendsiedlung fahren, die Autos der Anlieger beweisen dies. Die Wanderung beginnt dort, wo sich die Piste vom Flußschotter entfernt.

Busreisende steigen beim Schild ›Fellsmörk‹ aus dem zweimal täglich zwischen Reykjavík und Vík verkehrenden Linienbus aus und laufen die 3 km bis zum Ausgangspunkt der Wanderung.

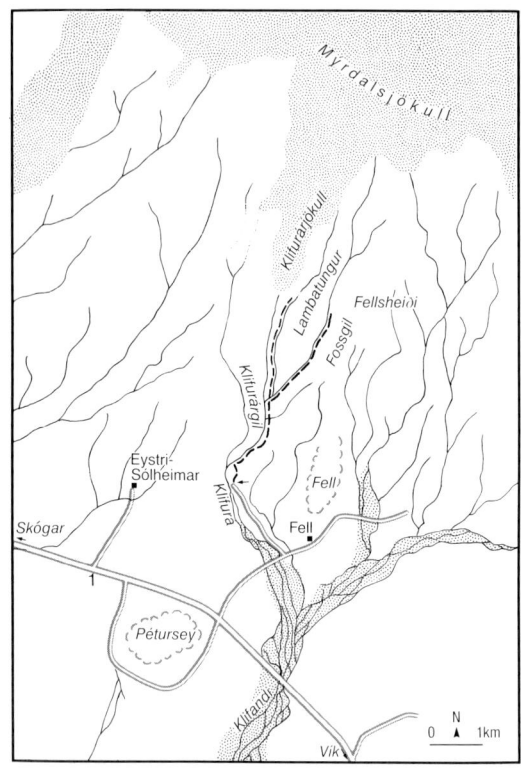

Wanderung 12

Die Wanderung besteht aus zwei Teilen: Sie führt zunächst in die Schlucht Fossgil, die seit 1988 aufgeforstet wird und in der sich seitdem keine Schafe mehr aufhalten, so daß sich hier inmitten bizarrer Felswände eine üppige Vegetation entfalten konnte. Anschließend steigt die Route parallel zur Klifurárgil an und bietet einen großartigen Ausblick auf die Schlucht, die Gletscherzunge Klifurárjökull, den Mýrdalsjökull, die Sander und das Meer.

Der Weg führt aus den Flußschottern heraus recht steil bergan und passiert einige Ferienhäuser. Hinter diesen wendet man sich nach links über eine Wiese und sieht bald den Gletscherfluß Klifurá wieder unterhalb fließen. Am Rand des Grünlands finden Aufforstungsarbeiten statt, so daß etwas Vorsicht beim Abstieg hinunter in das Bachbett geboten ist. Der ›Umweg‹ über den kleinen Bergrücken war notwendig, da die Klifurá direkt an seiner Seite an einem Steilhang vorbeiströmt. Der Gletscherfluß befindet sich zwar nur 100 m über NN, aber ringsherum erinnern hohe, schroffe Wände und Gipfel an ein Hochgebirge, wozu nicht zuletzt die weiße Kuppe des Mýrdalsjökull beiträgt, die voraus zwischen den Felsen durchscheint. Am Rande der Flußschotter geht es nun voran, bis nach gut einer halben

Stunde der Weg zu enden scheint, da von der rechten Steilwand her ein riesiger Felsbrocken direkt bis ans Wasser reicht. Kurz dahinter kommt von rechts ein klarer Bach aus der **Fossgil** heraus.

Eigentlich ist es zu gefährlich, Gletscherflüsse zu furten, dennoch haben wir diese Stelle mit Surfschuhen dicht am Rande des Felsens durch den Fluß passiert. Das ging ohne Probleme, obwohl der Fluß an diesem Tag sehr viel Wasser führte. Da Gletscherwasser aber immer trübe ist, sollte unbedingt ein Stock mitgeführt werden, mit dem die Tiefe getestet wird. Falls der Wasserstand Kniehöhe übersteigt, ist der Weg über den Felsen hinweg günstiger. Man kann seine Watschuhe gleich anbehalten, denn es ist sinnvoll, den Nebenfluß sofort zu furten.

Das erste Teilstück der Wanderung folgt nun diesem Nebenbach hinein in die Fossgil. Es bedarf keiner Wegbeschreibung, denn in dieser klammartigen Schlucht kann man sich nicht verlaufen. Andererseits gleicht dieser Ausflug auch eher einer Erkundungstour: Der Bach muß mehrfach überwunden werden, was meist ohne Furten möglich ist. Man klettert über riesige Felsbrocken, die plötzlich den Weg versperren, oder wandert unter Felsüberhängen hindurch, die oben fast den gegenüberliegenden Hang berühren. Manchmal ist der Talboden nur noch 5 m breit, so daß man über Steine durch den Bach steigen muß, dann wieder gibt es breite üppige Wiesen mit unzähligen Blumen. Hier ist Vorsicht geboten, weil die Vegetation manchmal Steine völlig verdeckt. Von den bräunlichen, moos- und grasbewachsenen Basaltwänden fließen kleine Rinnsale herunter. Die Steilhänge werden von Eissturmvögeln bewohnt, eine Erinnerung daran, daß man sich ja fast an der Küste befindet.

Der Gletscherfluß Klifurá

Auf dem Rückweg zum Gletscherfluß zweigt kurz vorher rechts eine weitere Schlucht ab, durch die später der Rückweg verläuft. Kurz vor der Vereinigung der beiden Flüsse zieht sich rechts ein Hang steil aufwärts, dessen oberen Abschluß ein großes Felsentor bildet. Mit dem kurzen Anstieg zu diesem markanten Punkt beginnt der zweite Abschnitt der Wanderung, der sich aber nur bei guter Sicht lohnt und auch nur dann sicher zu bewältigen ist. Es ist am einfachsten, sich etwas rechts von dem großen Durchbruch in einer begrünten Einkerbung zu halten. Da die Wände zur Klifurá sehr steil sind, hält man sich etwas weiter rechts. Wenig später kommt von rechts die zuvor angesprochene Nebenschlucht hinzu. Dort, wo diese in einem schönen Kerbtal gleichmäßig ansteigt, ist es ratsam, allmählich den Talgrund anzusteuern und diesem bequem aufwärts zu folgen. Es gibt dort einen gut sichtbaren Trampelpfad, der mit dem Tal schnell aufwärts führt. Zwischen mächtigen Steinen hindurch ist bald halblinks ein Einschnitt am Hang zu sehen. Dort kommt der schmale Grat, der sich zwischen diesem und dem Haupttal befindet, etwas herunter. Nach knapp einer Stunde auf diesem Teilstück hat man dann einen Steilabbruch erreicht, von dem sich eine phantastische Aussicht eröffnet: Der Gletscherfluß fließt tief unten durch eine großartige Schlucht, voraus schiebt sich die Gletscherzunge **Klifurárjökull** direkt aus der Kuppe des Mýrdalsjökull in die Klifurárgil hinein. Blickt man zurück, liegt das gesamte verwirrende Schluchtensystem vor einem, dahinter die Sander mit der ehemaligen Insel Pétursey und der Atlantik.

Der Abstieg erfolgt wieder durch das Nebental, das auch bei plötzlichem Schlechtwettereinbruch sicher hinunterleitet. Das letzte Stück, das auf dem Hinweg über das Felsentor umgangen wurde, ist zwar ziemlich steil, aber für einen geübten Wanderer ungefährlich. Der Rückweg bergab dauert nur eine gute halbe Stunde bis zum Abzweig der Fossgil von der Klifurárgil. Dann muß wie auf dem Hinweg der Nebenfluß gefurtet und der Felsen am Gletscherfluß seitlich passiert werden. In einer weiteren halben Stunde erreicht man den Ausgangspunkt der Wanderung, wobei der Aufstieg aus dem Flußbett kaum zu verpassen ist. Wenn es neben der Klifurá nicht mehr weitergeht, ist man jedoch zu lange im Tal geblieben.

Blick auf den Klifurárjökull

13 Sand- und Felsküste zwischen Vík und Dyrhólaey

Die einfache, nur etwas Ausdauer erfordernde Wanderung führt von Vík über einen zur See hin steil abfallenden Bergrücken, wo sich im Sommer gut Papageitaucher beobachten lassen. Auf schwarzem Sandstrand geht es dann von den markanten Felsnadeln Drangar zur Klippe Dyrhólaey und auf einem Fahrweg zurück.

Dauer: 5½ Std., Abkürzungsmöglichkeiten.
Gesamtlänge: 18 km, zweimal sind jeweils 150 Höhenmeter zu überwinden.
Ausrüstung: Grundausstattung, Wanderstock, Reservefilm, Teleobjektiv.
Karten: Aðalkort 6, Atlasblöð 59 und 69.
Unterkunft: Vík: Camping; Gästehöfe in 5–25 km Entfernung; Reynisbrekka (10 km): Gemütliche Jugendherberge 4 km abseits der Ringstraße.
Sonstiges: Reiten beim Hof Höfðabrekka.
Anfahrt: Die Wanderung beginnt direkt in Vík, wo die Hauptstraße von der Nr. 1 abzweigt und über eine Brücke in den Ort führt.

Man folgt der Hauptstraße in **Vík** bis zum örtlichen Supermarkt, direkt gegenüber verläuft rechts ein kleiner Pfad neben einem mit rotem Wellblech verkleideten Häuschen aufwärts und trifft auf eine Straße. Auf der wendet man sich nach links und läßt die Häuser zurück. Am steilen Hang des Reynisfjall sind schon die Serpentinen einer Fahrspur zu erkennen, auf der es gleich 100 Höhenmeter zu überwinden gilt. Über einen schmalen, durch eine Wiese führenden Weg, der dort beginnt, wo eine vom Berg herunterkommende Leitung an einem letzten Pfeiler endet, und über eine kleine Brücke hinweg ist man schnell bei der Piste.

Nach knapp einer halben Stunde ist in einer steilen Rechtskurve der wesentliche Anstieg bewältigt. Links an der Straße steht ein Betonklotz mit einem Mast, an dem die Piste verlassen wird. Es geht nun in sicherem Abstand zur Steilküste an ihr entlang. Man läßt rechts einen ersten **Sendemast** liegen, zu dem die Fahrspur führt. Unten ist der kleine hafenlose Ort mit seinem weiten Sandstrand zu sehen. Hier schweift der Blick nahezu ins Unendliche, nur noch einmal unterbrochen von der ehemaligen Insel Hjörleifshöfði, die aus den weiten Sandern des Mýrdalssandur aufragt. Voraus tauchen bald die bizarren bis zu 66 m hohen Kliffs Reynisdrangar auf, die Wahrzeichen von Vík. Dort, wo hinausragende Felsvorsprünge einen vorsichtigen Blick den Steilhang hinunter gestatten, erkennt man, warum es unmöglich ist, unten am Meer entlangzuwandern. Die Wellen des Atlantik schlagen direkt an die Steilküste, von riesigen Gesteinstrümmern gebrochen. In den grünen Bereichen der Hänge hocken unzählige Papageitaucher, die recht zutraulich sind, so daß man sich ihnen bis auf wenige Meter nähern kann. Nach gut einer Stunde ist bei einer weiteren **Sendestation** der südlichste Punkt erreicht, und die

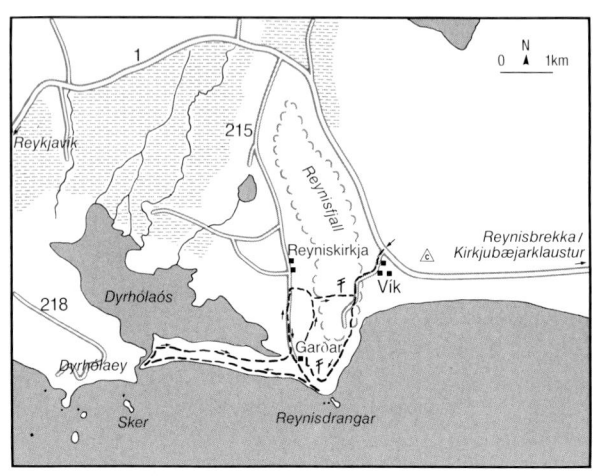

Wanderung 13

Tour entlang der Steilküste wendet sich nach rechts. Unterhalb des Steilhanges befindet sich jetzt ein schöner, schwarzer Strand, der in einer langen Nehrung bis zum Felsen Dyrhólaey reicht; dorthin führt die Wanderung später. Hier sollte man darauf achten, keine Steine loszutreten, da sonst Leute gefährdet werden, die unten gehen.

Bald ist der obere Teil des Hanges etwas sanfter geneigt, und man wandert wieder nach Norden zurück, diesmal aber am Westhang entlang. Unten ist nun die weite Lagune Dyrhólaós zu sehen, davor das durch tiefe Gräben parzellierte Kulturland von Reynir. Insbesondere während der Heuernte leuchten die vielen Rechtecke in allen erdenklichen Grüntönen und bilden einen schönen Kontrast zur schwarzen Nehrung. An klaren Tagen sind in Verlängerung von Dyrhólaey die Westmänner-Inseln auszumachen. Voraus wird der Horizont von der markanten Kuppe des Mýrdalsjökull beherrscht. Nach 1¾ Std. trifft man auf eine alte Piste. Sie ist schon von weitem daran zu erkennen, daß parallel zu ihr Leitungsmasten von links den Hang hoch- und dann nach rechts zum ersten Sender führen. Wer abkürzen will, biegt schon hier rechts ab, trifft kurz hinter der Station auf die Fahrspur zum Ort Vík und erreicht diesen nach insgesamt 2½ Std.

Die Wanderung verläuft nach links, die steile Fahrspur hinunter. Diese führt nach Reynir, einer Häusergruppe mit einer kleinen Kirche. Es ist nicht notwendig, bis dorthin abzusteigen, denn nach 2 Std. zweigt eine schwer zu erkennende Spur nach links ab und führt steil zu zwei Höfen am Hang, bei denen bald darauf die Straße Nr. 215 erreicht ist. Auf dieser wendet man sich nun nach links und hält sich kurz vor dem Strand wieder links direkt an den nahezu 150 m senkrecht ansteigenden Steilwänden des **Reynisfjall**. Die Meeresbrandung hat hier in der Vergangenheit große Höhlen in das Gestein geschlagen. In den Decken sind an manchen Stellen deutlich die fünf- oder sechseckigen Basaltstrukturen zu erkennen. Neben der ersten Höhle erinnern die Säulen an eine mächtige Kirchenorgel.

Es geht nur wenige Meter parallel zum Hinweg, allerdings fast 150 m tiefer, bis zur äußersten Ecke dieses Kaps, vor dem die Felsen Reynisdrangar hoch und schmal aus dem Meer aufragen. Dort wird der weitere Weg nach knapp 2½ Std. durch riesige Felsbrocken versperrt. Bei Niedrigwasser kann man am Ufer zwischen den Gesteinstrümmern hindurch noch etwas um die Kurve herumlaufen und sogar bis Vík sehen. Dazu muß allerdings der Zeitpunkt zwischen zwei Wellen abgepaßt werden. Bei Hochwasser ist hier kein Zurückkommen, deshalb sollte man immer ein Auge auf den Wasserstand haben.

So besteht leider auch kaum die notwendige Muße, um die zahlreichen Papageitaucher zu beobachten, die häufig auf den großen Steinen anzutreffen sind.

Nun geht es direkt am Strand entlang nach Westen. Als wir diesen Abschnitt an einem frühen Abend zurücklegten, wurden wir von einer Kegelrobbe im Wasser begleitet. Auch über dem Meer ist für Abwechslung gesorgt. Möwen, Eissturmvögel und Seeschwalben scheinen manchmal fast in der Luft zu stehen, um dann blitzartig zum Fischfang hinabzustoßen. Die Papageitaucher schwimmen auf dem Wasser und tauchen zur Nahrungssuche ab. Nach fast 3½ Std. ist **Dyrhólaey** (Türberginsel) erreicht, deutlich war schon lange das markante Felsentor zu sehen, das bei der Namensgebung Pate stand. Auch hier sind viele Kliffs vorgelagert, besonders schön ein

Schwarze Nehrung vor Dyrhólaey

daumenartiger Felsen direkt am Strand. Die ehemalige Insel ist das Ergebnis von submarinen Vulkanausbrüchen während der Eiszeit. Wenn die Tide nicht zu hoch steht, kann man direkt an den Felsen herangehen. Sandablagerungen haben den Abfluß der Lagune Dyrhólaós nahezu völlig verschüttet. Es ist allerdings nicht möglich, von hier auf die alte Insel zu gelangen, da am Übergang zum schmalen Sandstrand eine tief eingehöhlte Brandungshohlkehle dies verhindert. Auch ein Zutritt weiter nördlich ist nicht praktikabel, da hier das Wasser des Strandsees direkt bis an die Felsen reicht. Der Zugang wäre ohnehin erst ab Ende Juni erlaubt, denn Dyrhólaey ist ein Naturschutzgebiet. Die riesigen Seeschwalbenkolonien machen das Wandern dort aber zu einem Spießrutenlauf. Am Strand wird man jedoch weitestgehend von diesen

aggressiven Flugkünstlern in Ruhe gelassen, da sie hier nicht nisten.

In der Mitte der breiten Nehrung verläuft eine sandige Fahrspur. Auf ihr erfolgt nun der Rückweg, wobei die Meeresbrandung nur noch selten zu sehen ist, statt dessen aber die breite Lagune und die sich anschließende Kulturlandschaft. Man bleibt gleich auf der Fahrspur und hat nach 4 ½ Std. wieder die Höfe am rechten Hang des Reynisfjall erreicht. Dies- mal wird es nach dem Anstieg wohl direkt geradeaus zum Sendemast gehen und dann auf der Piste zurück nach Vík. Für die gesamte Wanderung sind also ungefähr 5½ Std. reine Gehzeit zu veranschlagen.

Die Klippen von Vík: Reynisdrangar

14   Rund um die verlandete Insel Hjörleifshöfði

Der Spaziergang kann höchstens durch einige Sandpassagen etwas beschwerlich werden. Der wüstenartige Charakter der unübersehbaren schwarzen Sanderflächen, von den Gletscherläufen der Katla aufgeschüttet, bestimmt die Landschaft, aus der einsam die alte Insel aufragt.

Dauer: ca. 2 Std.
Gesamtlänge: 9 km.
Ausrüstung: Nicht erforderlich.
Karten: Aðalkort 6, Atlasblöð 69.
Unterkunft: Vík (13 km): Camping; Reynisbrekka (10 km): Jugendherberge; Gästehof in 8 km Entfernung Richtung Vík.
Sonstiges: Reiten beim Hof Höfðabrekka.
Anfahrt: Seitdem die Ringstraße durch den Mýrdalssandur weiter nach Süden verlegt wurde, ist die verlandete Insel Hjörleifshöfði ca. 13 km östlich von Vík mit dem Auto gut zu erreichen. Bei dem Abzweig von der Nr. 1 verweist ein Schild darauf, daß die Piste nur für geländegängige Fahrzeuge geeignet ist. Der Grund für diese Einschränkung sind mögliche Sandverwehungen. Busreisende können an der Kreuzung aussteigen, haben dann aber das Problem, wieder wegzukommen. 1991 war es möglich, mit dem Ringstraßenbus ab Vík zu fahren und nach ca. 2½ Std. mit dem Gegenbus wieder dorthin zurück.

Die kurze Wanderung beginnt wenige hundert Meter entfernt von der Ringstraße an dem nördlich vorgelagerten Felsen **Drangar** und umrundet in ihrem Verlauf die alte Insel Hjörleifshöfði. Man kann sich zur Linken an diesem ehemaligen Inselvulkan orientieren, denn ansonsten finden sich kaum markante Punkte in der Landschaft, die den Augen Halt geben könnten. Überall erstreckt sich bis zum Meer als riesige schwarze Wüste die Sandfläche des Mýrdals-

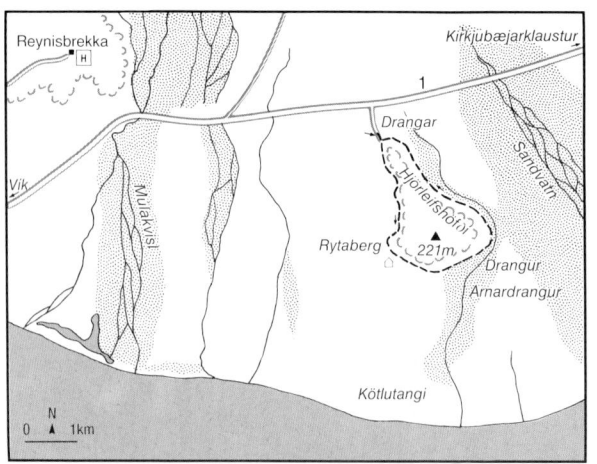

Verlandete Klippe ▷
bei Hjörleifshöfði

Wanderung 14

sandur. Zur Rechten ist erst am Horizont das Kap des Reynisfjall mit den vorgelagerten Kliffs **Reynisdrangar** zu sehen, die über ein gebirgiges Vorland zur großen weißen Kuppe des Mýrdalsjökull überleiten. Zur Linken sind die Hänge stark geneigt und erst im oberen Bereich begrünt. Wer hinaufsteigen will, sollte dies in einem Tal kurz vor Beginn der Steilküste tun, denn dies ist die beste und auch letzte Möglichkeit. Ab dem Rytaberg, der das erste fast 100 m hohe Kap bildet, sind im weiteren Wegverlauf links nur noch senkrecht aufragende Felswände zu bewundern.

Nach gut einer halben Stunde wendet man sich nach Osten. In der ehemaligen Steilküste finden sich viele mächtige Höhlen, die z. T. mit Steinen abgetrennt als Schafspferche dienten. Besonders deutlich aber sticht ein kleines orangerot gefärbtes Häuschen ins Auge. Die **Rettungshütte**, es gibt insgesamt zwölf an der Südküste, soll verhindern, daß verunglückte Seeleute nach ihrer Rettung an Land doch noch zu Tode kommen, wenn sie in den weiten, unbewohnten Sandern vergeblich nach der nächsten menschlichen Behausung suchen. In diesen Hütten, die man natürlich nur im Notfall betritt, befindet sich Proviant, warme Kleidung und ein Funkgerät.

Ein solcher Notfall könnte eintreten, wenn man von einem Sandsturm überrascht wird. Für dieses Phänomen ist der Mýrdalssandur berüchtigt. Normalerweise ist die Ringstraße dann aber gesperrt. Dies ist aber vergleichsweise harmlos zu der Kraft, die unter dem Mýrdalsjökull schlummert und deren Auswirkungen sich auch an der Küste zeigen, dem Vulkan Katla. Er wird durch den bis zu 300 m dicken Eispanzer verdeckt, was zusätzlich zu seinen Eruptionen noch zu verheerenden Gletscherläufen führt. Als Folge des Ausbruchs von 1918 ist z. B. die Sandfläche Kötlutangi südlich von Hjörleifshöfði um 500 m ins Meer hinaus vergrößert worden und seitdem der südlichste Punkt Islands.

Die Katla

»1755. Zehnte Eruption des Katlegiaa-Jökuls (der Katla). Am 17. Octbr. eröffnete ein sehr heftiges Erdbeben in Myrdalen das große Schauspiel, welches dieser Vulkan darbot. Starke Gewitter begleiteten das Erdbeben. Am 19. früh Morgens warf der Berg aus zwey Kratern große Massen von Aschen, Steinen, Eisklumpen &c. aus, die von hohen Feuersäulen erleuchtet wurden. Diese Ausbrüche waren den 20. am heftigsten; der ganze Berg wurde erschüttert durch ein fortwährendes inneres Toben und Krachen. Eine Wasserfluth ergoß sich aus einer andern Kluft des Berges, und führte große Steine und Eismassen mit sich fort; sie bedeckten eine Fläche von mehr als fünf Meilen Breite und zehn Meilen Länge. Dampf- und Aschenwolken, Feuersäulen, Erdbeben, Wasserfluthen, Lavaströme und Gewitter wechselten fast ein ganzes Jahr ununterbrochen mit einander ab. Erst im August 1756 beruhigte sich der erschöpfte Vulkan vollkommen.« (Garlieb, G.: Island, Freyberg 1819, S. 61 ff.).

Diese Schilderung eines Gletscherlaufs aus dem Jahre 1819 wurde nach einem zeitgenössischen Bericht des Amtmannes erstellt und dokumentierte damals den jüngsten Ausbruch der Katla. Weitere Eruptionen folgten in den Jahren 1823, 1860 und 1918. Bei einem Gletscherlauf von 1955 konnte keine vulkanische Tätigkeit festgestellt werden, so daß man 1991 noch auf die (dem langjährig ermittelten Durchschnitt entsprechende) zweite Eruption dieses Jahrhunderts wartete. Selbstverständlich wird die Katla sorgfältig überwacht, um den Mýrdalssandur rechtzeitig sperren zu können.

Die Steilwände zur Linken steigen im weiteren Verlauf der Wanderung entlang der alten Südküste bis auf ca. 200 m an. In Richtung Meer sind wie auch in der Gegend von Vík oder Dyrhólaey Kliffs vorgelagert, die hier allerdings aus dem schwarzen Sand aufragen. Sie brechen nicht mehr das Meerwasser, sondern das letzte Mal 1918 den mit Eisstücken angereicherten Gletscherlauf, der hier noch bis zu 10 m hoch gewesen sein soll. Der Blick zwischen den Felsen hindurch ist beeindruckend, man sieht nur eine endlose, flache Sandfläche. Nach 1¼ Std. taucht dann aber völlig überraschend ein Wasserlauf im Sander auf, der tief eingeschnitten und daher erst spät zu erkennen ist.

Man steigt über eine steile Abbruchkante zum Bach hinunter und folgt seinem Ufer. An einigen Stellen wird es zwischen dem Hang zur Linken und dem Gewässer so eng, daß man selbst auf dieser ›Wüstenwanderung‹ vor der Wahl steht, entweder den Bach zu furten oder den Engpaß entlang steiler Böschungen trockenen Fußes zu überwinden. Voraus kann man jetzt wieder den Mýrdalsjökull erkennen, bei einer weiteren unmittelbar aus dem Hang aufragenden Felsnadel ist erneut eine Fahrspur zu finden. Wenige Minuten später, nach knapp 2 Std., erhebt sich dann hinter einer Kurve plötzlich wieder der Felsen **Drangar**. Ein Blick von dort zurück bietet das anfängliche Bild, Sandflächen so weit das Auge reicht, der Wasserlauf hat sich in seiner Senke versteckt. Um dem zu erwartenden Gletscherlauf auszuweichen, wird man dann wohl Hjörleifshöfði wieder verlassen, um vielleicht jenseits des Gletscherflusses Múlakvísl und eines hohen Schutzdammes ein Quartier zu finden. Die gemütliche Jugendherberge Reynisbrekka liegt z. B. 120 m über dem Meeresspiegel.

15 Nýja Eldhraun: Durch die Lavafelder der Laki-Ausbrüche

Die lange Rundwanderung verläuft auf alten Reitwegen und Jeeppisten zunächst durch weite, moosüberzogene Lavafelder, an deren Rand sich der reißende Gletscherfluß Skaftá entlangwindet. Auf der ehemaligen Steilküste, von der aus der Blick weit über das Flachland schweift, geht es vorbei an tief erodierten Schluchten wieder zurück zum Ausgangspunkt.

Dauer: 6½ Std.
Gesamtlänge: ca. 23 km, insgesamt 500 Höhenmeter.
Ausrüstung: Grundausstattung, Watschuhe, Stock.
Karten: Aðalkort 3, Atlasblöð 68.
Unterkunft: Hunkubakkar: Gästehof; Kirkjubæjarklaustur (8 km): Edda-Hotel, Camping, Schlafsackunterkunft.

Wanderung 15

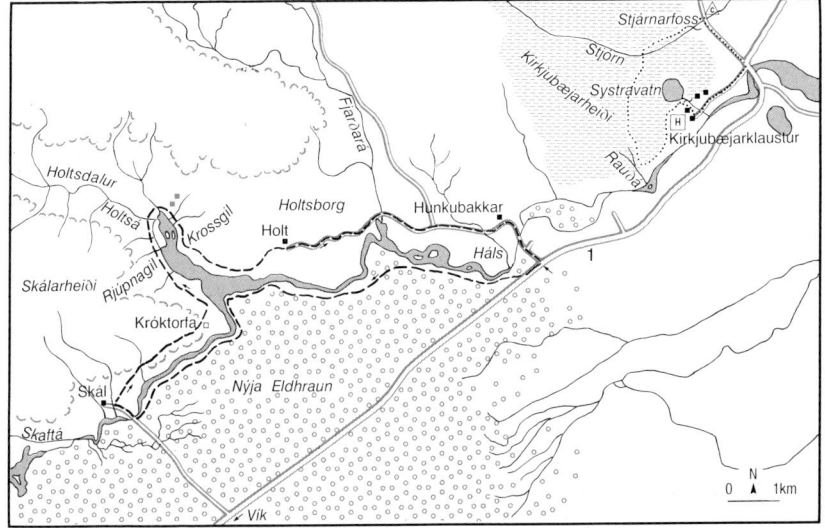

Sonstiges: Kleines Schwimmbad beim Edda-Hotel in Kirkjubæjarklaustur, Reiten beim Hof Efri-Vík.
Anfahrt: Ungefähr 8 km südlich von Kirkjubæjarklaustur zweigt die Straße Nr. 206, die später als Piste weiter zu den Laki-Kratern führt, Richtung Inland von der Ringstraße ab. An diesem Abzweig beginnt die Rundwanderung.

Wenige Meter von der Ringstraße entfernt verläuft ein Zaun parallel zu ihr. Er kreuzt eine ehemalige Fahrspur, die heute völlig überwachsen ist, aber deutlich erkennbar links von dem markanten Felsen **Háls** vorbei in ein Gebiet mit Pseudokratern führt. Dort, wo der Zaun über die Spur führt, fehlt an einer Stelle der obere Stacheldraht; hier kann man ihn bequem übersteigen. Auf der alten Spur geht es nun in Richtung Skaftá und Pseudokrater. Ein weiterer Zaun wird überstiegen, bevor der Fluß erreicht ist. Die Skaftá hat einige grasbewachsene Kraterhügel regelrecht angeschnitten, so daß die miteinander verschweißten Schlackehaufen gut sichtbar sind.

Sobald das Lavafeld beginnt, hält man sich rechts auf einem deutlich sichtbaren Pfad dicht am Flußufer. Nach einer Dreiviertelstunde führt ein Pfad links in die Lava hinein, zu einem hohen Steinmann, der schon einige Zeit zu sehen ist. Nach dem ersten Steinmann ist die Orientierung dann wieder leicht: Weitere Wegmarkierungen stehen nun etwa alle 50 m, so daß mehrere gleichzeitig zu sehen sind.

Das Lavafeld **Nýja-Eldhraun** ist dick mit Rhacomitrium-Heide (Zakkenmützen-Moos) überwachsen, die in üppigen runden Polstern weißlich bis gräulich-grün das schroffe vulkanische Gestein überzieht – ein bizarrer Anblick, den man in der nächsten halben Stunde genießen kann. Dann wird er gestört durch eine Art Bulldozerspur, den Ausläufer einer Schneise, die für den Bau der Stromleitung durch die Lava geschlagen

Moospolster im Nýja Eldhraun

Weg durch das Lavafeld Nýja Eldhraun

wurde. Auf dieser Spur der Zerstörung, die zwangsläufig den Weg für die nächste Zeit bildet, läuft es sich weniger gut als zuvor auf dem moosgepolsterten Pfad.

Die schöne Schlucht der Fjarðará zur Rechten jenseits der Skaftá lenkt den Blick ab, dann kommt die besagte Stromleitung in Sicht. Die Lava tritt bald nach links zurück, und im jetzt sandigen, von schütterem Bewuchs überzogenen Boden fällt die Spur weniger auf und verliert sich schließlich. Man nähert sich wieder dem Fluß, der hier breiter wird und ruhig dahinfließt, und bleibt nun immer in Ufernähe auf sandigem Boden. Eine längliche Insel, dicht mit Angelika-Stauden bestanden, ist der Brutplatz einiger Graugänse.

Die Lava selbst bietet nur wenigen Vogelarten einen Lebensraum, darunter dem Goldregenpfeifer, dessen melancholisch-flötender Ruf weithin zu hören ist. Wie alle Watvögel hat er lange Beine und einen spitzen Schnabel, sein Brustgefieder ist bis zum Kopf hinauf schwarz. Einige Sperlingsvögel halten sich in den nahrungsarmen Lavafeldern auf, vor allem Steinschmätzer und Schneeammer. Das Alpenschneehuhn ist ebenfalls hier zu finden. Sein Sommergefieder ist grau-braun, und erst seine Flucht macht auf diesen einzigen in Island frei vorkommenden Hühnervogel aufmerksam. Das Schneehuhn ist eine begehrte Beute für den Islandfalken, der jedoch auch halbwüchsige Gänse angreift. Wir sind diesem besonders geschützten Raubvogel bei seinem Beutezug im Nýja-Eldhraun begegnet.

Die Skaftá bildet nun einen regelrechten See, der weit in die Talsenke des Holtsdalur reicht. Nach 2 Std. hat man den See hinter sich gelassen, der Gletscherfluß wird wieder schmaler und drängt sich in einer engen Kurve direkt an den Berghang der Skálarheiði. Am grünen Abhang ist die ver-

Moospolster im Nýja Eldhraun

fallene Hütte von Króktorfa auszumachen, die zur Sommerweide des Hofs Skál gehörte. Hier in der Kurve der Skaftá trifft man wieder auf den alten Reitweg. Er ist nun wieder gut mit Steinmännern markiert und verläuft dicht am Fluß. Das bei feuchter Witterung grünliche Moos schimmert an trockenen Tagen weißlich von den abgestorbenen Spitzen, die es vor dem Austrocknen schützen. Nur wenige andere Pflanzenarten haben sich in dem Teppich aus Zackenmützen-Moos einen Platz erobert. An einigen Stellen leuchten die kleinen lilafarbenen Blüten des Stengellosen Leimkrauts auf, hier und da gedeiht die niedrige Krautweide. Am jenseitigen Flußufer wachsen auf steilem Hang kleine Birken, immer wieder ist die Skaftá gut zu sehen, die wild zwischen Felshang und Lava dahinströmt.

Der Weg ist ebenfalls teilweise dicht überwachsen, ein Zeichen dafür, daß er heute nicht mehr regelmäßig benutzt wird. Dies war sicher vor dem Bau der ersten Fahrwege anders, als die kunstvoll aus scharfkantigen Lavabrocken angelegte Reitspur die einzige Verbindung durch diese absolut unwegsame Landschaft darstellte. Es geht bequem voran, von höheren Punkten sieht man weit entfernt im Westen die weiße Kappe des Mýrdalsjökull aufragen. Dieser schönste Abschnitt der Lava-Durchquerung dauert etwa eine halbe Stunde, so daß nach insgesamt 2½ Std. die Hofzufahrt von **Skál** erreicht ist. Durch ein Gatter und über eine Brücke geht es auf die andere Flußseite hinüber, den Fahrweg hoch, und bevor er zum Haus hinunter-

Die Skaftá fließt am Rande des Nýja Eldhraun

führt, wendet man sich nach rechts hangaufwärts. Skál ist seit einigen Jahrzehnten nicht mehr bewirtschaftet und dient heute als Sommerhaus. Links fällt ein schöner Wasserfall über eine Steilwand zu Tal. Ein alter Zaun wird sofort überquert, dann hält man sich langsam ansteigend am Hang nach rechts. Dort ist bald vor einer tief einschneidenden Schlucht ein Zaun zu überwinden. Es geht nun solange an der Schlucht aufwärts, bis sie an einer Stelle zu queren ist, wo sie sich gabelt. Spätestens hier trifft man auf eine alte Fahrspur. Sie verband einst den Hof Skál mit der Sommerweide am See der Skaftá, die schon auf dem Hinweg zu sehen war. Im weiteren kann diese alte Piste nun als Wanderweg benutzt werden.

Rechts liegt das Nýja-Eldhraun jetzt schon deutlich sichtbar unterhalb. Von oben wirkt es bei flüchtigem Hinsehen fast wie ein düsteres graues Meer. Ein Flußarm der Skaftá fließt mitten in das Lavafeld hinein, fächert sich weit auf und versickert vollständig in der durchlässigen Blocklava. Hier oben ist vielleicht die beste Stelle, um sich mit dem furchtbaren Ausbruch der Lakagígar im Jahre 1783 zu beschäftigen, der das riesige Lavafeld in der Ebene schuf.

Eine Schlucht kommt voraus in Sicht, der Weg führt nach einer halben Stunde zu einer aufrecht gestellten Steinplatte, die ihr oberes Ende markiert. Dann folgt ein Streckenabschnitt durch stark erodiertes Gelände. Die Vegetationsdecke ist durch Weidewirtschaft und Frosteinwirkung aufgebrochen, der Wind hat das feinkörnige, wenig bindige Bodenmaterial entfernt und bläst auch die Humusschicht an den Grasnarben aus. Es entstehen Rasenabbruchkanten, an denen die unterminierte Wurzelschicht herunterbricht. Eine typische Erscheinungsform dieser Deflation sind die pilzförmigen Vegetationsinseln, die hier (noch) an einigen Stellen aus der abgetragenen Umgebung aufragen. In diesem Untergrund ist der Weg, weil bereits verweht, nicht mehr erkennbar, der sicher einen Teil dazu beigetragen hat, daß dem Wind Angriffsflächen geboten wurden.

Ein weithin sichtbarer Steinmann weist jedoch bald wieder auf die alte Route hin. Nach 3½ Std. steht man oberhalb des Sees, der weit in das Holtsdalur hineinreicht, und in dem sich gut sichtbar das Wasser der Holtsá mit dem Gletscherwasser der Skaftá mischt. Am jenseitigen Hang ist deutlich eine Jeeppiste auszuma-

Basaltsäulen im Anschnitt bei Kirkuból

chen, die taleinwärts zu einigen Sommerhäuschen führt, dahinter erhebt sich markant der Felsen Holtsborg – Ziele, die im weiteren Verlauf der Wanderung noch angesteuert werden.

Die Spur führt im spitzen Winkel nach rechts den Hang hinunter, was erst direkt an der Kante der Böschung zu sehen ist. Der Pfad macht bei der verfallenen Sommeralmhütte von **Króktorfa** eine scharfe Linkskurve und verläuft sich im Talboden. Man sucht sich eine Schafspur taleinwärts. Den Berg zur Linken zieren einige kleine durch Schluchten und Einschnitte fließende Wasserläufe. Besonders interessant ist eine Stelle, an der der Bach durch einen Felsbogen hindurchfällt. Die **Rjúpnagil** ist nach etwa 4 Std. erreicht. An der anderen Talseite liegt ihr gegenüber die ebenfalls tief eingekerbte Krossgil.

Der Laki-Ausbruch von 1783

»Am Morgen des 9. (Juni) verfinsterte eine dichte Rauchwolke, welche aus den Bergen aufstieg, die ganze Luft. (...) Die Heide und die der Gemeinde (Siða) zugehörigen Weiden (...) wurden vollständig mit Asche und Bimsstein überschüttet. Laute unterirdische Knalle, feurige Wolken, leuchtende Blitze folgten nun rasch aufeinander. Die Hitze, welche im Inneren des Vulcans wüthete, schmolz eine unermessliche Menge Eis, wodurch ein heftiges Anschwellen aller Flüsse veranlasst wurde. (...) Am 11. brach ein mächtiger Lavastrom aus dem Berg und nahm beim Weiterfließen eine südwestliche Richtung durch den Úlfarsdalur, bis er den Skaptáfluss erreichte, wo ein heftiger Kampf zwischen den beiden Elementen entbrannte, begleitet von der Entwicklung einer erstaunlichen Menge dichten Dampfes; aber endlich neigte sich der Sieg auf die Seite des Feuerstroms, und indem er sich einen Weg quer durch das Bett des Flusses bahnte, trocknete er diesen in weniger als 24 Stunden vollständig aus, so dass man am 12. in niedern Gegenden hier und da trockenen Fußes durch die Skaptá gehen konnte. (...) Dem Verlauf des Flußbettes mit reißender Schnelligkeit folgend wälzte sich die furchtbare glühendrothe Masse auf die Gehöfte an beiden Seiten zu und zerstörte (sie) (...) Der Hauptstrom wurde nunmehr nach Osten gelenkt und lief dicht neben den Höfen Skál und Holt vorüber, das Gehöltz von Brandaland verbrannte mit Stumpf und Stiel. Fortwährend entflossen neue Ströme dem Krater, (...) gerieth das Wasser, welches mit ihnen in Berührung kam, in das heftigste Kochen. (...) Weiter stürzte die Flut mit unglaublicher Gewalt bis gegen das Skálarfjall hin; hier hinderten Berge das weitere Vordringen, die Lava dämmte sich hoch auf, wie ein Bach durch Schleusen aufgestaut wird, und floß zurück in die niedrigen Gegenden. Der Pfarrhof Skál, welcher zwei aufeinander folgenden Lavafluten glücklich entgangen war, ward durch siedendes Wasser überschwemmt. (...) Vom 20. Juni bis zum 13. Juli (...) folgte einer der östlichen Zweige während einiger Tage dem Bette der Skaptá, hemmte vollständig den Lauf des Flusses Fjarðrá und stürzte von einer außerordentlich hohen steilen Felswand, an der sonst ein Wasserfall Stapafoss herabschäumte, als glühende Feuercascade in die Tiefe, wo er den Abgrund, welcher dieser Wasserfall im Laufe von Jahrhunderten ausgehöhlt hatte, gänzlich ausfüllte.« (Nach einem Bericht von Preyer/Zirkel aus dem Jahre 1860, zitiert nach Poestion, J. C.: Island. Das Land und seine Bewohner, Wien 1855, S. 116 ff.)

Für die Isländer brachten die Ausbrüche über die direkten Schäden durch die Lava hinaus auch Hunger und Krankheit mit sich. Asche- und Säureregen verseuchten die Böden und verpesteten die Atemluft auf der ganzen Insel, so daß große Teile der Viehbestände verendeten. Die Jahre 1783 und 1784 gingen als die schrecklichsten in die Annalen des Landes ein. Als im Februar 1784 der Lavafluß stoppte, hatten die Lakagígar die unvorstellbare Menge von 12 km^3 Lava und 10 Mio. Tonnen Gase gefördert.

Kirkjubæjarklaustur am Rande der alten Steilküste ▷

Wer abkürzen will, kann den See schon hier furten. Das Wasser sollte allerdings klar sein, damit zu sehen ist, wo man hintritt. Wichtig ist es, eine nicht zu tiefe Einstiegstelle zu finden – nach wenigen Metern wird es völlig flach. Aufgrund der geringen Strömung dürfte es keine Schwierigkeiten beim Furten geben, auch wenn die Strecke gut 100 m beträgt. Die Wanderung führt allerdings noch etwas weiter ins Tal hinein. Das Terrain zwischen Fluß/See und Berghang wird feuchter und bietet dem Wollgras gute Wachstumsbedingungen. Man bleibt dicht am Hang, umgeht auf Schafspfaden die sumpfigen Stellen und quert das Tal erst dort, wo es sich aufspaltet. Hier ist die Furt durch die **Holtsá** kürzer und flacher als an der Stelle zuvor. Man durchwatet den Fluß in der Nähe des Zusammenflusses der beiden Bacharme, dann sind beide Hindernisse in einer Aktion überwunden. Jenseits des Wasserlaufs wird dann gleich darauf noch ein Nebenbach gequert, bevor der Fahrweg bei den

Holzhütten in Sicht kommt, auf dem es nach etwa 4½ Std. talauswärts geht. Durch üppiges Grünland führt er bergan und verläßt das Holtsdalur.

Man blickt voraus auf den **Holtsborg,** dessen schöner Gipfel aus Basaltsäulen fast vollständig auf dieser Straße umrundet wird. Nach fast 5½ Std. ist der Hof Holt unterhalb dieses Felsens erreicht. Durch kultiviertes Land geht es jetzt weiter auf der Straße nach links. Schon von weitem sieht man den steilen Cañon der Fjarðará (s. Farbabb. 6), der von der Brücke über diesen Fluß besonders beeindruckend wirkt. Kurz dahinter trifft die Straße nach 6 Std. auf den Abzweig der Piste zu den Laki-Kratern. Am Hof Hunkubakkar vorbei, der auch Unterkunft anbietet, geht es in einer steilen Kurve hinunter zur Skaftá, die auf einer Brücke überquert wird. Nach insgesamt 6½ Std. reiner Wanderzeit ist schließlich der Ausgangspunkt der Tour an der Ringstraße erreicht.

Wer in Kirkjubæjarklaustur Halt macht, sollte bei gutem Wetter auf die ehemalige Steilküste klettern. Dies ist sowohl hinter dem Zeltplatz als auch nahe dem Edda-Hotel am Wasserfall Systrafoss möglich. Etwa 3 Std. dauert ein Abstecher über die Kirkjubæjarheiði.

Der Skaftafell-Nationalpark

Der Nationalpark Skaftafell liegt in einem Gebiet am Südrand des Vatnajökull, das bis vor wenigen Jahrzehnten das isolierteste ganz Islands war. Nach Westen schnitt der unberechenbare Gletscherfluß Skeiðará den Bezirk Öræfi von der Außenwelt ab, nach Osten stellten die Abflüsse der Gletscherseen große Hindernisse dar, Schiffe können an der versandeten Küste nicht landen. So kam noch in diesem Jahrhundert der Postbote mit seinen Pferden in unregelmäßigen Abständen über das Eis des Breiðamerkurjökull in den abgelegenen Bezirk. Die Bauern waren fast eine Woche unterwegs, wenn sie ihre Tiere zum nächsten Handelsplatz bei Höfn trieben. Ihre Pferde galten als besonders zuverlässig, wenn es um Flußdurchquerungen ging.

Erst mit der Überbrückung der großen Gletscherströme wurde Skaftafell aus der Isolation befreit. Noch heute ist eine Fahrt über die riesigen schwarzen Sanderflächen, die von den Flüssen angeschwemmt wurden, ein beeindruckendes Erlebnis. Von der fast kilometerlangen Skeiðarárbrücke, die zur Tausendjahrfeier der Besiedlung Islands 1974 fertiggestellt wurde, wirkt der ferne grüne Hügelrücken von Skaftafell zwischen den Gletscherzungen noch heute wie eine Oase, umgeben von Wüste und Eis.

Inzwischen ist diese Oase jedoch überaus belebt. Wer bisher bei seinen Wanderungen auf Island den Eindruck hatte, das Land sei abseits der Straßen noch recht einsam, findet hier die Ausnahme von der Regel. In der Sommersaison ziehen wahre Wandererkarawanen bei jedem Wetter über die Skaftafellsheiði. Das liegt besonders an den hervorragend markierten Routen, auf denen in verschiedenen Tagestouren das Gebiet zwischen Skeiðarár- und Skaftafellsjökull entdeckt werden kann.

16 Zum Gletschertor des Skeiðarárjökull

Die lange, einfache Wanderung verläuft hin und zurück auf markierten Routen über die Skaftafellsheiði, vorbei am markanten Svartifoss, zu den Sandern im Morsárdalur und den jenseitigen bewaldeten Hängen am Rande des Skaftafellsfjöll. Der mächtige Gletscherstrom Skeiðará, berüchtigt für seine Gletscherläufe, begleitet das letzte Wegstück zum Skeiðarárjökull.

Dauer: 6 Std.
Gesamtlänge: ca. 20 km, 300 Höhenmeter.
Ausrüstung: Grundausstattung.
Karten: Faltblatt und Sonderkarte der Nationalparkverwaltung.
Unterkunft: Skaftafell: Camping, wenige Gästezimmer beim Hof Bölti; Freysnes (5 km): Hotel; Gästehöfe (20 km).
Sonstiges: Servicestation mit Cafeteria und Laden in Skaftafell.
Anfahrt: Skaftafell liegt 70 km nordöstlich von Kirkjubæjarklaustur nahe der Ringstraße. Tägliche Busverbindung.

Vom Parkplatz führt diagonal über das Campinggelände ein Trampelpfad auf den bewaldeten Hang zu. Dort beginnt der breite Spazierweg zur Skaftafellsheiði hinauf. Nach einer Weile weisen mehrere Schilder nach links, dem rechten wird zum **Svartifoss** gefolgt. Dieser schöne Wasserfall stürzt über regelmäßig geformte Basaltsäulen zu Tal. Weiter geht es zum Aussichtspunkt Sjónar-

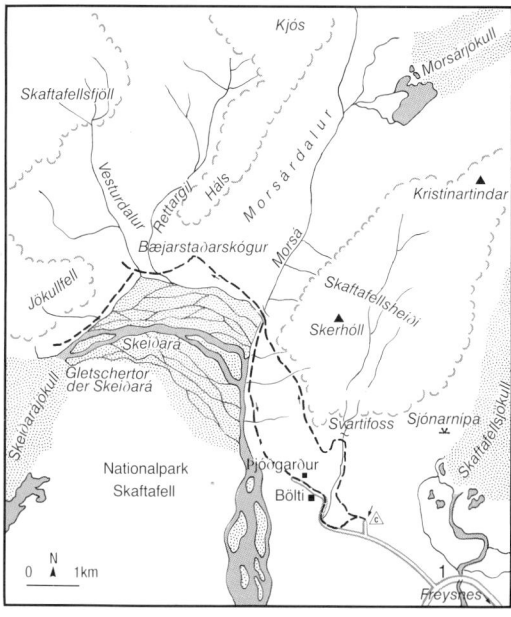

Wanderung 16

sker und dahinter geradeaus über die Strauchheide hinweg. Auf dem trokkenen Erdreich gedeihen niedrige Birken- und Weidenarten, Krähenbeeren und Bärentraubensträucher, weißblühender Silberwurz und im Spätsommer violett blühende Heide. Auf moorigem Grund, der über lange Holzplanken passierbar ist, gedeihen Sauergräser.

Am Westhang führt der Weg wieder bergab durch Birkenwald. Nach etwa 1½ Std. ist die **Brücke** über die Morsá erreicht. Jenseits leiten die Wegmarkierungen über zunächst unbewachsene Sanderflächen zur anderen Talseite. Der Blick schweift weit über die flache Schotterebene. Manchmal halten sich Skuas hier auf, die jedoch inzwischen so an Wanderer gewöhnt sind, daß heftigere Angriffe dieser Raubmöwen meistens ausbleiben.

Zum jenseitigen Hang wird der Bewuchs im ebenen Talboden langsam dichter. Diese Melurvegetation

Der Hängegletscher Morsárjökull

besteht aus kleinen Pflanzenpolstern im sonst unbewachsenen Boden, gebildet von Arktischem Thymian, Leimkraut, Silberwurz und Grasnelke. An vielen Stellen wachsen auch Arktische Weidenröschen, die sonst im europäischen Raum nicht zu finden sind. Ihre pink-violett gestreiften Blüten beleben die Landschaft. Auffällig ist auch der üppige Bestand an Lupinen, die im Juni bläuliche Blütenkerzen tragen. Die Alaskalupine, die erst 1945 nach Island eingeführt wurde, hat sich mittlerweile als Pionierpflanze auf Schuttflächen bewährt und wird vielerorts als Erosionsschutz ausgesät. Eine spezielle Kommission zur Aufforstung und Verbesserung der Vegetationsdecke bekämpft seit den 50er Jahren die Bodenerosion mit Hilfe von Flugzeugen durch Aussaat geeigneter Pflanzenarten, unter anderem auch dieser Lupine.

An der Klosetthütte am Bergfuß gabeln sich dann die Markierungen. Rechts geht es nach Kjós, einem von bunten Liparitbergen umrahmten Tal mit kleinem Zeltgelände, die Wanderung folgt den Holzpflöcken nach links am **Bæjarstaðarskógur** entlang zum Vesturdalur. Der Wald ist für seine besonders kräftigen, bis 12 m hohen Birken bekannt. Samen dieser Bäume werden in anderen Landesteilen zur Aufforstung benutzt. Auch Weiden und Ebereschen finden sich am Hang. Die einst ausgedehnteren Wälder von Bæjarstaðir wurden bis ins 16. Jh. sogar von Nordisländern wirtschaftlich genutzt.

Über ein paar Steine wird ein Bach gequert, die dahinterliegende Rettargil führt mitten in den Wald und lädt zum Herumklettern in romantisch-unheimlicher Landschaft ein. Die Pfadspuren führen ins Vesturdalur, wo am gegenüberliegenden Hang eine heiße Quelle dampft. Bei den schmalen Bächen, in denen das etwa 70 Grad heiße Wasser abfließt, endeten 1991 die Wegmarkierungen, die aber bis zum Gletschertor der Skeiðará fortgeführt werden sollen.

Die Wanderung verläuft parallel zum Hang des Jökullfell. Durch lauter werdendes Rauschen kündigt sich der mächtige Gletscherstrom an, der von einigen Geröllbuckeln aus auch bald zu sehen ist. Um das **Gletschertor**, aus dem die steingrauen Fluten hervorquellen, überblicken zu können, muß man über den stufenförmigen Hang auf eine der Felsterrassen steigen. Das Bild wirkt besonders umheimlich, wenn man sich vergegenwärtigt, daß dieser unberechenbare Fluß mit seinen Gletscherläufen dort eine riesige schwarze Sanderfläche geschaffen hat, wo vor wenigen Jahrhunderten noch grüne Wiesen waren.

Bis zum Gletschertor dauert die Wanderung etwa 3 Std., der Rückweg ist zunächst derselbe. Hinter der Brücke kann der untere Weg entlang des Westhangs (Vesturbrekka) gewählt werden, der trotz Warnschild nicht gefährlich ist (Familien mit kleineren Kindern sollten den Pfad am Fluß entlang nicht gehen). Er verläuft leicht ansteigend durch Wald, passiert verschiedene steil einschneidende Nebenbäche und endet nahe dem Hof **Bölti**, von wo ein Fahrweg zum Campingplatz führt.

Der Svartifoss

Die Gletscherläufe der Grimsvötn

Die Grimsvötn sind Teil eines großen Zentralvulkans im Westen des Vatnajökull. Ähnlich wie der Dyngjufjöll mit der Askja besitzt dieser auch eine große Caldera, eine durch Einsturz entstandene Einsenkung. Neben der Hekla zählen die Grimsvötn zu den tätigsten Vulkanen Islands in historischer Zeit und bilden mit den Lakikratern ein großes Spaltensystem.

Der letzte große Gletscherlauf (*jökulhlaup*) fand 1934 statt. Ungefähr 7 km^3 Wasser überschwemmten innerhalb einer Woche den Skeiðarásandur, was einer Wasserführung von bis zu 45 000 m^3/sek entspricht (andere Quellen nennen Werte von über 100 000 m^3/sek). Wenn man sich vor Augen führt, daß der sommerliche Extremwert der Skeiðará selten 1000 m^3 übersteigt, wird diese Zahl vielleicht etwas plastischer.

Seit 1934 gibt es zwar immer wieder Gletscherläufe, allerdings mit verminderter Intensität. Ihre Wasserführung ist nur noch sieben- bis zehnmal so hoch wie normal. Die Häufigkeit der Überflutungen hat jedoch zugenommen. Während ein *jökulhlaup* früher alle zehn bis zwölf Jahre stattfand, hat sich jetzt das Intervall ungefähr halbiert. Die große Caldera der Grimsvötn füllt sich regelmäßig mit Wasser und bildet einen See, der größer als der Mývatn ist. Ursache dieses Phänomens ist einerseits das normale Abschmelzen des Eises im Sommer. Andererseits führt in diesem Hochtemperaturgebiet die erhöhte Erdwärme und die Tätigkeit der Solfataren ebenfalls zum Tauen des Eises. Wenn der Wasserdruck auf das umliegende Eis zu groß wird, hebt sich dieses und läßt das Wasser schlagartig frei. Wann dieser Punkt erreicht ist, hängt von der Mächtigkeit der Gletscher ab. Das würde auch erklären, wieso in der verhältnismäßig warmen Zeit von der Landnahme bis zum Beginn des 14. Jh. die heutigen Sander besiedelt waren: Die Eismassen waren erheblich geringer, die Gletscherläufe daher kleiner, die Höfe mit ihrem Kulturland nicht gefährdet. Die häufig gleichzeitig stattfindenden Vulkanausbrüche der Grimsvötn werden nicht mehr als Auslöser des *jökulhlaup* verstanden, sondern als Folge der plötzlichen Druckentlastung am Seeboden.

17 Die Eisseen im Breiðamerkursandur

Die einfache Streckenwanderung führt durch Möränen- und Sandergebiet nahe der Eiskante des Breiðamerkurjökull, vorbei an drei Gletscherseen, von denen zwei mit Eisbergen bedeckt sind. ACHTUNG: Da diese Wanderung durch das Brutgebiet der Großen Raubmöwe, auch Skua genannt, verläuft, ist sie nicht für schreckhafte Menschen geeignet. Während der gesamten Wanderung muß mit Attacken der angriffslustigen Flugkünstler gerechnet werden. Es ist nicht jedermanns Sache, den lautlos in Kopfhöhe anfliegenden Skuas ungerührt in die Augen zu blicken. Wer es jedoch schafft, die Tiere nicht durch aufgeregte Reaktio-

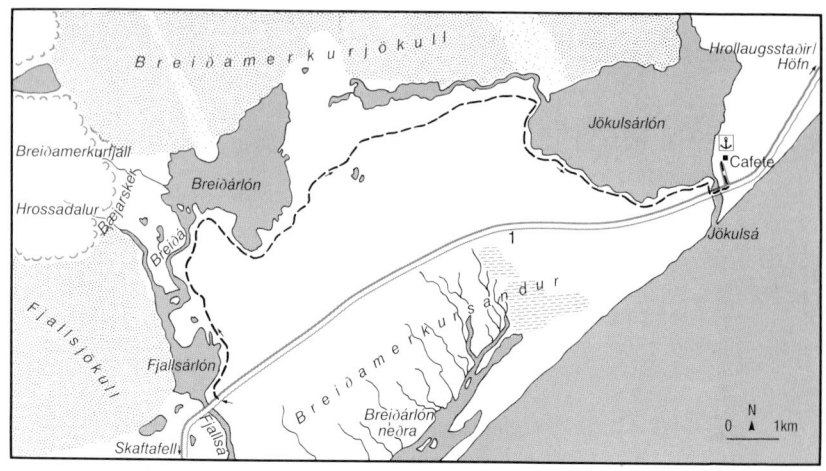

Wanderung 17

nen zu immer neuen Attacken zu motivieren, hat nun Gelegenheit, ihre phantastischen ›Manöver des letzten Augenblicks‹ zu beobachten. Ein über den Kopf aufragender Stock – isländische Kinder benutzen auch kleine Fähnchen – gewährleisten einen gewissen Sicherheitsabstand zu den Vögeln. Anfragen bei Naturschutzwarten und Vogelkundlern haben ergeben, daß kein Fall von Verletzungen durch Skuas bekannt ist; einzig durch Panik sind Leute zu Schaden gekommen.

Dauer: 4½ Std.
Gesamtlänge: ca. 15 km.
Ausrüstung: Grundausstattung, Wanderstock, Wasser, Reservefilm.
Karten: Aðalkort 9, Atlasblöð 87 (= Skaftafell-Sonderkarte) und 97.
Unterkunft: Hrollaugsstaðir (25 km): Sommerhotel, Camping, Schlafsackunterkunft; Gästehöfe in 30–50 km Entfernung; Nesjar (75 km): Edda-Hotel; Höfn (80 km): vielfältiges Angebot.

Sonstiges: Cafeteria und Bootsausflug an/auf dem Jökulsárlón.
Anfahrt: Mit dem Bus aus Richtung Höfn bis zur Eislagune Fjallsárlón, etwa 10 km westlich vom Jökulsárlón gelegen. An der Brücke über seinen Abfluß beginnt die Wanderung. Autofahrer können ihren Wagen morgens am Jökulsárlón, dem Endpunkt der Wanderung, parken und die restlichen 10 km mit dem Bus zurücklegen.

Die Streckenwanderung ist besonders für diejenigen geeignet, die die Eislagune auf einem Tagesausflug mit dem Linienbus aus Richtung Höfn kennenlernen wollen; sechs Stunden liegen zwischen Hin- und Rückfahrt.

Die Wanderung beginnt an der Brücke über den Abfluß des **Fjallsárlón**. Am Ufer entlang geht es rechts landeinwärts. Links treiben kleine

Eisberge auf dem Jökulsárlón ▷

Angreifender Skua

Eisberge auf dem See, die von der nahen Gletscherkante des Fjallsjökull abgebrochen sind. Bläulich, von schwarzer Lavaasche marmoriert, schimmert das Eis. Die Gletscherzunge dahinter zieht sich mit starkem Neigungswinkel vom über 2000 m hohen Öræfajökull herunter, der im Norden in den Vatnajökull übergeht. Heute ist der Ostrand des Gletschers ebenso unbesiedelt wie die westlich anschließenden Sanderflächen. Vulkanische Aktivitäten unter dem Eis sowie das Vordringen der Gletscher haben das einst fruchtbare Land zerstört. Hier gab es zur Landnahmezeit ausgedehnten Buschwald, den Breiðamörk, und mehrere Gehöfte.

Man entfernt sich etwas vom Seeufer, steigt rechts einige Moränenhügel hinauf und trifft oben auf eine Fahrspur, die zum **Breiðárlón** verfolgt werden kann. Die Piste führt bald dicht an den kurzen Flußlauf heran, der diesen See mit dem Fjallsárlón verbindet. Eine Stahlseilkonstruktion ist über den Strom gespannt, ein Zeichen dafür, daß das Gebiet jenseits auch heute genutzt wird. Von Landwirtschaft, wie zu Sagazeiten, als Þórdur Eyvindarson hier den Hof Fjall errichtete, kann jedoch heute kaum die Rede sein. Nur einige Flurnamen in der Umgebung erinnern noch an den einstigen Siedlungsraum: Der große Kar heißt Hrossadalur (Pferdetal) und der untere Klippenrand Bæjarsker (Hofklippe).

Nach etwa einer Stunde ist der große Gletschersee **Breiðárlón** erreicht, auf dem nur selten Eisberge treiben. Auch dort, wo sich nun die Wasserfläche erstreckt, befanden sich Gehöfte. Eines davon war Breiðá, das Anwesen des aus der Njálssaga bekannten Kári Sölmundarson. Der Ausbruch des Öræfajökull im Jahre 1362 führte zur völligen Zerstörung des Bezirks. Schlammfluten ergossen sich über das umliegende Weideland, Ascheregen vernichtete das Kulturland bis nach Höfn. Danach gab es den Bezirk Litla Hérað nicht mehr. Als nach Jahrzehnten die ersten Siedler wiederkamen, nannten sie die Gegend Öræfi, Wüste. Im 16. Jh. machte das vorrückende Eis der Gletscherzunge Breiðamerkurjökull das Land erneut unbewohnbar. Es begrub Weiden und Höfe unter sich und drang bis auf wenige hundert Meter an die Küste vor. Erst im Laufe dieses Jahrhunderts zieht sich der Gletscher wieder zurück, so daß die Wanderung über sehr junge Moränenfelder verläuft.

Man unterscheidet bei einem Gletscher zwischen seinem Nähr- und dem Zehrgebiet, also dem Bereich, wo durch ständige Schneezufuhr das Gletschereis gebildet wird, und dem unterhalb der Schneegrenze befindlichen, wo durch Abschmelzen und Verdunsten das Eis in den Wasserkreislauf zurückkehrt. Ist die Gletscherzunge stationär, also über längere Zeit an der gleichen Stelle, so bedeutet das nicht, daß sich der Gletscher nicht bewegen würde. Vielmehr befinden sich Zufuhr und Abschmelzen des Eises ungefähr im Gleichgewicht. Da das Eis auf seinem Weg eine erhebliche erodierende Tätigkeit ausübt, führt es im, unter, auf und neben dem Gletscher Gesteinsschutt mit sich. In Island kommen noch die Aschen der Vulkanausbrüche hinzu. Je dünner der Eisstrom durch das Abschmelzen wird, um so größer wird der Anteil der Schuttfracht, die schließlich als End- oder Stirnmoräne abgelagert wird. Dabei sind diese Sedimentationen genauso ungeschichtet, wie sie der Gletscher transportiert hat. Es entstehen mehr oder minder hohe Hügel aus Moränenschutt. Es kann passieren, daß sich größere Toteisblöcke in den Ablagerungen befinden, wenn sich der Gletscher relativ schnell zurückzieht. Tauen diese ab, bilden sich kesselartige Hohlformen zwischen den Hügeln, die sich mit Wasser füllen können.

In Sichtweite des Gletschersees geht es in Richtung Nordosten, man nähert sich allmählich dem **Breiðamerkurjökull.** Nach etwa zwei Stunden läßt man den See hinter sich und wandert nun parallel zur Eiskante

Brücke über die Jökulsá, den kürzesten Fluß Islands

Eisberge auf dem Jökulsárlón

durch den nur spärlich bewachsenen, leicht gewellten Moränenschutt. In der flach auslaufenden Gletscherzunge zur Linken sind deutlich mehrere schwarze Schotterstreifen zu erkennen. Sie stammen von den Nunataks Esjufjöll und Máfabyggðir, die weit entfernt im Vatnajökull zu sehen sind. Der Begriff ›Nunatak‹ kommt aus der Sprache der Inuit und bezeichnet einen Felsen oder Berg, der isoliert aus der Oberfläche von Gletschern oder Inlandeis herausragt. Der hintere breite Schuttstreifen dient zur Orientierung; er mündet in den Jökulsárlón, das Ziel der Wanderung. Doch die nächste gute Stunde geht es noch durch das einsame Gletschervorland, in dem kleine Hügel mit Dämmen und Mulden abwechseln. Das Eis hat dieses Moränenfeld zurückgelassen, das heute einzig der Skua einen Lebensraum bietet. Am Südrand des Vatnajökull befinden sich die größten Brutgebiete dieser Raubmöwen. Man kann also damit rechnen, daß trotz der Monotonie der Landschaft die Wanderung nie eintönig wird; Skua-Attacken sorgen immer wieder für Abwechslung!

Allmählich kommt von den höheren Geländepunkten aus schon der **Jökulsárlón** in Sicht (s. Farbabb. 8). Immer neue Ausblicke ergeben sich auf die eisübersäte Wasserfläche, bis man nach etwa 3½ Std. endlich das Ufer erreicht hat. Nun geht es nach rechts an ihm entlang, sicherlich unterbrochen von Pausen zum Betrachten dieser Naturschönheit.

Der Eissee ist recht jung. Erst um die Mitte dieses Jahrhunderts hatte sich die Gletscherzunge so weit zurückgezogen, daß in der Senke der 146 m tiefe See entstand. Luftaufnahmen in der Cafeteria am anderen Seeufer dokumentieren diese Entwicklung. Die Eisberge brauchen mehrere Jahre, um so weit abzuschmelzen, daß sie die Schwelle zum weniger tiefen Abfluß in Richtung Meer überwinden können. Die Brücke über diesen kürzesten Fluß Islands ist von hier schon zu sehen. Bis dorthin kann man am Eissee entlanggehen, auch wenn jenseits der Moränenhügel bald schon rechts die Ringstraße liegt. Manchmal ist es schwer zu entscheiden, ob das dumpfe Rauschen von vorbeifahrenden Autos oder der nahen Meeresbrandung herrührt. Nahe der Brücke trifft man auf einen Fahrweg zur Hauptstraße, jenseits ist dann nach etwa 4½ Std. der Parkplatz mit **Cafeteria** und Bootsanleger erreicht.

18   Auf alten und neuen Wegen zum Vatnajökull

Die anstrengende Bergwanderung führt auf Schafspfaden, durch Gelände und auf einer Jeeppiste hinauf zum Gletscher. Dort, wo im Mittelalter die Fischer aus dem Norden über das Eis kamen, befindet sich heute eine Berghütte und werden Schneemobile verliehen.

Dauer: 7 Std.
Gesamtlänge: 13 km, 800 Höhenmeter.
Ausrüstung: Grundausstattung, ggf. Schlafsack, Stock.
Karten: Aðalkort 9, Atlasblöð 97.
Unterkunft: Hrollaugsstaðir: Gästezimmer, Schlafsackunterkunft, Camping; Skálafellsjökull: Schlafsackunterkunft; Gästehöfe in 1 bis 15 km Entfernung; vielfältiges Angebot in Höfn (56 km).
Sonstiges: Organisierte Fahrten und Exkursionen auf dem Vatnajökull mit dem Schneemobil, Verleih von Schneekatzen, Cafeteria.
Anfahrt: Hrollaugsstaðir liegt direkt an der Ringstraße ca. 23 km nördlich des Jökulsárlón bzw. 56 km südwestlich von Höfn. Der Rückweg vom Endpunkt der Wanderung erfolgt (evtl. am folgenden Tag) auf der gleichen Route wie der Hinweg. Man kann aber auch auf der Fahrstraße bis zur Nr. 1 wandern (16 km) oder mit einem Ausflugsbus oder einer Mitfahrgelegenheit zurückkommen.

Die Wanderung beginnt knapp 1 km nördlich von Hrollaugsstaðir hinter der Brücke der Ringstraße über die **Staðará** und führt hinauf auf den Vatnajökull.

Direkt hinter der Brücke geht es zunächst auf einem Schotterweg nach links taleinwärts. Voraus ragt eine kleine Anhöhe, auf deren linke

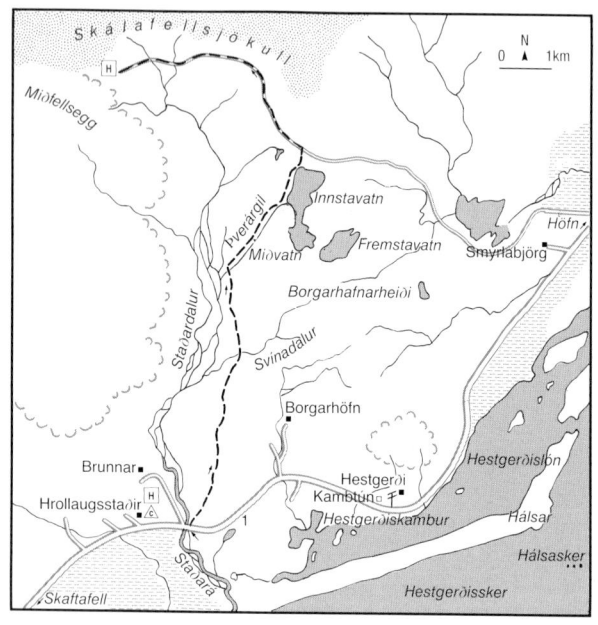

Wanderung 18

Ausläufer man zuhält, in das Staðardalur hinein. Die Fahrspur ist bald zu Ende, und wenn der Boden zu morastig wird, ist es sinnvoll, etwas nach rechts auszuweichen, da das Terrain dort leicht ansteigt. Auch hier empfiehlt es sich, Schafswege zu suchen, da die Tiere die günstigsten Routen benutzen. Ab und an kommt man über quer verlaufende, flache Rücken anstehenden Basaltgesteins.

Nach einer halben Stunde ist der Fuß der Anhöhe erreicht, an dem es nun weiter ins Tal hineingeht. Der Hang ist treppenartig gestuft, ein Zeichen für die unterschiedlichen Lagen der alten Flutbasalte, aus denen dieses Gebiet aufgebaut ist. Bald trifft man auf Stromleitungen, die von rechts aus dem **Svínadalur** herunterkommen und durch das Staðardalur zu den Höfen an der Ringstraße führen; parallel zu ihnen verläuft eine Fahrspur, beides kann ignoriert werden.

Es geht an einem kleinen Wasserfall vorbei, den der Bach aus dem Nebental bildet. Nach ungefähr einer Stunde ist einer der flachgeschliffenen Querrücken erreicht, die jetzt schon fast bis an den weit verzweigten Fluß reichen. Dort steht ein Steinmann. Langsam wird das Haupttal enger und die gestuften Felsen des Bröttutungur zur Rechten immer schroffer. Nach knapp 1½ Std. ist schließlich die Klamm **Þverárgil** zur Rechten erreicht. Hinter ihr ist der Hang wesentlich flacher geneigt und bewachsen, so daß der Aufstieg hier erfolgen kann. Zwar gibt es keinen richtigen Weg, aber Hufspuren zeigen immer wieder, daß diese Stelle auch von Reitern häufiger benutzt wird. Um sich überflüssige Sucherei zu ersparen, ist es wichtig, den richtigen Einstieg zu finden. Man überquert das steinige Bachbett, das aus der Þverárgil herauskommt. Steile Felswände begrenzen die Schlucht auch auf der linken Seite. Direkt am Schluchtausgang gibt es allerdings eine begrünte Böschung. Spätestens hier ist eine deutliche Spur auszumachen, der man aufwärts folgt. Der Pfad entfernt sich in den nächsten 40 Min. zunächst nur wenig von der Þverárgil. Einen schönen Anblick bietet der gegenüber liegende Hálstindur, wo ein Bach über unzählige Kaskaden herunterfließt. Langsam wird der Einschnitt breiter, und ein rechts liegender kleiner Wasserfall des Hauptbaches wird passiert. Dann überquert man einen flachen Paß und steht nach ungefähr 2 Std. am Ufer eines **Sees.**

Ursprünglich gab es hier oben mehrere einzelne Gewässer, die aber nun zu einem großen Stausee vereint worden sind. Es geht nach links am Ufer entlang und bald zu einer Piste, auf der die Wanderung nun nach links führt.

Nach 2½ Std. ist nach einem kurzen Abstieg eine kleine Brücke erreicht, von der man tief in eine atemberaubende Schlucht sehen kann, nicht weniger spannend ist der Blick aufwärts, denn dort schiebt sich schon ein kleiner Abzweig des Skálafellsjökull vor. Nun geht es sehr steil bergan, und es ist durchaus eine willkommene Abwechslung, wenn sich ab und zu ein Geländewagen langsam vorbeiquält. Auch wenn man es nicht für möglich hält, jeweils gegen 10 und 14 Uhr verkehrt hier sogar ein Bus, eine mögliche Alternative für den Rückweg. Wenn der Gletscher nach knapp 3 Std. direkt rechts neben der Straße auftaucht, ist die anstren-

Piste neben dem Skálafellsjökull

gendste Kletterei überwunden; die neue **Berghütte** direkt am Eisrand unterhalb des 1128 m hohen Miðfellsegg ist nach ungefähr 3½ Std. reiner Wanderzeit erreicht.

Es sei an dieser Stelle noch einmal deutlich darauf hingewiesen: Auf Gletscherzungen herumzuklettern ist ohne sachkundige Führung und entsprechende Ausrüstung lebensgefährlich! Deshalb sollte der Skálafellsjökull auch bis zur Hütte nicht betreten werden. Hier oben ist die Situation günstiger, sonst würde es an dieser Stelle schwerlich einen Schneekatzenverleih geben. Wer zu Fuß einen Abstecher auf den Vatnajökull unternehmen will, muß in jeden Fall in der Hütte fragen, wo dies möglich ist, und sich ab- und zurückmelden. Empfehlungen werden hier bewußt nicht gegeben, da kurzfristige Neuschneefälle oder Schneeverwehungen für völlig veränderte Bedingungen sorgen können! Man sollte auch darauf achten, nicht großflächig den Schnee zu zertrampeln, sondern vorhandene Spuren nutzen.

Wege über den Vatnajökull im Mittelalter

Es läßt sich heute nicht mit Sicherheit sagen, welchen Stellenwert und welches Ausmaß der Verkehr über den großen Gletscher früher besaß; verschiedene alte Kirchenannalen sprechen jedoch von Weiderechten der Südisländer im Norden und Anspruch der Nordisländer auf Holz aus den Wäldern nahe der Südküste. Sicher weiß man auch, daß Bauern aus Möðrudalur und Eiríksstaðir in Nordostisland Leute zum Fischfang an die Südküste schickten. Einiges deutet darauf hin, daß der Weg über den Gletscher alternativ zu einer in östlicher Richtung um ihn herum führenden Route benutzt wurde, wohl je nach Jahreszeit. Ein Flurname in Lónsöræfi etwa spricht von der Furt der Nordleute (Norðlingavað).

Der dänische Grönlandforscher J. P. Koch, der sich auf Island für seine Durchquerung des grönländischen Inlandeises vorbereitete, erkundete Anfang dieses Jh. die Wege über den Vatnajökull. Zusammen mit dem dänischen Geographen Daniel Bruun wies er für das Mittelalter vier Routen nach, die zum Teil über 50 km auf dem damals wahrscheinlich kleineren Gletscher verliefen. Eine davon begann dort, wo die Wanderung Nr. 19 entlangführt. Der Aufstieg erfolgte von Borgarhöfn durch das Staðardalur am Osthang des Hálstindur hinauf zum Miðfellsegg, der in den Gletscher hineinreicht. Unweit des Gipfels fand man 1902 ein altes Hufeisen, und noch heute wissen Bewohner der Region von einem alten Reitpfad in diese abgelegene Gegend. Für Koch war diese östliche Route leichter zu bewältigen als die von Skaftafell ausgehende. Hier ist der Gletscher weniger hoch und konnte von ihm schon im Frühsommer in einem Tagesritt überquert werden.

Bis zum Ende des 16. Jh. wurden die verschiedenen Wege über den Gletscher benutzt. Um auf dem Eis gehen zu können, erhielten die Pferde – und nur diese Tiere wurden über den Gletscher getrieben – spezielle Hufeisen mit langen Dornen, sozusagen Spikes. Hatten die Karawanen diese extreme Route hinter sich, so fanden die Tiere schon bald wieder Weidegrund, denn zumindest bis ins 15. Jh. reichten noch größere Vegetationsinseln dicht an den Nordrand des Vatnajökull heran. Zwischen März und Mai kamen zu dieser Zeit alljährlich die Saisonfischer aus dem Nordosten durch das Staðardalur zur Küste bei der Lagune Hestgerðislón herunter. Dort lag eine geschützte Anlegestelle; der Flurname Hálsar auf der Landzunge vor der Lagune wird mit dem alten Fischereiplatz in Verbindung gebracht. In einer grünen Senke am westlichen Fuß des Rückens Hestgerðiskambur befand sich der Siedlungsplatz der Fischer. Dort, in Kambtún, entdeckte Bruun spärliche Ruinen der Fischerhütten. Wer heute hierher kommt, findet nicht weit unterhalb vom Sendemast auf dem Hügelrücken tatsächlich ein paar geschützt liegende Gebäudereste, knapp meterhohe Natursteinmauern, mit Gras überwachsen. Diese stammen zwar aus einer späteren Besiedlung, markieren aber den gut gewählten Platz der Fischer, nur wenige Minuten von ihrem Anlegeplatz entfernt.

Sturmfluten zerstörten die natürlichen Schutzwälle, hinter denen sich der Bootsanleger befand, und bei einem Unwetter am 9. März 1573 kamen beinah hundert Fischer ums Leben, die nach dem Glauben der Zeitgenossen von einem bösartigen Wal, dem sagenhaften Rauðkembingur, angegriffen und getötet wurden. Alte Überlieferungen besagen, daß die fremden Fischer bei den Bauern der Gegend wenig beliebt waren, da sie deren Töchtern nachstellten und streitsüchtig waren. Es soll noch lange danach das Sprichwort kursiert haben: »*Kom Þú í Kambtún ef Þjer Þykir langt*«, was soviel bedeutet wie ›wenn Du Dich langweilst, komm' nach Kambtún‹. Der Fischplatz Kambtún wurde um 1575 aufgegeben.

Die Klimaverschlechterungen und der allgemeine Niedergang der Lebensverhältnisse in der Zeit des dänischen Handelsmonopols (1602–1786) führten dazu, daß die Wege in Vergessenheit gerieten. Auch führte die ›Kleine Eiszeit‹ dazu, daß ehemalige Hochweiden verödeten; wer heute durch das wüstenartige Möðrudalur im Nordosten kommt (vgl. Wanderung 26), mag kaum glauben, daß es sich einmal für die Bewohner der Südküste gelohnt hat, ihre Pferde dorthin zu treiben.

19 Rund um das Vesturhorn

Das markante Felsmassiv Vesturhorn zwischen den Nehrungen der südöstlichen Ausgleichsküste wird teils auf Fahrwegen, teils auf Saumpfaden umrundet. Am Wegesrand liegen die Ruinen des ehemaligen Handelsplatzes Papós. Trittsicherheit ist auf den Geröllkegeln am Fuß des Vesturhorn notwendig.

Dauer: 5½ Std.
Gesamtlänge: ca. 20 km.
Ausrüstung: Grundausstattung, Wasser.
Karten: Aðalkort 9, Atlasblöð 106.

Unterkunft: Höfn (10 km): Hotel, Jugendherberge, Camping, Schlafsackunterkunft; Nesjaskóli (10 km): Edda-Hotel, Schlafsackunterkunft; Stafafell (21 km): Jugendherberge, Gästezimmer, Camping.
Sonstiges: In Höfn Volkskundliches Museum ›Gamla Búð‹, Schwimmbad und Tourist Information (beim Campingplatz).
Anfahrt: Von Höfn auf der Ringstraße nach Osten bis zum Abzweig nach Stokksnes. Bis hierher kann der morgendliche Bus in Richtung Egilsstaðir genommen werden. Für die

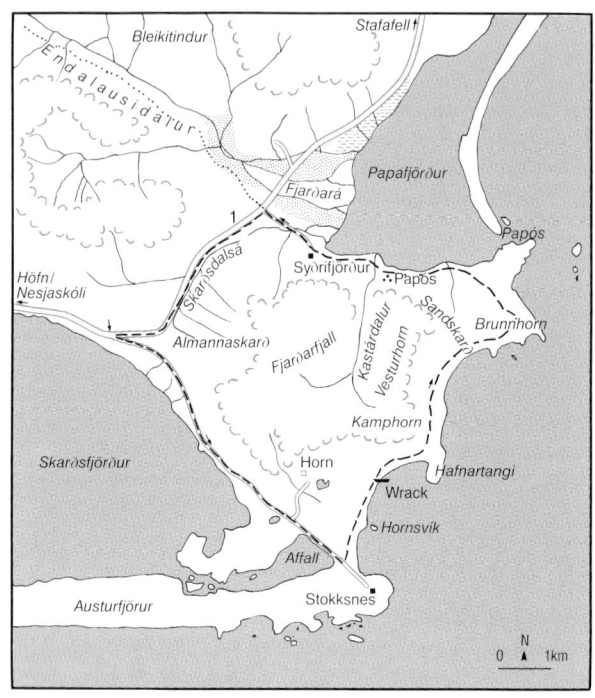

Wanderung 19

Rückfahrt eignet sich der dreimal wöchentlich verkehrende Bus von Djúpivogur, der am frühen Nachmittag bei der Hofeinfahrt Syðrifjörður oder einer anderen Stelle der Ringstraße angehalten werden kann.

Die Wanderung beginnt am Abzweig nach **Stokksnes,** direkt dort, wo die Ringstraße in einem nahezu endlos erscheinendem, steilen Anstieg zum Almannaskarð hinaufführt. Auf dieser Nebenstrecke geht es nun die nächste Zeit einfach voran. Zur Linken werden die Berge immer höher. Besonders auffallend sind die steilen Geröllhänge, die sich bis fast zu den Gipfeln hinaufziehen und jeweils in langen Streifen von gelblich-braun bis grünlich-grau gefärbt sind. Zur Rechten befindet sich der weite Skarðsfjörður, der allerdings mit einem Fjord nichts gemein hat (s. Farbabb. 3). Die weite Lagune ist zum Meer hin durch die Nehrung Austurfjörur abgeschlossen und erinnert bei Ebbe an das Wattenmeer. Auf dem feuchten Grund sind dann langbeinige Watvögel, wie z. B. der Austernfischer mit seinem langen roten Schnabel und schwarz-weißen Gefieder auf der Nahrungssuche. Weit über die Lagune hinweg erkennt man den Ort Höfn und dahinter einige Gletscherzungen des Vatnajökull, die sich bis fast zur Küste hinuntergeschoben haben.

Nach einer Stunde ist links ein Abzweig zum Hof Litlahorn erreicht, der 1991 wegen Filmaufnahmen fast vollständiger abgeriegelt war als die Radarstation Stokksnes, die glückli-

cherweise erst sehr spät den Blick voraus stört.

Nun muß man die nächste Viertelstunde auf einem Damm durch die mittlerweile fast versandete ehemalige Lagune Affall auf die Militärstation zuwandern, die auch dadurch nicht schöner geworden ist, daß 1988 Isländer die Anlage von den USA übernommen haben. Spätestens bei den Verbotsschildern geht es nun nach links zum weiten, schwarzen Sandstrand der Bucht Hornsvík. Unterhalb des hellen Berghangs, jenseits des schwarzen Strandes liegt ein schmaler Grünstreifen, auf dem zwei Gebäude des verlassenen Hofs Horn zu sehen sind. Mit ihren grauen Steinwänden wirken sie regelrecht unheimlich.

Am Vesturhorn

Verschiedenfarbiger Gesteinsschutt am Vesturhorn

An einigen Klippen vorbei kommt man nach gut 1½ Std. zu einem Schiffswrack. Es handelt sich hierbei um das 1983 gestrandete Fischereifahrzeug Sæbjorg, das in zwei große, mittlerweile völlig verrostete Teile zerbrochen ist. Die Wanderung führt nun etwas weg von der Küste und mündet bald in eine alte Fahrspur. In Höhe der flachen, kleinen Halbinsel Hafnartangi fallen noch einmal einige Überreste von Gemäuern auf, die teilweise wie Gartenkamine aussehen. Hier befand sich der Vorläufer von Stokksnes während des Zweiten Weltkrieges, eine britische Station, die später von den Amerikanern übernommen wurde.

Nach fast 2 Std. verläuft sich die alte Fahrspur wieder, und der Bereich zwischen Küste und Hang wird zusehends schmaler. Es geht nun über den ziemlich steilen Hang des **Vesturhorn,** voraus erhebt sich der markante dreigipflige Berg Brunnhorn. Die Bereiche mit dem losen Gestein reichen jetzt nicht mehr so hoch hinauf; das ermöglicht einen besseren Blick auf den – für Island außergewöhnlichen – anstehenden Fels. Das Vesturhorn besteht größtenteils aus Gabbro, wie der Basalt ein basisches Gestein, das allerdings innerhalb der Erdkruste erstarrt und seit dem Tertiär nach und nach herauserodiert worden ist. Völlig untypisch für einen Tiefengesteinskörper sind die spitzen Berge, was für die Kraft der Abtragung spricht.

Man muß sich etwas hangaufwärts halten, um eine gut ausgetretene Wanderspur zu finden, die bestimmt 50 m oberhalb des Meeresniveaus problemlos durch den steilen Geröllhang führt. Wer vor einem kerbartigen Einschnitt nicht mehr weiter kommt, sollte noch einmal zurückgehen und es etwas höher versuchen, der vermeintliche Weg war dann eine Schafspur, die hier endet. Am Hang und an der Küste sind große Felsbrocken zu sehen. Je näher man kommt, desto größer scheinen sie zu werden. Wenn sich der Pfad schließlich in Serpentinen zwischen ihnen zur Küste hinunterwindet, kommt man sich neben den haushohen Klötzen recht klein vor. Hinter dem letzten geht es nach 2½ Std. kurz über ein Schotterstück, dann ist wieder ein Sandstrand erreicht. Je nach Stand der Tide läuft man direkt am Strand oder etwas höher auf einem Kiesstreifen. Überall liegt Strandgut herum, besonders schön sind alte weiße, durch das Meer glattpolierte Baumstämme.

Wieder hat sich der Charakter des Küstenbereiches geändert, denn zwischen Vesturhorn und Brunnhorn liegt jetzt der **Sandskarð** (Sandpaß), der seinen Namen völlig zu Recht trägt, weil sich hier vom Paß bis zum Meer eine riesige Sandanhäufung erstreckt, auf der z. T. Strandhafer wächst.

Dort, wo der Sand durch Grasland abgelöst wird, muß man einige Meter ansteigen und sich im folgenden mehr auf einer Spur am Berg halten. Nach gut 3 Std. ist voraus schon die Lagune des Papafjörður und auch ihre kleine Meeresverbindung Papós zu sehen. Der Küste vorgelagert befinden sich einige schärenartige Inseln. Hier wechselt auch wieder der Charakter der Landschaft. Auf der Rückseite des Sandskarð verläuft ein breiter Kiesstreifen, der zunächst leicht gewellt ist und dann immer tiefer einschneidet. Es ist besser, sich auf dem relativ ebenen Gelände dicht an der Lagune zu halten. Die Wanderung führt in fast 1 Std. durch einen kleinen Bereich mit anstehendem Gestein, zwischen dem es einige feuchte Senken gibt, zu den Grundmauern des alten Handelsplatzes **Papós**.

Man bleibt am Rand der Lagune, stößt bald auf einen Zaun und wird von diesem in die Nähe von zwei Wellblechhütten geleitet, wo die Bewohner des Hofes Syðrifjörður ihre ausgedienten Autos der letzten 20 Jahre abgestellt haben. Hier beginnt wieder eine Fahrspur, der zunächst am Zaun entlang und dann im weiten Bogen um das Anwesen zu folgen ist – die Bewohner schätzen es nicht besonders, wenn Fremde durch ihr Gehöft laufen.

Nach gut 4½ Std. ist dann die Ringstraße erreicht, wobei das letzte Stück auf dem Zufahrtsweg zum Hof zurückgelegt wird, voraus mit einem sehr schönen Ausblick auf den pyramidenförmigen Berg Bleikitindur, der sich zwischen zwei Tälern erhebt.

Ausdauernde können eine drei- bis vierstündige Wanderung durch das westlich vom Bleikitindur gelegene Endalausidalur in das Laxárdalur und zum Edda-Hotel an der Ringstraße anschließen.

Wer nicht schon hier einen Bus abpassen will, sollte sich noch vor der Ringstraße, aber schon hinter der Brücke über einen Bach halblinks halten und parallel zur Nr. 1 hangaufwärts gehen. Kurz vorm **Almannaskarð** muß man dann doch noch auf die Hauptstraße, von der oben am Paß links ein kurzer Weg zu einem Aussichtspunkt abzweigt. Hier gibt es bei klarem Wetter eine phantastische Sicht über die ganze Südostküste bis zum Öræfajökull.

Der letzte Kilometer bis zum Abschluß der Rundtour verläuft zwar auf der Ringstraße, man braucht trotz Schotterpiste aber keine Sorgen zu haben, von wegspritzenden Steinen getroffen zu werden. Die Fahrzeuge fahren auf dieser breiten Straße ausgesprochen behutsam; bei 16% Steigung bzw. Gefälle ist dies nicht weiter verwunderlich; und auch zu Fuß ist dieser Abstieg durchaus ein Erlebnis. Nach 5½ Std. reiner Wanderzeit ist dann der Ausgangspunkt wieder erreicht.

Händler auf dem Weg nach Papós

Der alte Handelsplatz Papós

Der Name Papafjörður legt die Vermutung nahe, daß in dieser Region vor der Landnahme der Wikinger irische Mönche lebten. Aris Isländerbuch erwähnt auch Kelten, die von den Normannen *papar* genannt wurden. Sie sollen jedoch vor den neuen heidnischen Siedlern ausgewichen sein. Da ohnehin angenommen wird, daß die Eremiten oft nur vorübergehend nach Island kamen, werden sie wahrscheinlich den Rückzug angetreten haben, indem sie Island ganz verließen. Für das Gebiet um die Mündung Papós ist noch nicht eindeutig archäologisch belegt, ob hier ebenfalls irische Mönche lebten; immerhin wird der Flurname *papatætur*, südöstlich des heute verlassenen Anlegeplatzes, den Einsiedlern zugeordnet.

In den Jahrhunderten seit der Landnahme fungierte Papós im geschützten Papafjörður als Bootsanlegestelle. Es gab hier keine dauerhafte Siedlung, sondern der Platz wurde nach Bedarf von Zeit zu Zeit angelaufen. Der Anleger war den Einwohnern der Region bekannt, und sie hatten vielfach ihre Fischerboote dort liegen, abgestützt und gegen die Witterungseinflüsse geschützt. Auch hochseetüchtige Fahrzeuge können darunter gewesen sein, solange die Isländer selbst auf die Reise nach Norwegen gingen. Wenn ein Schiff in Papós anlegte, versammelten sich viele Menschen, um mit den Schiffseignern zu handeln und die Waren abzutransportieren. Danach kehrte wieder Ruhe in die ländliche, nur dünn besiedelte Region ein.

Nach dem Ende der isländischen Unabhängigkeit kamen möglicherweise auch ausländische Handelsschiffe nach Papós, das jedoch als Handelsplatz von eher untergeordneter Bedeutung war. Hier wie anderswo verhinderte das Fehlen einer Händler- und Handwerkerschicht, für die in der isländischen Binnenwirtschaft kein Bedarf bestand, das Entstehen einer Siedlung. Erst um 1860 gewann Papós dadurch an Bedeutung, daß ein dänischer Monopolkaufmann hier einige Lagerschuppen und wenige Jahre später ein Wohn- und Handelshaus errichtete. Um die Jahrhundertwende jedoch entstand das heutige Höfn, als der Handelsposten auf die Landzunge im Hornafjörður verlegt wurde, wo die Schiffe problemloser anlegen konnten.

Vom Handelsplatz Papós blieben nur die Grundmauern erhalten, die hölzernen Gebäudeteile wurden abmontiert und in Höfn wieder aufgebaut. Im heutigen Museum, dem alten Handelshaus Gamla Búð, kann auch ein Modell von Papós besichtigt werden.

20 Zu den bunten Liparithängen bei Stafafell

Die Rundwanderung führt durch hügeliges, birkenbestandenes Terrain; das stellenweise dichte Gestrüpp kann nur auf den Pfaden der Weidetiere passiert werden. Ein beeindruckendes Talsystem bildet das Etappenziel der Tour, hier läuft das unzugängliche Bergland Lónsöræfi in verschiedenfarbigen Liparithängen aus. Durch den Talboden führt der Weg zum Gletscherfluß Jökulsá í Lóni und entlang seiner Ufer durch eine Feriensiedlung nach Stafafell zurück. Etwas Orientierungsvermögen und gute Trittsicherheit für den steilen Abstieg ins Tal sind erforderlich.

Dauer: 4 Std.
Gesamtlänge: ca. 15 km.
Ausrüstung: Grundausstattung.
Karten: Aðalkort 8, Atlasblöð 106.
Unterkunft: Stafafell: Jugendherberge, Gästezimmer, Camping; vielfältiges Angebot in Höfn (30 km).
Anfahrt: Der Hof Stafafell, an dem die Rundwanderung beginnt, liegt an der Ringstraße, etwa 30 Kilometer nordöstlich von Höfn. Von dort gibt es eine tägliche Busverbindung zum Ausgangspunkt der Wanderung.

Das Hofgelände von **Stafafell** besteht aus den Wohngebäuden der Besitzer rechts und, links von einer kleinen Kirche, einem älteren Haus, der heutigen Jugendherberge. Hinter dieser führt ein Wirtschaftsweg den Hang hinauf, durch ein Gatter und zu einem Mast. Von der Fahrspur leitet ein Trampelpfad geradeaus weiter aufwärts, wobei links ein tiefer Bacheinschnitt liegt, an dem es in nächster Zeit ab und zu entlang geht. Der Rücken ist mit üppigem Birkengestrüpp bewachsen, durch das auch Wanderer am einfachsten auf einem der Schafspfade vorankommen. Diese umgehen darüber hinaus auch die kleineren Anhöhen, die sich im sanft ansteigenden Gelände erheben. Bald ist der leicht rötlich gefärbte Bach wieder zu sehen.

Das Gelände weitet sich nach etwa einer halben Stunde zu einer großen Grünfläche, in der der Bach bald nur noch als unscheinbares Rinnsal zu erkennen ist und dann ganz versiegt. Man hält sich etwas weiter links und quert die kleine Ebene in Richtung auf den jenseitigen Felsrücken, der das Tal der Jökulsá í Lóni begrenzt. Nach kurzer Zeit eröffnet sich der Blick auf die weiten Flußschotterflä-

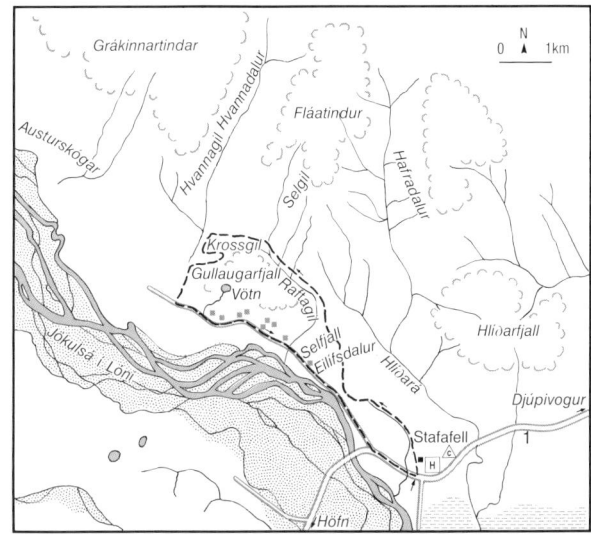

Wanderung 20

In der Hvannagil

chen dieses Gletscherstroms. Zurück sieht man die Brücke, die sich an der schmalsten Stelle über den sonst breit aufgefächerten Fluß spannt, dahinter erhebt sich das markante Vesturhorn mit den drei Bergzinnen des Brunnhorn, auch die verlandete Ausgleichsküste dazwischen ist zu erkennen. Vorn zieht sich das Tal breit zwischen schroffen Bergketten dahin, die jenseits durch ihre bläuliche Färbung ins Auge fallen. An diesem Ufer liegt direkt unterhalb eine Feriensiedlung, an der entlang ein Teil des Rückwegs erfolgen muß.

Zunächst aber bleibt man oberhalb und geht weiter in nördliche Richtung auf ein tiefes Quertal zu, dessen Boden eine dichte Strauchschicht bedeckt. Das **Eilífsdalur** wird durchquert, wobei man sich unbedingt die Mühe machen sollte, nach Schafspfaden durch das Birken-Dikkicht zu suchen, denn ohne Weg gibt es kaum ein Vorankommen. Auf der anderen Seite grenzt das Tal an den Selfjall, dessen mäßig geneigter Hang nach einer Stunde erreicht ist. Man hält auf einen Steinmann zu und steht gleich am nächsten Aussichtspunkt. Die **Raftagil** ist zum Haupttal hin ebenfalls bewaldet, geht aber weiter rechts in eine Schlucht über, die sich dann im Bogen nach Norden zieht. Der Weg verläuft am Taleinschnitt entlang nach rechts. Die Berge der Umgebung zeigen unterschiedliche Farbnuancen von bläulich-grau bis rötlich-gelb, sichtbares Indiz dafür, daß diese Region aus Liparitge-

Der Talschluß der Hvannagil

stein besteht. Wieder muß ein Trampelpfad im Unterholz entlang der Schlucht gefunden werden. Im Bogen folgt man dem Einschnitt und sieht unten nahe dem Bach schöne erodierte Ganggesteine. Wenig später wird ein erster Seitenbach gequert. Es ist sinnvoll, in der Nähe des Haupttals zu bleiben, das nach etwa 1½ Std. flacher wird und in Höhe der Wanderroute ausläuft. Voraus ist in einiger Entfernung eine Felsnadel zu erkennen, die sich dunkel aus einer heller gefärbten Talmulde erhebt – ein unwirklich anmutendes Bild.

Zunächst jedoch macht der Bach, der bisher den Weg begleitete, einen starken Rechtsbogen zur Selgil, aus der ein Wasserfall herunterstürzt. Vorbei an schönem Ganggestein wird er gequert. Das Gelände wird nun fast eben und geht allmählich in Grasland über. Voraus kommen manchmal die bunten Liparitberge in Sicht, wobei die markante Felsnadel bald halbrechts auftaucht. Dorthin wendet man sich, wandert zwischen ein paar kleinen Erhebungen im Gelände hindurch und steht nach 2 Std. an einer grandiosen Schlucht. Der aufragende Felsen markiert nur einen kleineren Abzweig eines tief eingekerbten Tals, in dem die Hänge in den kräftigsten Farben leuchten. Nach links sieht man bis zur Jökulsá í Lóni und den blauen Berghängen am anderen Ufer, weit im Hintergrund ist sogar noch das Vesturhorn zu sehen.

Dieses Gebiet ist Teil eines großen tertiären Zentralvulkans, der saure

Die Hvannagil endet im breiten Gletschertal

Lava hervorbrachte. Zurückzuführen ist die Farbenvielfalt auf die Eisenbestandteile, die den sonst nahezu weißen Liparit, häufig auch Rhyolith genannt, einfärben.

Man wendet sich dann an der Hvannagil nach links und wandert ein kurzes Stück an ihr entlang. Nach ein paar Minuten wird eine niedrige Erhebung mit einem herausragenden Felsstück links umgangen, dahinter ist gleich ein Seitental erreicht, die **Krossgil**. Der Name (*gil* = Schlucht) läßt zwar vermuten, daß ein Absteigen in diese Schlucht nicht möglich ist, aber zunächst geht es ganz bequem hinunter, bald begleitet von einem schmalen Rinnsal. Es mündet in einen von links kommenden Bach, der ein paar Meter in Fließrichtung verfolgt wird. Nun verdient die Krossgil jedoch wirklich ihren Namen, denn in einer Kurve an einem links vom Bach aufragenden glatten dunklen Felsen fällt sie in mehreren Stufen steil ab und ist für Wanderer nicht mehr begehbar. Deshalb hält man vor dem Felsstück rechts vom Bach auf den Hang zu, steigt einige Meter hinauf und steht auf einem kleinen Rücken, der sich mit einer Felsnase in die Schlucht hineinschiebt. Von oben ist gut zu erkennen, wo die Krossgil in ihrem weiteren Verlauf wieder zu begehen ist.

Nun folgt ein steiler Abstieg. Der geröllübersäte Hang ist im unteren Bereich wieder mit Birken bewachsen, zwischen denen der oben noch erkennbare Trampelpfad sich verläuft. Deshalb muß man sich vor dem Wäldchen weiter links halten und findet unterhalb der Felsnase, also dicht neben der Schlucht mit dem herabfallenden Bach, undeutlich erkennbare Serpentinen, auf denen man zum Talboden hinuntersteigt. Das scherbige Gestein rutscht manchmal etwas unter den Füßen ab, sobald der Fuß aber eine kleine Mulde getreten hat, gibt es wieder Halt. Bei einer zweiten Felsnase nahe am Bach hat man schon fast wieder ebenes Gelände erreicht und steht nach 2½ Std. unten auf den Flußschottern. Voraus mündet die Krossgil in das Haupttal, und in der **Hvannagil** geht es nach links zum Gletscherfluß.

Vorbei an den verschiedenfarbigen Hängen, die das mäandrierende Flußbett begrenzen, verläuft die Wanderung über die flache, ebenfalls bunte Schotterebene. Der Gletscherfluß kommt nach 3 Std. hinter einer

Ecke, an der eine Felsnadel aufragt, in Sicht. Rechts erheben sich viele rötliche Hügel hinter der Einmündung, links beginnt gleich das Gebiet der Feriensiedlung, durch das ein Fahrweg führt. Es hat wenig Zweck, es abseits der Piste zu versuchen; fast jede Parzelle ist mit überdimensionierten Zäunen vor unbefugtem Betreten geschützt.

Nach rechts ist die Aussicht hingegen recht beeindruckend, denn dort fließen die vielen Arme der Jökulsá durch das weite Flußtal. Der Weg windet sich auf und ab durch das leicht bewaldete Gelände, nach etwa 3½ Std. überquert er eine Brücke, bald darauf liegen die Wochenendhäuser hinter einem. Das letzte Stück bis zur Ringstraße führt die Piste nun wieder dicht am Ufer durch unbesiedeltes Terrain. Auf der Nr. 1 wendet man sich nach links und sieht hinter einer Kuppe schon den Hof **Stafafell.** Um die Strecke auf der Ringstraße zu verkürzen, geht es vor dem Hof durch ein Gatter den ersten Fahrweg links hinein. Er wird aber gleich wieder nahe des Bachlaufs verlassen, der rechts das Hofgelände begrenzt und an dem die Wanderung begann. Nun wird ein Zaun und das eingekerbte Bachbett gequert, jenseits geht man halbrechts wieder zum Wirtschaftsweg hinauf und erreicht nach gut 4 Std. seinen Ausgangspunkt.

Sander der Jökulsá í Loni mit dem Brunnhorn im Hintergrund

Die Ringstraße

Täler zwischen Hochland und Fjorden

Straße im Hochland bei Möðrudalur

21 Fossárdalur, das Tal der Wasserfälle

Die einfache Wanderung führt teils auf Wirtschaftswegen, teils durch Gelände ins Fossárdalur, das in die gestuften Berghänge der Ostfjordgebirge einschneidet. Die zahlreichen Geländestufen werden vom Bach Fossá in ebensovielen Wasserfällen überwunden. Eine heute verlassene Hofstelle liegt am Weg.

Dauer: 5½ Std.
Gesamtlänge: ca. 24 km, 300 Höhenmeter.
Ausrüstung: Grundausstattung.
Karten: Aðalkort 8, Atlasblöð 105.
Unterkunft: Eyjólfsstaðir: Schlafsackunterkunft, Camping; Djúpivogur (20 km): Hotel, Camping.
Anfahrt: 18 km hinter Djúpivogur zweigt im inneren Berufjörður der Fahrweg zum Hof Eyjólfsstaðir von der Ringstraße ab. Dort beginnt die Wanderung. Der Bus Höfn-Egilsstaðir verkehrt im Sommer täglich auf dieser Strecke. Autofahrer, die in Eyjólfsstaðir Unterkunft nehmen möchten, können die 2 km bis dorthin weiterfahren, sollten zuvor jedoch den Wasserfall am Abzweig besichtigen.

Der Fahrweg zum Hof Eyjólfsstaðir führt zügig bergan und vorbei am ersten von zahlreichen Wasserfällen, die im Fossárdalur zu bewundern sind. Er beeindruckt weniger durch seine Höhe als vielmehr wegen der schönen Basaltgänge und Stufen, über die er hinwegfließt. Deutlich sind auch im schroffen Hang zur Linken die hohen Felsstufen der einzelnen Flutbasalte zu erkennen, aus denen die Region der Ostfjorde vorwiegend aufgebaut ist.

Hinter einer Kurve kommt dann der Hof von **Eyjólfsstaðir** in Sicht. Zuerst ist das Gästehaus mit dem Campinggelände erreicht, halbrechts oberhalb liegen die beiden Wohngebäude. Bevor der Fahrweg dorthin abbiegt, geht man nach einer knappen halben Stunde geradeaus durch ein Gatter und folgt einem nur teilweise erkennbaren Wirtschaftsweg am Fluß entlang taleinwärts. Einige flache, glattgeschliffene Felsrücken sind Hinterlassenschaften der eiszeitlichen Gletscher, deren Tätigkeit das Fossárdalur geprägt hat.

In Sichtweite des Bachlaufs geht es nun absatzweise talaufwärts. Immer dort, wo der Bach wieder eine dieser Geländestufen überwindet, sind Wasserfälle, Kaskaden und kleine Schluchten anzutreffen, so daß es sich an diesen Stellen lohnt, die Fahrspur zu verlassen, die oft die schönsten Stellen weiträumig umrundet. Durch den Berghang zur Linken ziehen sich einige Schluchten. Nach gut einer Stunde fällt von dort ein Nebenbach herunter. Auf einem flacheren Geländestück mäandriert die Fossá ruhiger durch das Grasland, in dem nach etwa 1½ Std. der aufgegebene Hof **Víðines** in Sicht kommt. Von dem bis in dieses Jahrhundert bewohnten Haus sind noch recht hohe Natursteinmauern inmitten der üppigen Hauswiese erhalten geblieben. Ge-

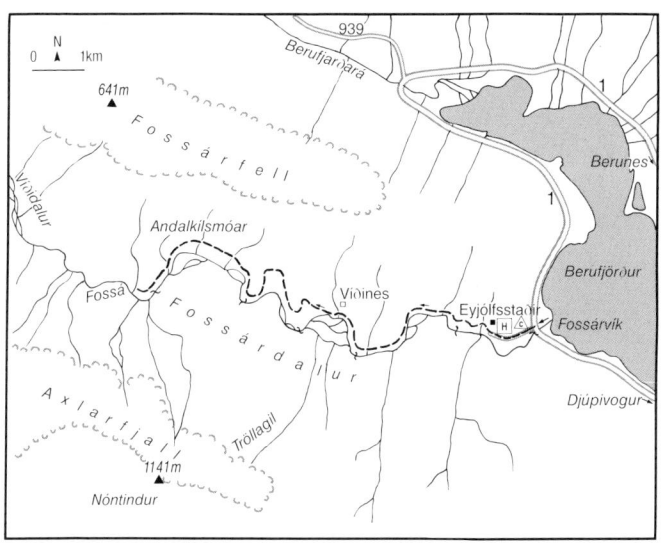

Wanderung 21

genüber blickt man am Berghang in die schroffe Tröllagil, die weit hinauf in den 1140 m hohen Nóntindur einschneidet. Weiter geht es auf die nächsten Absätze hinauf, an denen es sich sehr empfiehlt, die Piste zu verlassen, denn hinter Víðines bildet der Fluß einen breiten, in mehrere Teile aufgespaltenen Wasserfall mit einigen Felsen in seiner Mitte. Über den bewachsenen Hang neben dem *foss* gelangt man einfach nach oben und sieht auf der anderen Flußseite ein Stück Kulturland, das noch genutzt wird. Im Sommer legen die eingerollten Heuballen die Vermutung nahe, daß ab und zu ein landwirtschaftliches Fahrzeug die holperige Piste befährt. Man folgt dem Ufer der **Fossá** in weitem Bogen durch das flache Gelände. Bald ist voraus schon der nächste Wasserfall auszumachen, auf den man nach knapp 2 Std. trifft. Auch hier läßt sich der Abhang daneben leicht bewältigen. Die Fossá fällt nacheinander über mehrere Stufen, von links kommt ein Bach dazu; eine hübsche Stelle.

Oben auf dem Absatz zwingt die Fossá wieder zu einem Umweg. Man könnte den seichten Fluß zwar auch furten, müßte dann aber häufiger die Seiten wechseln. Es ist daher einfacher, dem Fluß erneut nach rechts zu folgen, bis die Fahrspur wieder in Sicht kommt. Auf ihr geht es nun durch die weite grüne Ebene bis zur nächsten Geländestufe. Das Terrain besteht hier streckenweise aus moorigen Bültenwiesen, dazwischen wachsen Heidekraut, Zwergbirken, Blau- und Krähenbeeren. *Móar* wird diese wasserreichere Form der Zwergstrauchheide im Isländischen genannt, und der Begriff findet sich auch im Namen dieser Ebene: **Andakílsmóar**. Bevor die Piste den nächsten Absatz erklimmt, verläßt man sie wieder nach links und wandert neben dem Flußbett zu der Schlucht,

175

in der der Wasserlauf den Höhenunterschied überwindet. Ein Seitental wird gequert, dann kann man neben dem tiefen Einschnitt aus Basaltgestein entlang hinaufgehen. Am oberen Rand endet der Hinweg bei knapp 300 Höhenmetern und nach 3 Std. Wanderzeit. Von hier überblickt man das ganze durchwanderte Tal bis zum Berufjörður hinunter. Nach vorn wird das Tal nun weiter und steigt in seiner Verlängerung gleichmäßig und sanft zum Víðidalur an.

Je nach Kondition und Geschmack wird man vor dem Rückweg das Tal noch etwas weiter erkunden wollen. Es ist auch möglich, auf den Fossárfell zur Rechten hinaufzusteigen und von oben einen Blick auf das benachbarte Fjordende im Berufjarðadalur zu werfen. Für den Aufstieg auf den 600 m hohen Rücken braucht man etwa eine Stunde. Zurück kann man wahlweise die Piste ganz verfolgen oder streckenweise am Flußufer entlanggehen. Nach etwa 5½ Std. ist der Ausgangspunkt wieder erreicht.

22 Von Berunes ins Küstengebirge am Berufjörður

Ein mittelschwerer Aufstieg führt von Berunes zum Gebirgszug am Fjord hinauf, von wo sich bei klarem Wetter ein großartiges Panorama auf Berge und Küste bietet. Der Abstieg verläuft durch ein abgeschiedenes Tal, vorbei an mehreren Wasserfällen und auf der alten Ringstraße zurück.

Dauer: 5 Std.
Gesamtlänge: ca. 11 km, 750 Höhenmeter.
Ausrüstung: Grundausstattung.
Karten: Aðalkort 8, Atlasblöð 115.
Unterkunft: Berunes: Jugendherberge, Camping; Eyjólfsstaðir (22 km): Gästehof, Camping; Fell (30 km): Gästehof; Breiðdalsvík (35 km): Hotel, Camping; Djúpivogur (40 km): Hotel, Schlafsackunterkunft, Camping.
Sonstiges: Schwimmhalle in Djúpivogur.

Anfahrt: Die Jugendherberge Berunes liegt gegenüber von Djúpivogur am Berufjörður an der Ringstraße. Der Bus Höfn – Egilsstaðir kann an der Hofeinfahrt angehalten werden.

Die Tour beginnt an der Jugendherberge **Berunes**, die ausgesprochen hübsch im alten Hofgebäude von Berunes untergebracht ist. Man wandert hangaufwärts zum neuen Wohnhaus, läßt dieses links liegen und folgt einem Bachlauf nach rechts. Es geht über einen Zaun und eine alte Fahrspur hinweg. Halbrechts führt ein gut sichtbarer Trampelpfad auf eine Schlucht im Hang zu und in ihr den ersten Steilabsatz hinauf.

Man hält sich nun etwas links und folgt einem weiteren Einschnitt aufwärts, bis dieser sich verläuft. Weiter geht es bergan und zugleich fjordeinwärts. Nach einer Dreiviertelstunde

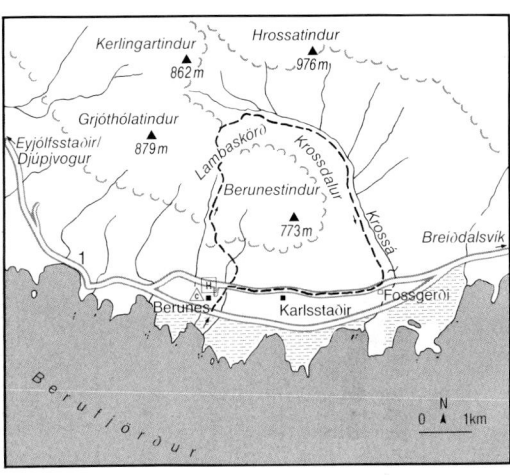

Wanderung 22

ist ein tief eingeschnittener Bachlauf erreicht, in dessen Verlängerung unten am Rand des Berufjörður die Zufahrt von der Ringstraße nach Berunes zu sehen ist. Er wird gequert, denn erst am nächsten Wasserlauf beginnt der Bereich für den günstigsten, jetzt noch steiler werdenden Anstieg. Auch dieser Bach ist eindeutig zu lokalisieren: In seiner gedachten Verlängerung ragt eine kleine Landzunge in den Fjord hinaus, auf der sich ein kleiner Teich befindet. Oben am Hang ragt halblinks eine Zinne wie ein Finger in den Himmel.

Dieser Bach wird an seiner linken, bewachsenen Seite weiter nach oben verfolgt. Bei 550 Höhenmetern gabelt sich der Wasserlauf. Zwischen den beiden Einschnitten geht es noch ein kurzes Stück steil und dann die letzten Meter bis zum **Lambaskörð** etwas sanfter bergan. Der Paß ist bei 730 Höhenmetern nach knapp 2 Std. erreicht. Zwar konnte man auch schon während des Aufstiegs über den Fjord nach Djúpivogur mit dem Búlandstindur und zur Insel Papey blik-

ken, richtig zu genießen ist die Aussicht aber erst nach dem Aufstieg.

Wir hatten leider das Pech, daß sich die Wolken über den Gipfeln genau in dem Moment zuzogen, als wir oben waren, so daß sich ein Abstecher nach rechts zum Berunestindur erübrigte. Bei guter Sicht dürfte er aber nach Auskunft der Besitzer von Berunes ohne Probleme zu bewältigen sein. Das erste Stück sollte man sich eher zum Krossdalur halten, da der Grund dort bewachsen ist.

Für die weitere Wanderung empfiehlt es sich, eine Schafspur zu suchen, die schon jenseits vom Kamm nur leicht abfallend halblinks verläuft. Auf ihr gelangt man zu einem bewachsenen Bereich des Hanges und kann in Serpentinen zu einem Bach absteigen. Bei guter Sicht kann man sich gleich weiter rechts halten und beim Abstieg den vereinzelten Steilstufen ausweichen; so wird etwas Strecke eingespart. Bei schlechter Sicht hingegen bildet der Wasserlauf, der bald in die Krossá

Wasserfall am Ausgang des Krossdalur

fließt, einen idealen Wegweiser; unter widrigen Bedingungen ist dieser Rückweg nach Berunes in jedem Fall dem direkten Abstieg vorzuziehen, er ist zwar weiter, aber sicherer, da weniger steil.

Aber auch sonst hat dieser Weg einige Reize zu bieten: Gerade noch mit Blick auf das Meer, befindet man sich nun in einer alpin anmutenden Landschaft. Zur Linken bilden die Berge Grjóthóla- und Kerlingatindur ein riesiges Kar. In einer weiten Rechtskurve geht es stetig bergab. Die sonst immer sehr hilfreichen Schafswege sind hier im Krossdalur leider nutzlos, da sie nicht hinunter führen. Nach einer Stunde ab Paß sollte man langsam die **Krossá** anvisieren, denn hier finden sich einige sehr hübsche Wasserfälle. Besonders sehenswert ist ein *foss*, der fast gegen eine in seiner Verlängerung befindliche Wand fällt. Das Wasser hat einen Gang ausgewaschen und fließt nach dem Fall tief unterhalb im rechten Winkel zur bisherigen Richtung (1¼ Std. ab Paß).

Am Fluß findet man wieder Schafspfade, die bald auf einen alten Zaun stoßen. Es empfiehlt sich aber, am Wasserlauf zu bleiben, denn nach fast 2 Std. wird das Krossdalur bei einem letzten sehenswerten Fall der Krossá verlassen. Man klettert rechts daneben hinunter und hat von dem kleinen Teich, der hier ausgekolkt wurde, den besten Blick. Schön ist eine dunkelrote Tuffschicht, die sich direkt oberhalb des Wasserspiegels durch den Berg zieht. Der Bach beschreibt einen kleinen Bogen und fließt dann unter einer Brücke zum Fjord.

An der Brücke wendet sich die Wanderung nach rechts. Hier, zwischen Hang und Kulturland, hat bis Ende der 60er Jahre die Hauptstraße entlanggeführt. Der Hof **Fossgerði** wird passiert, dann nach 2½ Std. ab Paß Karlsstaðir mit einem weithin leuchtenden roten Dach. Die zahlreichen Felsstücke auf dem Weg machen deutlich, warum die neue Straße weiter unten durch das Kulturland angelegt wurde. Immer wieder sind quer zum Weg verlaufende Ganggesteine zu sehen, die wie dicke Mauern wirken. Im Berufjörður sind auf einer Strecke von 37 km 450 Gänge mit einer Gesamtdicke von 2,3 km gezählt worden, ein Ausdruck der Dehnung Islands. Kurz vor Berunes, das nach insgesamt 5 Std. erreicht ist, hat ein Bachlauf die alte Straße weggespült. Sie ist aber direkt in der Verlängerung des bisherigen Weges in der Nähe eines Zaunes wiederzufinden. Dort sind dann auch schon die Häuser von **Berunes** zu sehen, die man wie auf dem Hinweg passiert.

23   Von Fáskrúðsfjörður nach Stöðvarfjörður

Die Streckenwanderung über die Berge zwischen den Fjorden erfordert etwas Kondition für den Aufstieg, der auf dem abenteuerlich in die Hänge gebauten Zufahrtsweg für die Verlegung der Stromleitung verläuft. Am Paß beleben geheimnisvoll anmutende Felsformationen eines tertiären Zentralvulkans die sonst durch Kare gegliederten Basaltberge, die steil zu den Fjorden abfallen.

Dauer: 4½ Std.
Gesamtlänge: 15 km, 600 Höhenmeter.
Ausrüstung: Grundausstattung.
Karten: Aðalkort 8, Atlasblöð 115.
Unterkunft: Stöðvarfjörður: Camping; Breiðdalsvík (18 km): Hotel, Schlafsackunterkunft, Camping; Fell (24 km): Gästehof; Fáskrúðsfjörður: Hotel; Reyðarfjörður (50 km): Gästezimmer, Camping.
Sonstiges: Schwimmbad und Museum in Stöðvarfjörður.
Anfahrt: Der Ringstraßenbus fährt dreimal in der Woche (ohne Aufpreis) einen ›Umweg‹ über die südlichen Ostfjorde. Statt ab Egilsstaðir sofort die Nr. 1 zu benutzen, fährt er auf der Nr. 92 nach Reyðarfjörður und dann über Fáskrúðsfjörður und Stöðvarfjörður nach Breiðdalsvík, wo er wieder auf die Ringstraße trifft. Ab hier fährt er weiter Richtung Höfn. Die Wanderung beginnt ca. 7,5 km hinter dem Ort Fáskrúðsfjörður (in manchen Karten auch noch Búðir

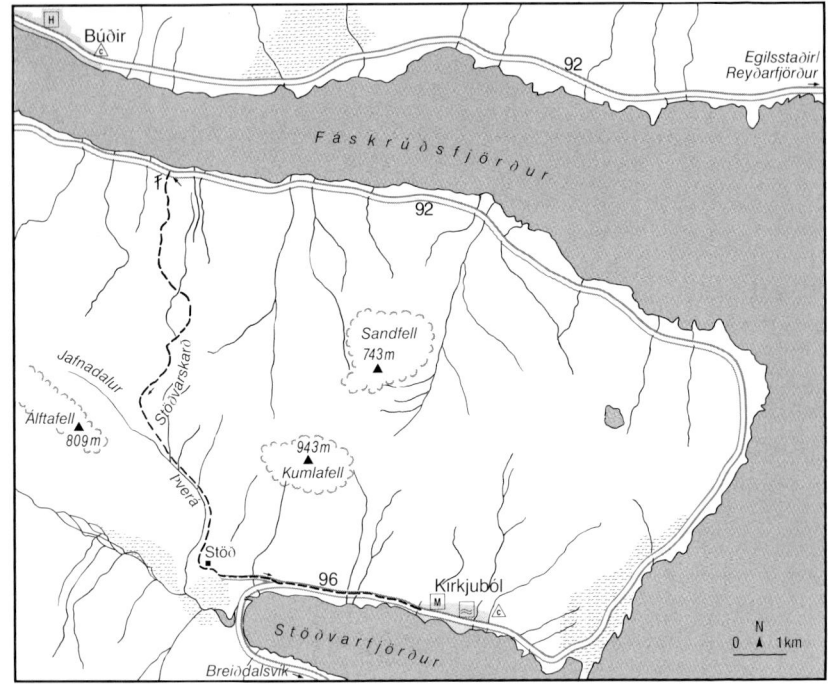

Wanderung 23

genannt) schon auf der südlichen Fjordseite bei einem Sendemast. Diese Stelle erreicht man vormittags auch mit dem ›Südfjordbus‹, der an Werktagen Egilsstaðir mit Breiðdalsvík verbindet.

Diese Streckenwanderung ist nicht im klassischen Sinne schön. Man hat zwar großartige Ausblicke auf die jeweiligen Fjordlandschaften, aber die Route selbst führt über eine Piste, die 1989 für die Reparatur von Hochspannungsleitungen instand gesetzt wurde. 1991/92 sollen hier erneut Arbeiten für eine Telefonleitung erfolgen. Das hat zur Folge, daß unmittelbar neben dem Weg das Landschaftsbild beeinträchtigt ist, andererseits ist es spannend zu beobachten, mit welchem Aufwand hier Leitungen verlegt werden und wie schnell sich die Natur durch Hangrutsche und Wasserläufe ihr Terrain zurückerobert. Zudem stellt die Fahrspur in dem steilen, durch Wetterumschlag gefährdeten Gebiet eine sichere Wanderroute dar.

Die Piste, auf der man fast die ganze Zeit bleibt, beginnt direkt neben dem Sendemast. Schon von hier ist fast der ganze Fáskrúðsfjörður zu übersehen. Am gegenüberliegenden Ufer liegt die gleichnamige Ansiedlung, an deren Ortseingangsschild aber immer noch der alte Name Búðir steht. Nach einer Art Gemeindereform sind hier die Bewohner eines Fjords unter dem jeweiligen Namen zusammengefaßt worden. Die Menschen ignorieren das aber weitgehend, verwenden im alltäglichen Sprachgebrauch nach wie vor die alten Namen.

Schon nach wenigen Minuten ist voraus fast der komplette Aufstieg bis zum gut 600 m hohen **Stöðvarskarð** zu überblicken: Von rechts kommen Hochspannungsleitungen, und gut zu erkennen ist auch die Piste am Hang, die in einem weiten Bogen durch die steile Geröllböschung führt. Sowohl diese Schutthänge als auch die zackigen Spitzen sind völlig untypisch für die Ostfjorde, die, wie auf dieser Wanderung auch gut zu sehen ist, in der Regel aus vielen parallel gelagerten Schichten von Flutbasalten bestehen, einer Struktur, die auch nicht durch die Fjorde und Kare verloren geht. Die Wanderung führt über die Reste eines tertiären Zentralvulkans, der erst später von Flutbasalten umgeben wurde.

Es geht zunächst leicht bergan; dort, wo es langsam steiler wird, bildet der Wasserlauf zur Rechten einige hübsche kleine Fälle, die zum Teil senkrecht verlaufende Gänge schön herausarbeiten. Man erreicht die Stromleitungen, entfernt sich dann aber zunächst nach links, um im weiten Bogen gleichmäßig zur Paßhöhe aufzusteigen. Insbesondere bei tief hängenden Wolken wirkt der letzte Teil mitten durch den riesigen Schutthang etwas unheimlich, da die bizarren Felsen gegen den Himmel wie Figuren oder Köpfe erscheinen. Der knapp zweistündige Anstieg zum **Stöðvarskarð** wird mit einem schönen Blick auf den Fjord belohnt. Von hier oben führt die neue Stromleitung steil hinunter zurück zum Fáskrúðsfjörður. Zusätzlich zur Piste mußten kleine Stichwege für jeden einzelnen Mast angelegt werden. Angesichts dieses Arbeitsaufwandes verwundert es nicht mehr, daß die alten Holzpfeiler, die neben den neuen stehen, nicht entfernt wurden.

Die Aussicht voraus in das Jafnadalur wird zunächst durch einen Schotterhang zur Linken eingeengt, an dem es nun steil abwärts geht. 1991 hatten Steine die Piste schon so weit zugeschüttet, daß sie selbst für kleine Geländewagen nicht mehr zu befahren gewesen wäre. Auch zu Fuß ist der Abstieg etwas beschwerlich. Nach 2¼ Std. führt die Piste links unter den Leitungen hindurch. An dieser Stelle verläßt man die Spur und steigt einen bewachsenen Hang direkt hinunter, dorthin, von wo aus die Stromdrähte hochgeführt werden. Es hat keinen Zweck, der Piste weiter zu folgen, da diese zunehmend rutschiger wird und dann plötzlich endet. Der Blick an diesem Hang entlang und aufwärts zu den Gipfeln ist allerdings ebenso beeindruckend wie auf der anderen Seite des Passes.

Unten trifft man wieder auf eine Fahrspur, die vom Stöðvarfjörður heraufführt und hier endet. Zunächst hält die Piste noch auf den Bergrücken Álftafell zu, dann geht es parallel zu ihm talabwärts. Voraus ist schon das Ende des Fjords zu sehen, mit deutlich ausgebildeten Karen an seinem Hang. Rechts vom Weg fließt die Þverá in einer noch flachen Schlucht. Nach 3 Std. trifft man kurz hintereinander auf zwei Querbäche, die zum Hauptbach führen. Hier beginnt der schönste Abschnitt der Þverá, die nach einer deutlichen Rechtskurve eine tiefe Schlucht und einige sehr schöne Wasserfälle bildet. Auf Schafspfaden hält man sich neben diesem Einschnitt und erreicht nach 3½ Std. bei einem Umspannwerk neben dem Hof **Stöð** eine Straße. Auf dieser ist nach einer weiteren Viertelstunde die Straße Nr. 96 und nach insgesamt 4½ Std. reiner Wanderzeit der Ort Stöðvarfjörður erreicht, den die Einheimischen allerdings weiterhin als **Kirkjuból** bezeichnen. Wer auf Camping eingerichtet ist, sollte sein Zelt auf dem hübsch gelegenen Platz fjordauswärts hinter Stöðvarfjörður aufschlagen, und dieser beschaulichen Fischereisiedlung etwas Zeit gönnen. Das Museum ›Steinasafn Petru‹ zeigt eine private Sammlung der verschiedensten Gesteine und Mineralien, die die Besitzerin Petra Sveinsdóttir über einen Zeitraum von vierzig Jahren zusammengetragen hat. Ein ›Muß‹ für jeden mineralogisch Interessierten. Außer dem Steinmuseum laden noch eine kleine kunsthandwerkliche Galerie, eine Cafeteria, das Freibad und natürlich der Hafen zu einem Besuch ein.

24 Der Wald von Hallormsstaður am Lögurinn

Die einfache Rundwanderung führt auf Forstwegen durch den Wald, der sich an den Hängen des Seeufers ausbreitet. Auf Saumpfaden verläuft die Tour dann oberhalb um einen Steilhang herum und vorbei an einem hübschen Wasserfall zurück ins Forstgebiet. Für den Abstieg ins Flußtal ist etwas Trittsicherheit erforderlich.

Dauer: 2½ Std.
Gesamtlänge: 10 km, ca. 300 Höhenmeter.
Ausrüstung: Grundausstattung.
Karten: Aðalkort 8, Atlasblöð 104.
Unterkunft: Hallormsstaður: Hotel, Schlafsackunterkunft und Camping; Egilsstaðir (27 km): Hotel, Schlafsackunterkunft, Camping, Ferienhäuser, Gästehöfe.
Sonstiges: Schwimmbad und Reiten in Egilsstaðir. Auf dem Campingplatz in Hallormsstaður findet alljährlich an *Verzlunarmannahelgi*, dem verlängerten ersten Augustwochenende, ein Open-Air-Konzert statt, so daß der Zeltplatz wie an vielen Ausflugsorten überquillt. Ruhesuchende sind dann hier am falschen Platz!
Anfahrt: Zum Wald von Hallormsstaður geht es von Egilsstaðir zunächst auf der Ringstraße Richtung Süden, dann auf die Straße Nr. 931, nach 16 km zweigt bei einer Tankstelle ein Fahrweg zum Edda-Hotel Hallormsstaður ab. Hierher fährt auch ein Linienbus ab Egilsstaðir.

Die Wanderung beginnt am **Edda-Hotel,** von dem man ein kurzes Stück die Auffahrt hinuntergeht. Rechts zweigt ein Weg ab, der geradeaus ver-

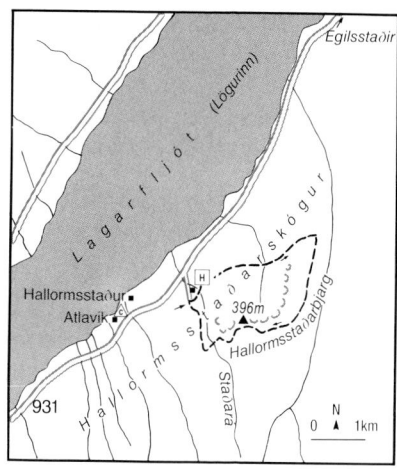

Wanderung 24

folgt wird – das Privathaus bleibt links liegen. Der Weg führt zu einem Schuppen und, nun schon mitten im Wald, weiter zu einem Bachlauf. Oberhalb der Furt für Fahrzeuge finden sich genügend Steine, auf denen man trockenen Fußes hinüberkommt. Nun geht es in nordöstlicher Richtung auf diesem Weg allmählich aufwärts durch den Wald.

Bei einer Gabelung wird der halblinke Weg gewählt. Das Gehölz lichtet sich nach einer knappen Stunde allmählich und gibt den Blick auf das Tal mit dem See Lögurinn frei. Zur Rechten liegen die Steilhänge, über die die Wanderung später verläuft. Zurück ist bei klarer Sicht der Vulkankegel des Snæfell erkennbar, dessen 1833 m hoher Gipfel auch im Sommer oft schneebedeckt ist. Nach einer Stunde trifft man auf einen Zaun, an dem entlang es nun nach rechts zum Hallormsstaðarbjarg hinaufgeht. Bis zu einem zweiten Zaun, der auf den ersten trifft, ist noch eine schlechte, nur von der Forstverwaltung benutzte Fahrspur erkennbar. Hier müssen sich Wanderer zwischen dem Zaun und dem darüber befindlichen Stacheldraht hindurchwinden, denn die dünnen Drähte der zweiten Weidebegrenzung sind elektrisch geladen. Nach etwa 1½ Std. ist der höchste Punkt der Wanderung auf etwa 400 m erreicht. Von diesem schönen Aussichtsplatz sieht man zwischen den Steilhängen auf die wenigen Gebäude von Hallormsstaður am Lögurinn hinunter.

Der See Lögurinn erstreckt sich 35 km lang und 1–2 km schmal durch das weite Tal Fljótsdalur, das die Ostfjorde vom Inland trennt. Der glazial entstandene, bis zu 112 m tiefe Rinnensee füllt das durch Gletscherabtragung während der Eiszeiten entstandene Becken im tiefsten Bereich der Talmulde. Seine milchig-weiße Farbe zeigt an, daß er von Gletscherwasser gespeist wird, das die Jökulsá í Fljótsdalur vom Vatnajökull mitbringt. Der See entwässert bei Egilsstaðir in den Lagarfljót, der das weite Tal bis zur Bucht Heraðsflói im Norden durchströmt.

Es geht weiter um den Steilabfall herum, wobei der Zaun bald aufhört. Erst dort, wo es merklich bergab geht, also schon hinter den Steilfelsen, beginnt etwas unterhalb ein neuer Weidezaun. Man hält auf ihn zu, wobei eine kleine, sumpfige Mulde möglichst umgangen wird, folgt ihm dann nach links bis zu einem Taleinschnitt. Hier geht es zwischen dem tief einschneidenden Bach **Staðará** und dem nach rechts abknickenden Zaun entlang den geröllübersäten Hang hinunter bis zu einer kleinen

Wälder in Island

Der Hallormsstaðarskógur wurde zu Beginn des Jahrhunderts angelegt und besteht vor allem aus heimischen Gehölzen wie der bis zu 10 m hohen Moor- oder Haarbirke, der bis zu 5 m hohen Zweifarbigen Weide und Ebereschen. Daneben gedeihen jedoch auch importierte Tannen-, Kiefern- und Fichtenarten, die besonders in Schonungen am Waldrand gezogen werden. Das häufig dichte Unterholz bilden niedrige Woll- und Grauweiden, darunter finden sich als Bodenbewuchs Steinbeersträucher, Storchenschnabel- und Hahnenfußgewächse.

Waldbestände sind heute eine Seltenheit auf Island; im Laufe von tausend Jahren Siedlungsgeschichte ging die Pflanzendecke auf der Insel um etwa die Hälfte zurück. Überlieferungen aus der Landnahmezeit lassen ebenso wie viele Ortsnamen, die mit *skógur*, *mörk* oder *holt* zusammengesetzt sind, auf ehemals große Waldflächen schließen. Die Vegetation, die sich bis zur Ankunft der ersten Siedler völlig ungestört entwickelt hatte, konnte sich unter den kühl-maritimen Klimabedingungen nicht so schnell regenerieren, wie sie durch die nun einsetzende intensive Nutzung zerstört wurde. Der Waldbestand fiel bis auf geringe Reste im Laufe von wenigen Jahrhunderten der Abholzung zum Opfer – das Grasland war bald durch die großen Schafs- und Pferdeherden überweidet. Vulkanismus und Klimaverschlechterungen taten ein übriges, den Weg für die Bodenerosion zu bereiten.

Aufforstungen wie die bei Hallormsstaður zeigen, daß das Problem inzwischen erkannt wurde. Verschiedene isländische Organisationen haben sich dem Schutz der Natur verschrieben und einige Gebiete für Schafe gesperrt. Auch Touristen werden immer wieder darauf hingewiesen, die Pflanzendecke nicht unnötig zu strapazieren; vor allem ›off-road‹-Fahrer können große Schäden anrichten.

Staumauer. Oberhalb davon wird der Wasserlauf gequert, dann muß man sich noch einmal durch einen Zaun winden. Entlang der tiefer werdenden Schlucht wandert man weiter bergab, wobei der Wald nun wieder beginnt. Es ist ratsam, sich nicht zu weit vom oberen Schluchtrand zu entfernen, da das Unterholz teilweise recht dicht ist. Ein Weg ist in diesem Abschnitt der Wanderung nicht erkennbar, aber eine alte Wasserleitung sollte immer zur Linken liegen. Nach gut zwei Stunden steht man an einem Wasserfall, über den der Bach etwa 50 m tiefer in einen Kessel fällt. In der Karte 1:100 000 ist er nicht verzeichnet und scheint daher auch namenlos zu sein. Das tut aber seiner idyllischen Lage keinen Abbruch.

Eine kurze Zeit kann man noch über flache, abgeschliffene Felsrücken bergab laufen, dann stellt sich die Frage, wann und wo man am besten ins Flußtal absteigt. Die Entscheidung hängt davon ab, ob man lieber über runde Flußschotter oder durch Gestrüpp den letzten kurzen Abschnitt bis zum Talausgang überwindet. Nach etwa 2½ Std. ist hinter einer letzten kleinen Felsnase der Forstweg, auf dem die Wanderung begann, wieder erreicht: Man steht an der Furt und kann in wenigen Minuten nach links wieder zum Ausgangspunkt zurückkehren.

25 Durch die einsame Tundrenlandschaft der Smjörvatnsheiði zum Gletscherfluß Jökulsá á Brú

Teils auf Wirtschaftswegen, teils auf Schafspfaden und ab und zu querfeldein führt die lange Rundwanderung entlang rauschender Bergbäche zur Smjörvatnsheiði hinauf und zu einem der zahllosen Seen der wasserreichen Tundrenlandschaft. Ein weiterer Bach begleitet den Abstieg ins Tal des Gletscherflusses, an dessen Schlucht der Rückweg erfolgt. Zwei Wasserläufe werden unterwegs problemlos gefurtet.

Dauer: 5 Std. (zusätzlich ½ Std. zur Besteigung des Burfell).
Gesamtlänge: ca. 18 km, 250 Höhenmeter (zusätzlich 2 km sowie 100 Höhenmeter).
Ausrüstung: Grundausstattung, Watschuhe.
Karten: Aðalkort 8, Atlasblöð 103.

Unterkunft: Brúarás: Gästezimmer, Schlafsackunterkunft; vielfältiges Angebot in Egilsstaðir (28 km); Húsey (32 km): Jugendherberge.
Sonstiges: Angeln und Restaurant in Brúarás; 32 km nördlich von Brúarás, kurz hinter der Brücke über die Jökulsá á Brú auf den Straßen Nr. 925/926 zu erreichen, liegt die Jugendherberge Húsey. Hier kann man wunderschöne Strandspaziergänge machen und meist auch junge Seehunde beobachten, die auf dem Hof großgezogen werden. Benutzer des Linienbusses können von Brúarás abgeholt werden.
Anfahrt: Die Wanderung beginnt an der Internatschule Brúarás, die im Sommer als Gästehaus dient, 2 km westlich der Brücke über die Jökulsá á Brú an der Ringstraße gelegen. Täg-

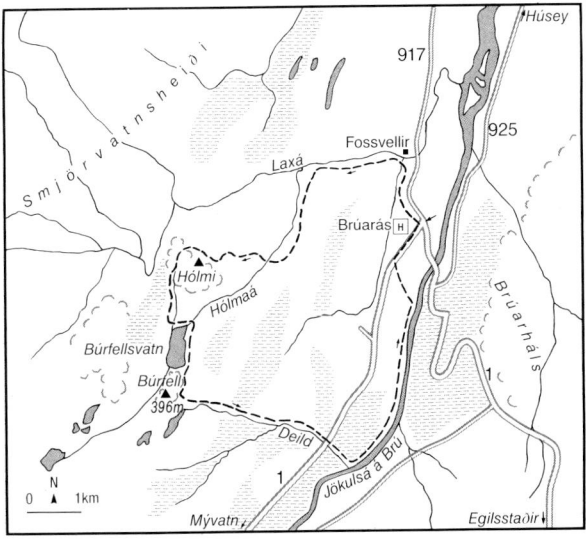

Wanderung 25

liche Busverbindung nach Egilsstaðir und Mývatn.

Von der Schule **Brúarás** aus wendet man sich Richtung Egilsstaðir, benutzt aber nicht die Ringstraße, sondern wandert an einem Zaun entlang und hält auf einige flache Felsrücken, sogenannte Rundhöcker, zu. Die erodierende Kraft des Gletschers schleift alle vorstehenden Stücke des anstehenden Gesteins ab und rundet die Ecken. An der Stoßseite ist der Rundhöcker fast immer flacher als an der Leeseite, die im Gegenteil sogar häufig recht schroff ist. Dies läßt sich dadurch erklären, daß hier das Eis an die Gesteinsfläche anfriert und durch Zugbewegung Stücke aus dem Felsverband löst. Die oft wie poliert wirkende Oberfläche verdankt ihr Aussehen dem Gletscherschliff. Das im Gletscher mitgeführte Gesteinsmehl wirkt dabei wie Schleifpapier. Sind die Bestandteile der Moränenbrocken im Eis noch größer, hinterlassen sie mehr oder minder tiefe Kritzer im Gestein.

Auf diesen Felsrücken geht es nun weiter. Links befindet sich eine ausgesprochen sumpfige Senke, die gemieden werden sollte, auch wenn mehrere Steinmänner etwas anderes erwarten lassen. Hier haben Schulkinder ›geübt‹. Der Blick fällt nach Norden auf den Hof **Fossvellir** an der Straße Nr. 917, mit seinem hübschen Wasserfall hinter den Gebäuden. Neben ihm wird im weiteren Verlauf die Wanderung zur Smjörvatnsheiði hinaufführen. Bei guter Sicht erkennt man in der Ferne den Gletscherfluß, der dort durch das weite Schwemmtal der versandeten Bucht Héraðsflói

Treibholz am Strand von Húsey

zuströmt. Auch die Bergketten Smjörfjöll links und Dyrfjöll rechts der fruchtbaren Ebene sind zu sehen.

Die Nebenstraße Nr. 917 ist nach einer Viertelstunde erreicht. Sie führt zwar auch zum Hof Fossvellir, schöner ist es aber, nach einer alten, überwachsenen Fahrspur links der Straße Ausschau zu halten. Auf dieser gelangt man zu einem tiefen Entwässerungsgraben, der das Kulturland des Gehöfts umgibt. An ihm geht es nach rechts entlang, der Einschnitt wird nahe der Hofeinfahrt flacher, man überquert ihn und betritt nach einer halben Stunde **Fossvellir** durch ein Gatter.

Der Fluß Laxá rauscht den Hang hinunter und bildet dabei schöne Kaskaden. Am linken Ufer beginnt ein Wirtschaftsweg, der mehr oder weniger in Sichtweite der Laxá zu den einsamen Weiten der Smjörvatnsheiði hinauf führt. Durch ein Tor verläßt man das Land von Fossvellir wieder. Nach etwa einer Stunde verläßt der Fahrweg den Hauptfluß und verläuft nach links zu einer steinigen Anhöhe hinauf, bei der sich spätestens ein Blick zurück anbietet, denn hier ist die direkte Umgebung recht öde. Sobald jedoch die **Hólmaá** rechts in Sicht kommt, ändert sich das Bild, die Landschaft wird wieder grün. Der Weg gabelt sich, die Wanderung verläuft auf dem rechten weiter und kommt an die erste Furtstelle. Das seichte Bachbett des Nebenflusses mit dem Kiesgrund stellt keine nennenswerte Schwierigkeit dar, möglicherweise kommt man ein paar Meter unterhalb der Furtstelle bei einigen Felsbrocken sogar trockenen Fußes ans andere Ufer. Nach etwa 1½ Std. geht es dann jenseits auf dem Wirtschaftsweg weiter. In mehreren Absätzen steigt das Gelände allmählich an, durch Gletscherschliff gerundete Felsen ragen in dem leicht gewellten Terrain der Bülten-Tundra auf:

Diese Landschaftsform zeichnet sich durch einen hohen Grundwasserstand in Verbindung mit einer kurzen Wachstumsperiode und häufigen Frostwechseln aus. Die organischen Substanzen der hier wachsenden Pflanzenarten zersetzen sich nur langsam und bilden ein moorigen Gelände mit kleinen Tümpeln und halb verlandeten Senken, zwischen denen der Boden oft durch Frosthebung zu Bülten, isländisch **Þúfur**, aufgeworfen ist. In den Niederungen wachsen Binsen und Seggenarten, Sumpfried und Wollgras. Die Bülten bedecken Heidelbeere, Krähenbeere, Krautweide und Zwergbirke. Diese Pflanzenarten finden sich neben den Heidekrautgewächsen auch dort, wo das Gelände trockener wird, in der Zwergstrauchheide. Auch wenn Heidekraut in dieser Pflanzengesellschaft eine dominierende Rolle spielt, hat der Begriff *heiði* im Isländischen doch eine etwas andere Bedeutung als das deutsche Wort Heide. Er bezeichnet eher die Landschaftsform der Höhenlage zwischen 300 und 600 m.

Nach 2 Std. erreicht die Wanderung mit 350 Höhenmetern ihren höchsten Punkt bei der felsigen Anhöhe Hólmi, die nun links vom Weg liegt. Oben bei einem Steinmann hat man Aussicht über den See **Burfellsvatn** und den länglichen Bergrücken Burfell, links davon auch hinunter ins weite Tal der Jökulsá á Brú. Der Wirtschaftsweg führt nun rechts hinunter zu einem kleinen Bach, der in den See mündet. An seiner rechten Seite wandert man nun durchs Gelände in Richtung Burfellsvatn und trifft auf die gelben Markierungspflöcke einer unterirdischen Stromleitung. Sie leiten am Seeufer vorbei bis zum Fluß Hólmaá, der den **Burfellsvatn** entwässert und nun erneut durchwatet werden muß. Jenseits wendet man sich nach insgesamt 2½ Std. nach rechts und geht oben am Seeufer entlang auf den Burfell zu.

Bei guter Sicht lohnt sich die Überwindung von knapp hundert Höhenmetern, und von oben ist dann die

einsame Smjörvatnsheiði mit ihren vielen kleinen Seen noch einmal zu überblicken. Oft kann man auch die scheuen Singschwäne beobachten, die zum Brüten auf die wasserreichen Hochebenen kommen. Auch Kolkraben, Gänse und Merline leben hier. Der Abstecher auf den Burfell dauert kaum mehr als eine halbe Stunde und ist nicht in der Laufzeit enthalten.

Die Wanderung verläuft am Fuß der Anhöhe entlang und wendet sich ungefähr in ihrer Mitte nach links, weg vom Berg und See, in Richtung auf das Tal des Gletscherflusses. An dessen jenseitigem Hang ist ein leuchtend grünes Stück Kulturland mit einem Wirtschaftsgebäude zu erkennen, das zur Orientierung nach Süden dienen kann. Wege gibt es in diesem Teil der Wanderung nicht. Nach etwa 3 Std. trifft man auf einen Bachlauf, dem abwärts gefolgt wird. Dieser Abfluß des Þorbjörnsvatn begleitet nun den Weg zurück zur Straße Nr. 1. Gute Trampelpfade, von Weidetieren und Anglern gleichermaßen benutzt, führen in seiner Sichtweite durch das teilweise recht feuchte Terrain. Bald darauf fließt dieser Bach mit einem weiteren zusammen. Der Fluß **Deild** rauscht nun sehr hübsch die letzten Gefällestufen hinunter. Nach 3½ Std. steht man auf der Ringstraße, direkt an der Bezirksgrenze, erkennbar an dem Schild »Jökuldalshreppur/Hliðarhreppur«.

Auf der Straße könnte nach links in knapp einer Stunde der Ausgangspunkt der Wanderung schon erreicht werden; der ›Umweg‹ entlang des Gletscherflusses ist aber selbstverständlich wesentlich interessanter. Ein paar Meter weiter links wird ein Wasserlauf durch eine Röhre unter der Straße hindurchgeführt. Dahinter biegt rechts ein Fahrweg ab. Auf ihm geht es leicht hangauf, durch Grünland und ein Gatter in einem Zaun. Dahinter orientiert man sich nach rechts und gelangt nach 4 Std. zum Fluß, wo ein Seitenbach in die **Jökulsá á Brú** mündet.

Der Gletscherfluß rauscht im Sommer mächtig durch das enge, felsige Tal, bildet Stromschnellen und Kaskaden und bringt die Schuttmengen mit sich, die die Bucht Héraðsflói aufgefüllt haben. Diese Sedimentfracht führt zu seiner trüben Färbung. Sobald sich die Gesteinspartikel absetzen, ist das Wasser so klar, wie es auf Island üblich ist. Die Wasserführung der Jökulsá á Brú ist im Sommer 15mal so hoch wie im Winter, wenn man den fast klaren Fluß über einen festgeklemmten Felsbrocken tief unten im Cañon sogar trockenen Fußes queren kann. Im Sommer rauschen die trüben Fluten jedoch gewaltig über den Felsklotz hinweg. Gleich dahinter bietet ein Felsvorsprung die Gelegenheit, das schroffe Flußtal weithin einzusehen. Am jenseitigen Steilufer haben Raben ihr Nest gebaut, auch zahlreiche Gänse brüten im Frühsommer entlang der Jökulsá á Brú.

Durch üppiges Birkengestrüpp geht es weiter auf Trampelpfaden am oberen Rand der Schlucht entlang, zwei Zäune werden kurz hintereinander überquert. Nach 4½ Std. fällt auf dieser Seite ein Nebenbach über glatte Felsstufen zur Jökulsá hinunter, bald darauf trifft man auf einen dritten Zaun und kann nun allmählich den Rückweg zur Straße und der Unterkunft antreten. Er führt an einem Stück Kulturland entlang, dann ist über einen letzten Zaun die Ringstraße und wenig später das Gästehaus **Brúarás** wieder erreicht.

26 Von Möðrudalur in die Hochlandwüste

Vom Hof Möðrudalur, der exponiert am Rande des besiedelbaren Landes liegt, führt die Geländewanderung in die großartige Weite und Monotonie der isländischen Hochlandwüsten. Bei klarer Sicht beherrscht auf dem Hinweg der markante Tafelberg Herðubreið das Panorama. Das Ufer des Gletscherstroms Jökulsá á Fjöllum bildet den Wendepunkt der Tour, unterwegs werden zwei Wasserläufe ohne größere Schwierigkeiten gefurtet.

Dauer: ca. 5 Std.
Gesamtlänge: ca. 18 km.
Ausrüstung: Watschuhe, Grundausstattung, bei unsicherer Wetterlage Kompaß.
Karten: Aðalkort 7, Atlasblöð 93.
Unterkunft: Grímsstaðir (35 km): Camping, Gästehof; Brúarás (75 km): Sommerhotel, Schlafsackunterkunft; vielfältiges Angebot in Reykjahlíð/Mývatn (75 km).
Sonstiges: Cafeteria in Möðrudalur.
Anfahrt: Der Hof liegt fast auf halber Strecke zwischen Mývatn und Egilsstaðir in der verlassensten Gegend, durch die die Ringstraße führt. Busreisende können morgens aus Richtung Mývatn hierherfahren und haben gegen 18 Uhr Anschluß dorthin zurück. Nach dem Fahrplan von 1991 hat man 5½ Std. Aufenthalt, also sofort loswandern!

Die Wanderung ist vor allem für diejenigen geeignet, die keine sonstigen Vorstöße ins unbesiedelte Hochland unternehmen; hier bekommen sie einen guten Eindruck von der Weite und Trostlosigkeit der Stein- und Kieswüsten, die Vulkan- und Gletscheraktivitäten im Inneren Islands hinterlassen haben.

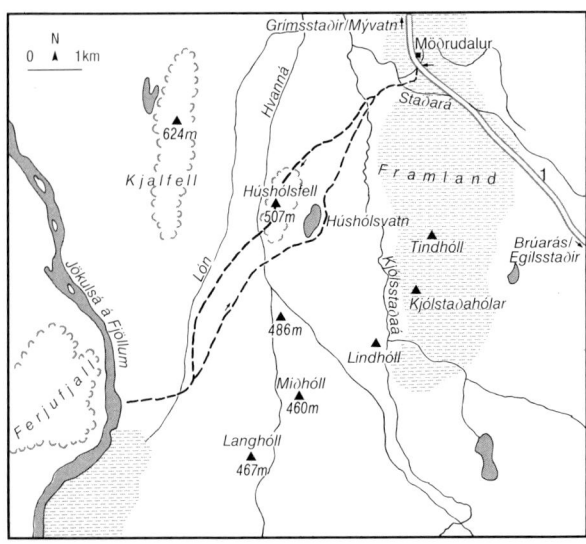

Wanderung 26

Die Tour beginnt an der Cafeteria Fjallakaffi von **Möðrudalur**, Islands höchstgelegenem Hof, der direkt an der Ringstraße liegt. Genau wie Grímsstaðir, ungefähr 30 km nordöstlich von hier, befindet sich dieses kleine Anwesen in einem der kältesten bewohnten Gebiete Islands mit Wintertemperaturen von weniger als –30°C. Selbst im Frühsommer kann man hier noch von einem Schneesturm überrascht werden, und bei entsprechender Witterung dürfen Handschuhe nicht im Wandergepäck fehlen. Von der Terrasse des Cafés aus sollten im Inland die Erhebungen **Húshólsfell** und dahinter der **Kjalfell** zu sehen sein, denn diese beiden Rücken sind die Hauptorientierungspunkte der Wanderung. Wenn bei klarer Sicht selbst der 30 km entfernt liegende Tafelberg Herðubreið auszumachen ist, dann hat man nicht nur einen zusätzlichen Richtungsanzeiger, sondern zudem einen großartigen Anblick. Da gleich wenige Meter voraus das Flüßchen Staðará den Weg versperren würde, wendet man sich zurück zur Ringstraße und verfolgt diese wenige Meter nach rechts, also nach Osten Richtung Egilsstaðir, bis beim zweiten Markierungspfeiler ein Feldweg rechts abzweigt. Dieser führt zu einer kleinen Brücke über die Staðará. Auf der anderen Bachseite geht es nun nach Südwesten, genau auf den Hang des Húshólsfell zu.

Die Wanderung führt zunächst noch durch spärlich bewachsenes Grünland. Ein weiterer Bach ist zu queren, was aber an geeigneter Stelle noch ohne Furten möglich ist. Das Gelände ist leicht wellig, etwas links von der Laufrichtung erheben sich einige freistehende Palagonithügel, die an überdimensionierte Maulwurfshaufen erinnern. Nach ungefähr einer halben Stunde stößt man auf einen weiteren Wasserlauf, die **Kjólstaðaá**, die zu furten ist. Da dieser nur wenige Meter breite Bach stark mäandriert, muß man schon etwas suchen, um eine geeignete Möglichkeit zum Durchqueren zu finden. Der Stromstrich, der Bereich der größten Fließgeschwindigkeit und damit auch der stärksten Erosionsleistung, verlagert sich in einer Krümmung an das Außenufer und unterhöhlt dieses. Das führt dazu, daß die Uferböschung sehr steil ist. Gleichzeitig hat der Bachlauf hier auch seine tiefste Stelle, da das anprallende Wasser verwirbelt und somit auch in die Tiefe erodiert. Diesem Prallhang gegenüber liegt der Gleithang, also die Innenseite des Bogens. Hier hat der Wasserlauf seine geringste Geschwindigkeit, mitgeführtes Material lagert sich ab, das Ufer gleitet gewissermaßen flach in den Wasserlauf über. Einen mäandrierenden Fluß durchquert man daher nicht in einer engen Kurve, sondern an einer Stelle, wo er möglichst breit ist und/oder geradeaus fließt.

Weiter geht es Richtung **Húshólsfell**, die Vegetation tritt immer weiter zurück und macht weiten Sand- und Schotterflächen Platz. Nach gut einer Stunde ist dieser erste kleine Bergrücken erreicht, und man sollte unbedingt die 50 bis 60 m hinaufsteigen, die er sich über die Umgebung erhebt. Der Ausblick entschädigt für diese kurze Anstrengung. Zur Rechten sind die Flüsse Hvanná und Lón zu sehen, zwischen denen sich eine weite ebene Schotterfläche befindet, dahinter liegt der **Kjalfell,** zu dessen südlichstem Ausläufer der weitere Weg führt. Selbst die Jökulsá á Fjöllum ist schon zu erkennen, und zwar in dem Bereich, wo sie gut einen Kilometer breit in unzähligen Flußarmen dahinströmt. Links befindet sich der kleine See Húshólsvatn. Alle von hier aus sichtbaren Bergrücken und Hügel sind wie auf Perlenketten in Nord-Süd-Richtung angeordnet. Sie sind Zeichen des alten Spaltenvulkanismus, der unter der letzten Eisbedeckung stattgefunden hat und bestehen daher aus Palagonit.

Streng genommen wird aus einer Eruption unter Eis natürlich gleich eine subaquatische, also eine unter Wasser, da die hohen Temperaturen das Eis sofort mehr oder minder weit auftauen. Für das heutige Aussehen entscheidend ist der Moment, wenn der Wasserdruck über den Schloten so weit sinkt, daß der Ausbruchsmechanismus explosiv wird. Die Auswurfprodukte sind Basaltglas, denn als Folge der schnellen Abkühlung konnte die Asche nicht kristallisieren. Durch chemische Umwandlung (Wasseraufnahme) und Verkittung wird das glasartige Erstarrungsprodukt in ein Gestein umgewandelt, den Palagonittuff (isl. *móberg*), allgemein auch als Hyaloklastit (zerbrochenes Glas) bekannt, ein Name, der auf seinen Ursprung verweist. Ragt ein Palagonitberg so weit über den Gletscher hinaus, daß das Magma nur noch unter Lufteinwirkung aus dem Krater entweicht, bildet sich auf solch einem Palagonitberg eine Art Schildvulkan: Ein Tafelberg wie der Herðubreið ist entstanden. Die für Nordisland typische Ausrichtung der Palagonitrücken ist auch weiter westlich im Spaltenvulkanismus der aktiven Vulkanzone zu finden.

Die Wanderung führt nun hinunter zum Fluß **Hvanná,** der problemlos gefurtet werden kann, und dann weiter auf die Ausläufer des Kjalfell zu. Dieser Abschnitt vermittelt sehr eindringlich die großartige Trostlosigkeit der Sand- und Schotterwüsten des isländischen Hochlandes, wie sie anders auch nicht auf den großen Inlandstrecken anzutreffen ist. Je nachdem, wie genau man die Richtung eingehalten hat, wird man nach ungefähr 2 Std. an den Lón stoßen, dessen begrünte Ufer das Brutgebiet für viele Graugänse bilden.

Aus Respekt vor der Fluchtdistanz der Graugänse und um die Vegetation zu schützen, sollte der weitere Weg auf unbewachsenem Terrain parallel zum Lón gewählt werden. Nach gut 2 Std. erreicht man anstehendes Gestein, das aus Basalt der Interglazialzeit besteht, also Lava aus der Warmzeit zwischen zwei Eiszeiten ist. Zwischen Felsen und Fluß geht es nun noch gut eine Viertelstunde weiter, wobei der Lón nach und nach immer schmaler wird, sich aufgabelt und schließlich etwas südlich vom Kjalfell problemlos trockenen Fußes zu passieren ist. Zuvor sollte man allerdings Wasser fassen, wenn an der Jökulsá eine Pause geplant ist.

Auf der anderen Bachseite trifft man gleich wieder auf Basaltgestein. Nach einem kurzen Anstieg geht es nun rechtwinklig zum Lón durch diese Steinwüste bis zur **Jökulsá á Fjöllum,** die zwar schon bald zu hören, aber erst nach gut 2½ Std. zu sehen ist. Diesseits bildet der Basalt ein steiles Ufer, jenseits des Gletscherstromes ist der Berg Ferjufjall zu erkennen. Zwar bildet der Fluß hier einige Stromschnellen, aber etwas weiter südlich fließt er wesentlich ruhiger. Hier wurde im Mittelalter eine Fährverbindung unterhalten. Im Sommer wohnte ein Fährmann in einem kleinen Haus am Fluß und stellte die Verbindung auf der alten Route nach Vopnafjörður her; eine gute Stelle, denn noch weiter südlich spaltet sich die Jökulsá á Fjöllum in unzählige Arme auf. Im Fluß gibt es riesige Gesteinsbrocken, die schwerlich durch die normale Wasserführung bewegt worden sein dürften, ein Zeichen für Gletscherläufe, die in der Vergangenheit auch in Nordisland stattgefunden haben.

Der Rückweg nach Möðrudalur kann im Prinzip auf der gleichen Strecke erfolgen wie der Anmarsch. Man erkennt deutlich (nun halblinks) das Ende des Kjalfell, das aber links liegengelassen werden kann, da der Lón ja wieder zu passieren ist. Auf der gegenüberliegenden Seite des Baches wird diesmal das anstehende Gestein direkt gequert. Das Erlebnis der Stein- und Kieswüste beginnt schneller und ist vielleicht sogar noch großartiger als auf dem Hinweg.

Nur der vergleichsweise kleine Húshólsfell ›belebt‹ den Horizont, der Blick an ihm vorbei scheint nahezu ins Endlose zu gehen. Erst relativ spät ist auszumachen, daß eine etwas kleinere Erhebung, auf die man zuhält, gar nicht zum eigentlichen Rücken gehört, sondern auf der Seeseite vorgelagert ist.

Bei guter Sicht ist es empfehlenswert, als Variante auf einer Fahrspur um den **Húshólsvatn** herumzuwandern. Nach der ›Wüstendurchquerung‹ kann man das zarte Grün am Ufer mit einigen kleinen Zwergsträuchern völlig neu genießen. Nach ca. 1½ Std. Rückweg ist die nordöstliche Seeecke erreicht und voraus Möðrudalur zu erkennen. Da die Fahrspur hinter dem See zu weit nach links führt, sollte man sie hier verlassen und sich etwas mehr nach rechts halten, dabei muß ein kleiner Rücken gequert werden. Dann ist wieder der mäandrierende Bach zu furten, und nach insgesamt 5 Std. ist der Ausgangspunkt der Wanderung erreicht.

Sollte sich die Sicht drastisch verschlechtern, hält man ab See den Kompaßkurs NNO. Auch die Flußläufe helfen weiter: Der erste nennenswerte Nebenfluß, der von rechts in die Kjölstaðaá einmündet, ist die Staðará. Gut 1 km an diesem Bach aufwärts liegt **Möðrudalur**.

Die Ringstraße im Norden

Wanderer auf dem Hverfjall

Von der aktiven
Vulkanzone
über alpines Bergland
zu breiten Fjorden

27 Leirhnjúkur: In des Teufels Küche

Der Spaziergang führt auf einem Trampelpfad zu den Solfataren und frischen Lavafeldern in der aktiven Vulkanzone nahe der Krafla. Das Zusammenspiel von heißen Dämpfen und tiefschwarzer Fladen- und Stricklava geben dem Gebiet ein leicht gruseliges Flair.

Dauer: 1 Std.
Gesamtlänge: ca. 4 km.
Ausrüstung: Grundausstattung, Reservefilme.
Karten: Sonderkarte 1:50 000 Mývatn; Sonderkarte 1:100 000 Mývatn/Húsavík; Aðalkort 7.
Unterkunft: Reykjahlíð (12 km): Camping, Hotels, Gästezimmer; Grænavatn (25 km): Camping; Skútustaðir (27 km): Camping, Gästehof, Schlafsackunterkunft, Ferienwohnung.
Sonstiges: Schwimmbad, Reiten und Flugexkursionen in Reykjahlíð; weitere gut markierte Wandermöglichkeiten zu bzw. in den stark frequentierten Zielen Dimmuborgir, Grjótagjá, Höfði.
Anfahrt: Auf der Ringstraße bis zum Abzweig Krafla, auf diesem nach ungefähr 7 km Kraftwerk, nach 8 km links kleiner Abzweig zum Parkplatz beim Leirhnjúkur. Linienbusse verkehren hier nicht, das Gebiet wird jedoch bei allen Ausflugsfahrten angesteuert.
Vorbemerkung: Die Region um die Leirhnjúkur-Spalte ist vulkanisch aktiv. Immer wieder ist es seit 1975 zu Ausbrüchen gekommen. Da das Gebiet wissenschaftlich überwacht wird, können Eruptionen mit sehr großer Wahrscheinlichkeit vorausgesagt werden, was zur Folge hat, daß bei Vulkanalarm die Zufahrt zum Kraftwerk gesperrt wird. Man sollte aus diesem Grund nicht auf irgendwelchen eigenen Pfaden in die aktive Vulkanzone vorstoßen, sondern den offiziellen ›Eingang‹ über die Stichstraße zur Krafla wählen. Wer die jüngsten Lavafelder hinter dem Kraftwerk besichtigt hat, und das sollte kein Islandreisender versäumen, wird diese Vorsichtsmaßnahme verstehen: Das, was in den letzten Jahren hier an Schmelze gefördert wurde, stellt lediglich einen verschwindenden Bruchteil dessen dar, was in einer gewaltigen Magmakammer nur 2–5 km unter der Oberfläche auf seinen Auf- bzw. Austritt wartet.

Dieser Spaziergang kann durchaus einer der Höhepunkte eines Islandaufenthalts werden. Er beginnt bei dem kleinen Parkplatz hinter dem Kraftwerk, links unterhalb der Hauptfahrspur und ist durch eine steile Zufahrt zu erreichen. Auf einem Hinweisschild in englischer Sprache steht: »Gefahrenzone; das Gebiet nördlich und westlich von hier ist eine vulkanische Gefahrenzone; nicht betreten! – Zivile Verteidigung (civil defence)«. Das ist insofern ein kleiner Widerspruch, als hier extra ein Parkplatz angelegt wurde, der sowohl von diversen Reiseveranstaltern als auch Privatpersonen intensiv benutzt wird. Das Schild wird also allgemein im Sinne von

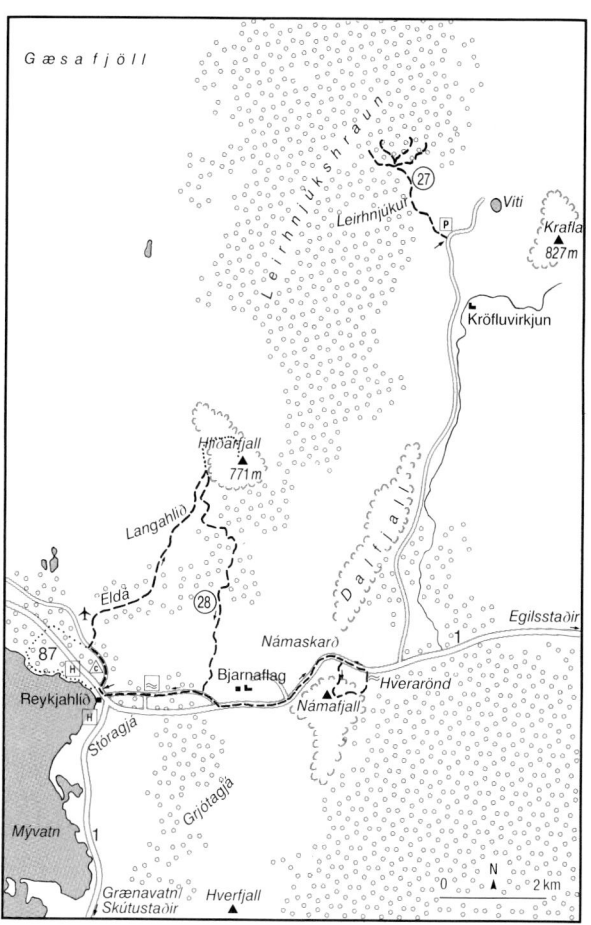

Wanderung 27 und 28

›Betreten auf eigene Gefahr‹ aufgefaßt. Dieses gilt natürlich auch für die folgende Beschreibung!

Der Spaziergang führt auf einem ausgetretenen Pfad zunächst durch eine Þúfur-Wiese, deren Bülten einen Durchmesser von etwa einem und eine Höhe von ungefähr einem halben Meter erreichen. Zur Linken sieht man den Hyaloklastit-Rücken des Leirhnjúkur, der starke Ähnlichkeit mit dem Námafjall aufweist, da er ebenso zersetzt ist. Zur Rechten säumt zunächst ein Lavafeld der Mývatn-Feuer-Periode den Weg und wird näher am Hang abgelöst durch jüngere vulkanische Fördermassen. Generell kann man sagen, je dunkler der Lavastrom, desto jünger ist er. Aber zunächst führt der Pfad direkt zum Hang des **Leirhnjúkur**, der nach einer Viertelstunde erreicht und teilweise etwas rutschig ist. Riesige Schlammpfuhle köcheln hier vor sich hin. Andere sind zum Teil wieder ausgetrocknet und zeigen schöne Rißstrukturen. Überall zischen Solfataren aus dem völlig zersetzten, jetzt

lehmig-gelb-braunen Boden. Verläßt man die brodelnden Töpfe in Richtung schwarzer Lava und läuft am Hang entlang, überrascht eine heideartige Vegetation, die in dieser Höhenlage von über 500 m für Island ungewöhnlich ist. Sie verdankt ihre Entstehung der Erdwärme, welche die wachstumsfeindlichen Kältegrade abmildert.

Unmittelbar bis zu dieser Pflanzenwelt und auch deutlich über sie hinweg hat sich Lava ausgebreitet, die hier wie ein riesiger Haufen von miteinander verklebten Koksstücken aussieht, eine typische Blocklava *(apalhraun)*. Man erkennt auch sofort, wo sie herkommt, denn wenige Meter weiter erhebt sich ein dazugehöriger Krater, der diese Schlacken produziert hat. Ein kleiner Pfad führt zwischen dem Hang des Leirhnjúkur und diesem ›Kokshaufen‹ aufwärts. Bald hat man einen Punkt erreicht, der einen Blick auf die Landschaft jenseits des Hanges ermöglicht: Soweit das Auge reicht, erstrecken sich hier die jungen Lavafelder der letzten Jahre nach Norden, im Westen begrenzt durch den Tafelberg Gæsafjöll. Sie stellen zwar lediglich einen kleinen Bruchteil des im Untergrund vorhandenen Magmas dar, aber man bekommt einen Eindruck davon, welche Naturgewalten hier noch schlummern.

Verstärkt wird dieses Naturerlebnis durch den Eindruck, die Fördertätigkeit dieses Spaltenvulkans sei gerade erst beendet und die Schmelze noch heiß. Denn überall ziehen große Rauchschwaden über die Lava. Deutlich ist auch eine Reihung von kleinen Kegeln zu erkennen, die von diesen Dämpfen eingehüllt sind. Die Erscheinung ist dadurch zu erklären, daß es auch hier eine starke Solfatarentätigkeit gibt, die vielerorts bereits zur Zersetzung der jungen Lava und zu gelben Schwefelausblühungen geführt hat. Nach und nach haben sich durch die vielen Besucher kleine Trampelpfade in der Lava gebildet, denen man folgen sollte. Zurück wird der gleiche Pfad wie auf dem Hinweg genommen.

Junger Vulkanismus am Leirhnjúkur

Die Vogelwelt am Mývatn

Das Naturschutzgebiet Mývatn stellt einen einzigartigen Lebensraum für unzählige Wasservögel dar, und der Besuch unterliegt besonderen Bestimmungen. So darf das sumpfige Gelände im Nordwesten als nochmal geschützte Region vom 15. Mai bis zum Ende der Brutsaison am 20. Juli nicht abseits der Straße betreten werden. Camping ist grundsätzlich überall am Mývatn nur auf den Zeltplätzen erlaubt.

Der Name Mývatn (Mückensee) deutet auf die wichtigste Nahrungsquelle vieler Wasservögel hin, die großen Mückenschwärme, die jeden Sommer hier vorkommen. Da es sich vorwiegend um die nichtstechenden Zuckmücken handelt, werden die Insekten Wanderern weniger lästig als z. B. die Stechmücken des skandinavischen Festlands. Zusammen mit den Wasserpflanzen des seichten Mývatn bilden die Insekten die Grundlage für den Vogelreichtum der Region. Bis zu 10 000 Paare brüten während des Sommers an den Seeufern. Besonders Enten gibt es in größerer Zahl und Artenvielfalt als irgendwo sonst auf Island.

Unter den Schwimmenten, die zur Nahrungssuche nicht tauchen, sondern gründeln, also nur Kopf und Hals eintauchen, sind neben der bekannten Stockente häufig Krick- und Pfeifente anzutreffen. Spieß-, Löffel- und Schnatterenten sind seltener, die letztgenannte Art brütet auf Island nur im Mývatngebiet. Unter den Tauchenten kommen vor allem Reiher-, Berg-, Kragen-, Eis- und Trauerenten vor, seltener trifft man auf Tafel- und Spatelenten. Die tauchenden Arten fliegen nicht von der Wasseroberfläche steil auf, sondern laufen erst einige Meter flügelschlagend, bevor sie sich in die Luft erheben. Gänse- und Mittelsäger sind an der schmaleren Schnabelform von den anderen Entenarten zu unterscheiden. Sie sind mit ihrem gezackten Schnabel auf das Fangen von Fischen spezialisiert.

Bei vielen Entenarten ist das Gefieder der Weibchen unauffällig braun oder grau gefärbt, so daß für das ungeübte Auge oft nur das Brutkleid der Männchen die unterschiedlichen Arten erkennbar macht. Besonders die Kragenente mit ihren rotbraunen Flanken und dem grau-weiß gemusterten Kopf ist sehr auffällig. Als Meeresvogel zieht sie jedoch dem stehenden Gewässer die rauschende Laxá vor, ebenso wie die Eiderente. Reiher- und Bergentenmännchen haben eine schwarze Kopf- und Brustpartie, die ersteren tragen während der Brutzeit ein Federbüschel am Hinterkopf. Der Erpel der Tafelente fällt durch seinen rostroten Kopf auf, bei der kleinen Krickente wird der bräunlich-rote Kopf von dem ovalen, grünen Feld um die Augen unterbrochen.

Der Ohrentaucher, der auf dem Mývatn schwimmende Nester baut, besitzt goldfarbene Federbüschel nahe der Augen. Sein Verwandter, der Sterntaucher, ist ebenfalls häufig am Mývatn anzutreffen, der fast gänsegroße Eistaucher eher selten. Er bevorzugt wie der Singschwan die einsameren Hochlandgewässer zum Brüten. Allerdings lassen sich zwei Gruppen junger Singschwäne im Sommer auf dem See nieder. Im sumpfigen Dickicht nahe der Ufer brütet auch die Graugans, während die Kurzschnabelgans die Tundrenlandschaft des Hochlands bevorzugt. Bis auf Kragen- und Spatelente sind alle genannten Arten Teilzieher, das heißt, der größte Teil der Population weicht vor dem harten, nahrungsarmen Winter südwärts aus, und nur ein kleiner Teil hält sich ganzjährig auf der Insel auf.

Doch hat nicht nur das besondere Tierleben das Naturschutzgebiet berühmt gemacht. Besonders östlich des Mývatn findet sich auf einem Areal, das sich gut in Tagestouren erkunden läßt, eine Fülle jungvulkanischer Erscheinungsformen (s. Farbabb. 4). Da diese im Gegensatz zu der Vogelwelt stationär anzutreffen sind, erfolgen diesbezügliche Erläuterungen ›an Ort und Stelle‹.

28 Durch die Lavafelder südlich des Hlíðarfjall zum Námafjall

Die markierte Wanderroute führt durch die junge Vulkanlandschaft zwischen dem Nordufer des Mývatn und dem steilen Geröllkegel des Hlíðarfjall. Der Abstecher auf seinen Gipfel erfordert absolute Trittsicherheit. Von Bjarnarflag zum Paß Námaskarð geht es ein kurzes Stück die Ringstraße entlang, dann ist das Hochtemperaturgebiet am Námafjall erreicht, von dem der Rückweg nach Reykjahlíð erfolgt.

Dauer: 3 Std. (Abstecher auf den Hlíðarfjall 2 Std., zum Námafjall 1½ Std. zusätzlich).

Gesamtlänge: ca. 13 km (zzgl. 2 bzw. 6 km), 150 Höhenmeter (zzgl. 350 bzw. 200 Höhenmeter).
Ausrüstung: Grundausstattung, Wasser, evtl. Badezeug; für Hlíðarfjall-Abstecher Übersichtskarte.
Karten: Sonderkarte 1:50 000 Mývatn, Sonderkarte 1:100 000 Mývatn/Húsavík, Aðalkort 7.
Unterkunft: Reykjahlíð: Camping, Hotels, Gästezimmer; Grænavatn (13 km): Camping; Skútustaðir (15 km): Camping, Gästehof, Schlafsackunterkunft, Ferienwohnung.
Sonstiges: Schwimmbad, Reiten und Flugexkursionen in Reykjahlíð; wei-

tere gut markierte Wandermöglichkeiten zu bzw. in den stark frequentierten Zielen Dimmuborgir, Grjótagjá, Höfði.
Anfahrt: Die Wanderung beginnt und endet am Campingplatz in Reykjahlíð an der Ringstraße. Hier halten auch alle Busse.

Man wendet sich von der Rezeption des Campingplatzes aus bergaufwärts. Ein Fahrweg führt Richtung Windfahne. Hier oben beginnen die mit einem weiß-rotem Kopf versehenen Holzpflöcke, die fast den gesamten Weg markieren. Ein Hinweisschild gibt außerdem an, wohin es geht: Hlíðarfjall und Bjarnarflag. Bevor man allerdings die Wanderung am jenseitigen Berghang aufnimmt, sollte von hier oben noch ein Blick zurück auf den Campingplatz und die Kirche von **Reykjahlíð** geworfen werden.

Beide liegen im bzw. am Rand des große Lavafeldes Eldhraun (Feuerlava), das auch das Nordufer des Mývatn bildet. Diese Lava gehört zur sogenannten Mývatnseldar-Periode, die von 1724 bis 1729 andauerte. Beginnend mit der Explosion und damit Entstehung des Kraters Stóra-Víti am Hang des subglazialen, längst erloschenen Vulkans Krafla am 17. Mai 1724, öffnete sich in den folgenden Jahren die Leirhnjúkur-Spalte mehrfach und förderte große Mengen an Lava zutage. Während die Feuerströme der ersten drei Ausbruchsphasen sich in erster Linie nach Norden erstreckten bzw. in Richtung Mývatn vor dem besiedelten Gebiet am Seeufer stoppten, erreichten die letzten des Jahres 1729 den Siedlungsraum. Die besonders dünnflüssigen Laven zerstörten vier Gehöfte, als letztes den Hof Reykjahlíð, und ergossen sich auf breiter Front in den Mývatn. Die alte Kirche jedoch, die auf der gleichen Stelle wie die heutige stand, blieb erhalten. Das ›Mývatn-Feuer‹, das wie ein Flußlauf vom Leirhnjúkur herunterkam, ›umschwemmte‹ das Gotteshaus, zerstörte es aber nicht. Ob es sich hierbei um ein Wunder handelt, mag jeder selbst entscheiden; von Vorteil war es auf alle Fälle, daß das Gebäude auf einer kleinen Anhöhe stand.

Auf der anderen Seite des Rückens ist die Start- und Landebahn des örtlichen Flugplatzes zu sehen, die mitten durch die Lava führt. Es ist immer noch dieselbe erstarrte Gesteins-

Solfataren

Die Kirche von Reykjahlíð

schmelze, die, von der Leirhnjúkur-Spalte kommend, hier ihren Weg durch ein schmales Tal nahm. **Eldá,** Feuerbach, heißt dieses Gebiet, an dessen oberem Rand der Pfad nun entlangführt. Heutzutage sind nur noch die erstarrten Formen zu bewundern, die eher an einen Steinfluß erinnern. Da das Magma des Mývatn-Feuers ausgesprochen dünnflüssig war, findet man in erster Linie Fladenlava vor.

Die Oberfläche der Fladenlava weist häufig eine glasige Kruste auf, sieht wie gelackt aus. Ist sie noch nicht völlig erkaltet und dem Druck der nachfolgenden Lava ausgesetzt, wird die obere Schicht zusammengeschoben, und es entstehen Lavastricke. Insgesamt sind die lokalen Höhenunterschiede in so einer *helluhraun* (flache Lava), wie sie auf Isländisch heißt, nicht sehr groß, da die einzelnen Fladen meistens nur kreuz und quer zueinander geneigt oder aufgebrochen sind. Größere Höhenunterschiede tauchen dort auf, wo Höhlen eingebrochen sind. Lavahöhlen sind eine weitere typische Erscheinungsform der dünnflüssigen Schmelze. Während die Oberfläche schon erkaltet ist, kann darunter die Lava ohne nennenswerten Temperatur- und, damit verbunden, auch Viskositätsverlust abfließen. Sie legt so einerseits beträchtliche Entfernungen zurück, andererseits entleeren sich diese unterirdischen Tunnel, wenn der Nachschub ausbleibt.

Der Weg führt immer tiefer zu dem Steinfluß hinunter und quert ihn schließlich nach einer halben Stunde unterhalb eines ›Lavafalls‹, also einer Stelle, wo der Eldá über eine Geländestufe floß und erstarrte. Die Markierungen führen hangaufwärts und entfernen sich nach links von der Lava. Es ist wichtig, sich hier und im folgenden an die Pflöcke zu halten, da man sonst durch alte Fahrspuren mißgeleitet wird. Im übrigen sind sie so aufgestellt, daß der Pfad teils oberhalb, teils in der Spalte Langahlíð entlangführt und somit ein abwechslungsreicher Ausblick gewährleistet ist: Während man zunächst noch einmal von oberhalb den imposanten Lavafluß sehen kann, wird es im Taleinschnitt beschaulicher. Der Weg ist gesäumt von Heidekrautgewächsen, Zwergsträuchern und kleinen Birken. Wieder oberhalb wird die Aussicht voraus auf den Hlíðarfjall und zurück auf den Mývatn, die Tafelberge und die Dampfwolken des Kieselgurwerkes bei Bjarnarflag immer besser. Wenn sich nach etwa einer Stunde die Spur deutlich von der Spalte entfernt, hat man gut 150 Höhenmeter gegenüber dem Campingplatz gewonnen. In Richtung **Hlíðarfjall** geht es leicht bergab, und dann gabelt sich der Weg; geradeaus weisen die Markierungen zum Berg, nach rechts zeigen sie den weiteren Streckenverlauf an.

»Hlíðarfjall – ein kegelförmiger Rhyolith-Berg ca. 4 km nordöstlich von Reykjahlíð. Er ist 771 m hoch und bietet eine gute Aussicht.« – Dies ist die ›offizielle‹ Beschreibung des Hlíðarfjall, und auch die Naturschützer auf dem Campingplatz von Reykjahlíð empfehlen die Besteigung des Bergs. Von der Bergkuppe (Übersichtskarte ist mitzunehmen) kann man wirklich das gesamte Mývatn-Gebiet und insbesondere den Bereich der Leirhnjúkur-Spalte mit den tiefschwarzen jungen Lavafeldern überblicken. Der Aufstieg zum Gipfel ist allerdings nicht einfach, daher sei zunächst folgender kleiner **Abstecher** empfohlen: Wenn man den Markierungen folgt, geht es einige Minuten unmittelbar am Berghang entlang, dann führt der Pfad steil hinauf auf eine kleine Terrasse, von wo aus der Blick über den Mývatn fast ebenso großartig ist wie von der Bergspitze.

Obwohl in Richtung einer Scharte noch ein Steinmann bergan weist, kann von einem Aufstieg an dieser Stelle nur abgeraten werden. Der Hang ist sehr steil und völlig mit losen Gesteinsplatten bedeckt, so daß man bei jedem Schritt einen Steinschlag auslösen kann. Zudem ist es nicht immer leicht, überhaupt einen sicheren Halt für die Füße zu finden.

Wer dennoch den Gipfel erklimmen will, sollte noch unten am Berghang weiter nach Norden gehen und erst da aufsteigen, wo der Berggrat seinen tiefsten Punkt hat. Auch hier ist mit Steinschlag durch den Vordermann zu rechnen, so daß entsprechende Vorsichtsmaßnahmen zu treffen sind. Der Weg auf dem Grat bis zur Spitze ist nach der Bewältigung des Hangs fast ein Kinderspiel, es existiert ein regelrechter Trampelpfad. Für den Auf- und Abstieg sollten gut zwei Stunden eingeplant werden.

Die Rundwanderung führt um den Südhang des Hlíðarfjall herum und gleich darauf abermals in den schon bekannten Lavafluß. In diesem Abschnitt liegen kleinere Höhlen und Einbrüche am Wege. Nach

Hochtemperaturgebiete

In Island werden Hoch- und Niedrigtemperaturgebiete unterschieden. Der Grenzwert liegt bei 150°C Wassertemperatur, gemessen durch Bohrungen in 1000 m Tiefe. Die Regionen mit hohen Temperaturen sind begrenzt auf die junge Vulkanzone, dort wird das Grundwasser durch dicht unter der Erdoberfläche liegende Magmakammern und -spalten extrem aufgeheizt.

Hochtemperaturgebiete sind im Landschaftsbild sofort zu erkennen, denn das erhitzte Wasser sorgt trotz unterschiedlicher Austrittsarten immer für reichlich Dampf. Am auffälligsten sind die Dampfaustritte, die anthropogen, durch Probebohrungen, entstanden sind. Hier zischt der bis zu 300°C heiße Wasserdampf unter hohem Druck unmittelbar in die Höhe und fällt nach der Kondensation gleich wieder als Regen herunter.

Natürliche Dampfquellen sind die Solfataren und Fumarolen. Die Unterscheidung zwischen beiden fällt nicht schwer. Solfatara heißt ein Krater bei Neapel. Dieser italienische Name bedeutet ›Schwefelgrube‹; alle vulkanischen Aushauchungen mit einem hohen Anteil Schwefelwasserstoff werden nach ihm benannt. Solfataren stinken also penetrant nach faulen Eiern; wird die Nase nicht belästigt, handelt es sich um Fumarolen. Auch optisch sind Solfataren gut zu erkennen, denn H_2S oxydiert an der Luft zu leuchtendgelbem Schwefel. Da sich niemand freiwillig längere Zeit im Lee einer solchen Dampfquelle aufhalten wird, sei hier nur am Rande bemerkt, daß eine Schwefelwasserstoffvergiftung unter dem Namen Kanalgasvergiftung eine anerkannte Berufskrankheit ist. Ist reichlich Oberflächenwasser vorhanden, mischt sich der heiße Dampf mit diesem. Es entsteht heißes, saures Wasser, das das Gestein schnell zu Ton zersetzt. An den Austrittsstellen kann sich ein schlammiger Brei bilden, ein Schlammtopf, dessen meist graue Färbung auf Schwefelkies zurückzuführen ist. Daß hierbei häufig der Schwefelwasserstoff beteiligt ist, kann man deutlich riechen.

Auch andere Gase wie Kohlendioxyd oder Wasserstoff werden ausgehaucht, andere Stoffe wie z. B. Kieselsäure und Kalzium werden im Wasser gelöst. Farbenprächtige Ausblühungen können den Boden oder das Gestein überziehen, wenn Salzlösungen durch haarfeine Risse aufsteigen und nach dem Verdunsten Krusten bilden. Es ergibt sich insgesamt ein umfangreicher Chemismus, den wohl nur Fachleute durchschauen. Dem Besucher bleibt die Aussicht auf farbenfrohe Berge, Sinterablagerungen und Schlammtöpfe.

---

insgesamt 1½ Std. überquert man einen kleinen Heiderücken, den das Mývatn-Feuer nicht erreicht hat. Bei südlichen Winden zieht der Schwefelgeruch aus dem Solfatarengebiet von **Bjarnarflag** bis hierher, und deutlich ist zu erkennen, daß der folgende Lavastrom in diese Richtung führt. Auch er gehört noch zu dem Leir-hnjúkurAusbruch des 18. Jh. und ist gewissermaßen ein Seitenarm der Eldá. Wieder geht es leicht bergan auf einen schmalen Rücken und dann direkt auf einen alleinstehenden Schlackekegel zu.

Dies ist der Krater, aus dem am 18. April 1728 das relativ kleine Lavafeld Hrossadalur entstanden ist. In großen Fontänen wird bei diesem Vulkantyp die Lava in die Luft geschleudert. Sie erstarrt dabei nahezu und fällt als Schlacke wieder in der Nähe der Ausbruchsstelle nieder. Die einzelnen Fetzen verschweißen sich beim Aufprall und bilden so feste, steile Wände. Typisch ist auch die Hufeisenform des aufgebrochenen Kraters.

Der Weg führt hinab in dieses Lavafeld, das anders als die bisherigen von dichtem, grauem Zackenmützenmoos überzogen ist. Dort, wo das Gestein freiliegt, erkennt man den hohen Schlackenanteil. Bald geht es zum rechten Rand von Hrossadalur und auf einen schwarzen Sandrücken, aus dem im weiteren Verlauf Schollen und Blöcke vorhistorischer Laven herausragen. Der markierte Weg leitet in einen Fahrweg über, auf dem man dann bis zu einem Hof bei der Kieselgurfabrik wandert. Hier enden nach ungefähr 2½ Std. die Markierungen. Ein Hinweisschild nach Reykjahlíð und Hlíðarfjall zeigt den umgekehrten Weg an. Rings um die Industrieanlage sind große Wälle aufgeschüttet, ein Versuch, sich vor potentiellen Lavaströmen zu schützen. Die Kieselgurfabrik in Bjarnarflag ist der größte Arbeitgeber am Mývatn. Durch Rohrleitungen wird vom Boden des Sees Schlamm zur Anlage gepumpt, dessen Hauptbestandteil abgestorbene Kieselalgen sind. Für die Verarbeitung des Rohstoffs benötigt man viel Energie, die durch Dampfbohrungen von den reichlichen geothermalen Reserven abgezweigt werden. Die poröse und saugfähige Kieselgur wird als Isolier- und Poliermittel, zum Filtern und zur Herstellung von Dynamit benutzt. Zur Zeit ist noch strittig, ob die Naturschutzbehörden die Gewinnung von Kieselgur auch in Zukunft weiter zulassen; eine wissenschaftliche Kommission wurde beauftragt, die Folgen für das ökologische System Mývatn zu klären.

Statt schon 200 m vor der Ringstraße rechts den Rückweg einzuschlagen, kann man geradeaus bis zur Nr. 1 gehen und dann auf dieser nach links. Leider ist sie stark befahren, es gibt aber keine Alternative hinauf zum Námafjall. Durch das kleine ›Industriegebiet‹ Bjarnarflag und vorbei an einem wunderschön blau gefärbten, dampfenden See verläuft die Straße in einem weiten Bogen hinauf zum **Námaskarð** (s. Farbabb. 2), der nach einer knappen halben Stunde erreicht ist. Zurück ergibt sich schon von hier ein phantastischer Ausblick über den gesamten Mývatn. Direkt oben am Paß Námaskarð zweigt rechter Hand eine Fahrspur ab, auf der aber bestenfalls Jeeps fahren können. Diesem Weg folgt man aufwärts bis zu einem kleinen Platz unterhalb des Berggipfels vom **Námafjall.**

Die Umgebung wirkt zunächst einmal überhaupt nicht vulkanisch, entstand jedoch durch die ältesten Eruptionen im Mývatn-Gebiet. Námafjall und seine nördlichen Fortsetzungen Dalfjall sowie der Rücken Leirhnjúkur sind das Ergebnis von Spaltenvulkanismus, der z. B. auch nebenan in den Lúdents- und Þrengslaborgir stattgefunden hat. Der entscheidende Unterschied, der auch zu den völlig anderen Erscheinungsformen führt, besteht darin, daß die

Ausbrüche hier subglazial, also unter den Gletschern der letzten Eiszeit, stattfanden. Sobald man den Hyaloklastit oder Palagonitrücken Námafjall bestiegen hat, wird sofort ersichtlich, daß sich hier auch die aktive vulkanische Zone befindet, denn Dampfaustritte zeigen ein Hochtemperaturgebiet an.

Von dem kleinen Platz an der Spitze des Námafjall kann man nun nach halbrechts gehen und die großen Schlammtöpfe betrachten, in denen verschiedenfarbige ›Lehmsuppen‹ brodeln. Auch die Fernsicht, sowohl über den Mývatn im Westen als auch zum Tafelberg Búrfell im Osten, ist beeindruckend. Der weitere Weg führt jetzt hinunter zum östlichen Bergfuß, in die Ebene von Hverarönd. Direkt hinter dem kleinen Platz, in Verlängerung der Fahrspur, beginnt ein Trampelpfad, der zunächst am Berghang entlanggeht. Dann führt er links von zwei mächtigen, völlig zersetzten Einschnitten im Hang abwärts. Der Abstieg könnte in 5 Min. bewältigt werden, aber wer wird schon einfach so an den Solfataren und den weißen, grünen und roten Ausblühungen im Hang vorbeilaufen; auch für die Erkundung von Hverarönd läßt sich keine genaue Zeit angeben.

Der Rückweg verläuft nun wieder über den Námafjall, entweder gleich auf der Straße oder zunächst wie der Hinweg über den Berghang und vom Parkplatz die Jeeppiste zurück. Zum See hin ist das Gebiet noch einmal gut zu überblicken; in der Nähe der Kieselguranlage steigen überall Dampfschwaden auf. Am Bergfuß liegen zur Linken die Überreste der ehemaligen Schwefelgewinnungsanlage von Bjarnarflag. Dann ist bald wieder die Fahrspur erreicht, an der die Wanderung etwa 1½ Std. zuvor auf die Ringstraße stieß.

Wer diese Wanderung bis zur Grjótagjá und Hverfjall fortsetzen und

Leirhnjúkur: Am Rande des Lavastroms

damit **Anschluß an die Wanderung 29** bekommen will, muß kurz zuvor links auf eine Piste zur Grjótagjá abzweigen. Von dort gibt es einen markierten Weg zum Hverfjall.

Um zum Ausgangspunkt der Wanderung zurückzukommen, folgt man der Fahrspur nach rechts, wendet sich aber schon nach etwa 200 m noch vor dem Hof Bjarnarflag nach links auf einen alten Weg, der parallel zur Straße Nr. 1 verläuft. Er führt durch die Pferdekoppel des Hofs und ist mit einem Elektrozaun umgeben. Da aber eine Leiter bzw. ein Tor vorhanden sind, gibt es keine Schwierigkeiten. Wer nun allerdings denkt, daß die Lavawanderung beendet ist, wird schnell eines Besseren belehrt. Überall auf der Weide und später selbst zwischen den Häusern von Reykjahlíð sind die Überreste vorhistorischer Lavafelder, insbesondere viele Hohlräume, zu sehen.

Nach der Hälfte dieses letzten halbstündigen Abschnittes erreicht man das Schwimmbad. Wer nicht gleich ein entspannendes Bad im Pool nehmen will, geht geradeaus auf einer Asphaltstraße weiter, passiert zur Linken das ›Kino‹ mit der Vulkano-Show und benutzt sofort rechts einen kleinen Feldweg, der zum Hotel **Reykjahlíð** führt. Auf der Hauptstraße wendet man sich nach rechts und verläßt sie nach wenigen Metern gleich wieder nach rechts, da hier ein breiter Fußweg direkt zum Campingplatz führt.

Direkt gegenüber der Kirche von Reykjahlíð, jenseits der Straße Nr. 87, die den Mývatn im Norden passiert, führt ein kleiner markierter Pfad in das **Lavafeld Eldhraun.** Hier kann man in 1–2 Std. einen kleinen Lavaspaziergang machen, der z. T. auch am Seeufer entlangführt, wo Enten zu beobachten sind.

29 Zu den Explosionskratern Hverfjall und Lúdent

Unweit der ›klassischen‹ Besichtigungspunkte am Mývatn, zu denen auch der gewaltige Explosionskrater Hverfjall zählt, führt die Wanderung hinein in die teils wüstenhafte junge Vulkanzone. Auf Pisten und Schafspuren geht es durch Lavafelder unterschiedlicher Epochen, zur Kraterreihe Lúdentsborgir und dem ringförmigen Lúdent. Ausdauernde Wanderer können die Tour an die markierte Route von Reykjahlíð über Grjótagjá nach Dimmuborgir anschließen.

Dauer: 4½–5 Std.
Gesamtlänge: ca. 13 km.
Ausrüstung: Grundausstattung, Wasser.
Karten: Sonderkarte 1:50 000 Mý-

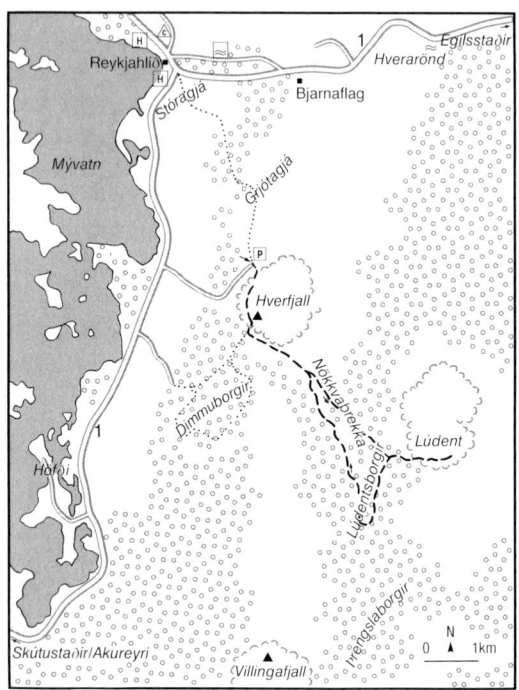

Wanderung 29

vatn; Sonderkarte 1:100 000 Mývatn/ Húsavík; Aðalkort 7.
Unterkunft: Reykjahlíð (5 km): Camping, Hotels, Gästezimmer; Grænavatn (10 km): Camping; Skútustaðir (12 km): Camping, Gästehof, Schlafsackunterkunft, Ferienwohnung.
Sonstiges: Schwimmbad, Reiten und Flugexkursionen in Reykjahlíð; weitere gut markierte Wandermöglichkeiten zu bzw. in den stark frequentierten Zielen Dimmuborgir, Grjótagjá, Höfði.
Anfahrt: Mit Auto oder Linienbus auf der Ringstraße von Reykjahlíð 3,5 km bis zum Abzweig Hverfjall, Busreisende steigen hier aus. Auf dieser Piste ca. 2 km bis zur Gabelung, dort nach links bis zum Parkplatz am Fuß des Kraters.

Ein Wanderweg führt hinauf zum **Hverfjall** und auf seinem Rand nach rechts. Mit der Explosion des Hverfjall vor ungefähr 2500 Jahren begann nach einer längeren vulkanischen Ruhezeit die nach ihm benannte Eruptionsperiode, zu der auch in der Folge die Jüngere Laxálava gehörte. Da hier eine basaltische, gasarme Lava gefördert wurde, überrascht im ersten Moment der Explosionskrater, der in der Regel auf einen hohen Gasgehalt der Schmelze verweist. Die Ursache des explosiven Ausbruchs ist darin zu suchen, daß der Mývatn vor dieser Periode wesentlich größer war und daher die Ausbruchsstelle des Hverfjall im direkten Kontakt zum Grundwasser stand. Dieses bewirkte durch die schnelle Abküh-

Der Explosionskrater Hverfjall

lung des Magmas eine explosive Entgasung, bei der das Magma in Lockerprodukte zerrissen wird. Die größeren Stücke fallen in der Nähe des Schlotes wieder zu Boden und bilden gemeinsam mit einem Teil der Aschen, die durch Wasserdampf verklebt sind, den Ringwall. Der kleine Kegel in der Mitte des Kraters kennzeichnet die eigentliche Eruptionsstelle. Der Blick über den im Durchmesser 1 km großen Kessel läßt Vergleiche mit Großaufnahmen der Mondkrater aufkommen, im Hintergrund erinnern die Dampfwolken bei Bjarnarflag an die geologische Jugend dieses Gebietes.

Es geht auf steilen Serpentinen wieder hinunter und nach einer Dreiviertelstunde auf einer gut erkennbaren Piste nach links in das Inland. Hverfjallssandur heißt das Gebiet mißverständlich, denn hier verweist der Name Sandur nicht auf Ablagerungen von Gletscherflüssen, sondern auf basaltische Auswurfmassen. Zur Rechten wirkt das Gelände relativ eben, was sich später bei näherer Betrachtung als Irrtum herausstellen wird. Zur Linken erhebt sich ein sanft gerundeter Hügelrücken, Nökkvabrekka, der sogar leicht bewaldet ist. Überall ragen scharfkantige Laven aus den schwarzen Aschen und Lapilli hervor. Mit diesen beiden Begriffen werden unterschiedliche Größen vulkanischen Lockermaterials bezeichnet. Es handelt sich dabei nicht um Verbrennungsprodukte, wie die Bezeichnung Asche nahelegen könnte, sondern um zersprengtes Magma. Bis zur Größe von Sand nennt man es vulkanische Asche; kleine Steinchen bis Walnußgröße heißen Lapilli.

Die anfangs nur vereinzelt auftretenden Vegetationsinseln gehen vorübergehend in Grasland über, und nach 1¼ Std. ist eine wenige Zentimeter breite Spalte erreicht, die sich quer über den Weg durch die Lava zieht. Vielleicht findet man hier immer noch Meßgeräte, die ein Zeichen für die intensive wissenschaftliche Überwachung dieser Region sind. Es versteht sich, daß man nichts anrührt. Nach 1¾ Std. ist in einem kurzen Anstieg die Kraterreihe **Lúdentsborgir** zwischen zwei Schweißschlackekegeln erreicht. Die Wanderung führt aber zunächst noch zum Kraterrand des **Lúdent** hinauf und dann wieder hierher zurück. Man wählt an einer Gabelung die linke Spur, die ziemlich genau nach Osten führt. Voraus fällt der Blick auf den Tafelberg Búrfell. Bald verläuft zur Rechten ein Zaun parallel zum Weg, der zusehends steiler bergan führt. Kurz vor dem höchsten Punkt geht es durch hohe, schwarze Ascheablagerungen mit vereinzeltem Strandhaferbewuchs. Nach knapp 2¼ Std. ist auf der Fahrspur der Kraterrand erreicht.

Auch der **Lúdent** ist ein Explosionskrater, allerdings mit ungefähr 8000 Jahren wesentlich älter als der benachbarte Hverfjall. Mit seiner Explosion begann der erste nacheiszeitliche Eruptionszyklus im Mývatn-Gebiet, der auch seinen Namen trägt. Die Explosion ist auf den hohen Gasgehalt des Magmas zurückzuführen. Der Krater selbst

Der Hang des Hverfjall

hat einen ähnlichen Durchmesser wie sein Nachbar, ist allerdings wesentlich flacher. Als Besonderheit weist er an seinem gegenüberliegenden inneren Kraterrand ein kleines Wäldchen auf, das sich bis in den Kesselgrund hinabzieht. Es verwundert nicht, daß dieses Gebiet einer der isländischen Übungsplätze für die amerikanischen Astronauten vor ihrem ersten Mondflug war.

Man kann im Norden deutlich den Hlíðarfjall und die Krafla sehen, im Westen sticht der Krater des Hverfjall am deutlichsten hervor, gut zu erkennen sind auch die Kraterreihen Lúdents- und Prengslaborgir, die sich leicht versetzt nach Süden ziehen. Die drei Tafelberge, die sich an den Búrfell im Süden anschließen, heißen Heilagsdals-, Blá- und Sellandafjall, wobei der erstere daran zu erkennen ist, daß er oben sehr flach ist, während der Bláfjall ähnlich wie der Herðubreið noch einen zusätzlichen kleinen Schild aufweist.

Der Rückweg zu der Kraterreihe erfolgt auf derselben Piste. Nach gut 2½ Std. ist man wieder bei den **Lúdentsborgir,** die wie die benachbarten Þrengslaborgir um die Zeitwende

In Dimmuborgir

entstanden sind. Beide förderten die Jüngere Laxálava, die durch das Laxárdalur bis zum Meer hinunterfloß. Die unregelmäßig geformten Schweißschlackekegel verweisen darauf, daß der Ausbruch gemischt erfolgt ist, also hohe Lavafontänen neben dem Ausfluß extrem dünnflüssiger Lava vorhanden gewesen sein müssen.

Wer zunächst auf der zum Lúdent gerichteten Seite an der Kraterreihe vorbeiwandert, kann immer wieder in die Krater hineinsehen. Schacht-

artige Eruptionsschlote sind ebenso zu erkennen wie die Überreste einzelner Lavaseen, deren Abflußrinnen immer in Richtung Mývatn verlaufen. Die Kraterränder selbst sind rostrot, das scharfkantige Gestein ist von einer dünnen Moosdecke überzogen.

Vom letzten Krater der Lúdentsborgir aus ist in südsüdwestlicher Richtung in 3 km Entfernung der Kegel des Villingafjall zu erkennen. Dort kann man den **Anschluß an die Wanderung 30** Seljahjallagil herstellen. Wege durch das alte Lavafeld gibt es

Die Dehnungsspalte Grjótagjá

nicht, nur der Villingafjall hilft bei der Orientierung. Bei schlechter Sicht sollte man nach Erforschung der Lúdentsborgir wieder zur Piste zurück und auf ihr zum Ausgangspunkt der Wanderung gehen. Bei klarem Wetter ist der Hverfjall von überall zu sehen, so daß der Rückweg dorthin nach dem Besuch des letzten Schlackekraters quer durch die Lava erfolgen kann.

Auf der dem Mývatn zugewandten Seite der Kraterreihe überrascht immer wieder die Kleingliedrigkeit der Landschaft: Einmal steht man vor einer Abflußrinne, die mehrere Meter tief einschneidet und einen Umweg erfordert; in der windgeschützten Lage des Talbodens findet sich üppige Vegetation mit Krüppelbirken und Weiden. Dann wieder ist es eine kleine Höhle, welche die Aufmerksamkeit auf sich zieht, vielleicht auch ein Hornito oder eine Dünenlandschaft. Da es auch hier überall Schafspfade gibt, sollten diese nach Möglichkeit benutzt werden. Irgendwo stößt man dann wieder auf die Jeeppiste des Hinwegs, auf der es zum Hverfjall zurückgeht.

Wer will, kann auf ausgeschilderten Wegen vom Startpunkt der Wanderung nach links zu dem Park Dimmuborgir oder nach rechts am Hverfjall vorbei zur Grjótagjá und weiter nach Reykjahlíð wandern.

30 Auf den Spuren der Laxálava zur Schlucht Seljahjallagil

Die Wanderung verläuft entlang von Steinmann-Markierungen und einem Zaun durch die weiten, teils versandeten Gebiete der Älteren Laxálava, die, vom Hochland kommend, bis zur Nordküste vordrang. Der glühende Strom bahnte sich seinen Weg in die Mývatn-Ebene durch das Nadelöhr der Seljahjallagil, wo der versteinerte Fluß noch heute deutlich sichtbar ist.

Dauer: 6 Std.
Gesamtlänge: ca. 22 km, 250 Höhenmeter.
Ausrüstung: Grundausstattung, Kompaß, Wasser.
Karten: Sonderkarte 1:50 000 Mývatn; Sonderkarte 1:100 000 Mývatn/Húsavík; Aðalkort 7.
Unterkunft: Reykjahlíð (10 km): Camping, Hotels, Gästezimmer; Grænavatn (3 km): Camping; Skútustaðir (5 km): Camping, Gästehof, Schlafsackunterkunft, Ferienwohnung; Gästehof in 14 km Entfernung Richtung Akureyri.
Sonstiges: Schwimmbad, Reiten und Flugexkursionen in Reykjahlíð; weitere gut markierte Wandermöglichkeiten zu bzw. in den stark frequentierten Zielen Dimmuborgir, Grjótagjá, Höfði.
Anfahrt: Mit dem Auto oder Linienbus auf der Ringstraße von Skútustaðir Richtung Reykjahlíð, die erste Abzweigung zur Rechten führt nach Grænavatn. Links befindet sich der Hof Garður, wo Busreisende aussteigen können. Die Hauptstraße steigt noch einmal kurz an, und kurz hinter dem höchsten Punkt, dort wo das Seeufer links fast an die Straße grenzt, geht rechts vor einem kleinen Teich

ein Weg ab, an dem die Wanderung beginnt.

Der beschriebene Weg führt zu einer Art Kiesgrube, die Wanderung zweigt aber schon nach wenigen Metern rechts ab auf eine alte Fahrspur, die man weiter verfolgt. Sie ist teilweise sehr schlecht zu erkennen und möglicherweise durch Sandverwehungen bald völlig unkenntlich geworden.

Von überall gut zu erkennen, erhebt sich jedoch der Palagonitberg **Villingafjall** kegelförmig hundert Meter aus der ihn umgebenden Jüngeren Laxálava. Sein rechter (südlicher) Fuß, an dem sich ein kleines Birkenwäldchen befindet, soll das erste Etappenziel sein. Es ist egal, ob dieser Berg nun querfeldein oder über die alte Piste angegangen wird. Die Spur bietet eine größere Orientierungssicherheit, führt aber nicht direkt zum Villingafjall. Nach ungefähr 20 Min. tauchen SteinmannMarkierungen auf, die aufgrund der vielen Hornitos nicht immer leicht zu erkennen sind. Hornitos sind Lavakegel, die durch freiwerdende Gase im Lavafeld aufgetürmt werden. Die mitgerissene Schmelze erkaltet schlagartig, und die Schlacken bilden natürliche ›Steinmänner‹. Nur die echten führen allerdings zu einer Vegetationsinsel mit einem Schafspferch. Dieser ist zunächst kaum zu sehen, da seine Steinmauern mit Grassoden ummantelt sind. Hier enden nach ca. 1¼ Std. die Markierungen. Bis zum Wäldchen am Berg, das man von erhöhter Position leicht zur Linken erkennen kann, sind es dann noch 15 Min. Der direkte Weg zum Villingafjall erfordert weniger Zeit und beeindruckt wie die andere Variante durch den Wechsel von Lava- und Dünenlandschaft (s. Farbabb. 5). Lange Zeit begegnet man keiner Spur. Erst kurz vor einem weiten Graben, der ca. 500 m breit einige

Wanderung 30 und 31

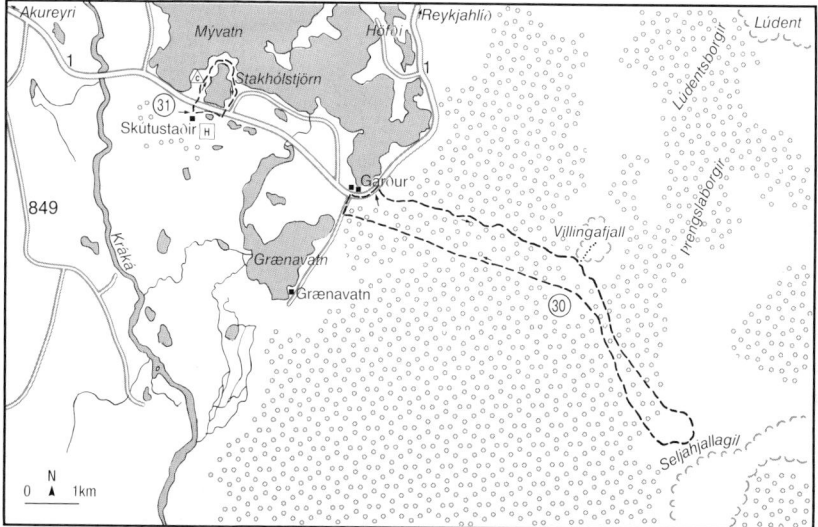

Meter steil abfällt, laufen mehrere Reifenspuren zusammen. Leuchtendgrüner Strandhafer zeichnet, vom Wind niedergedrückt, konzentrische Kreise in den Sand.

Es empfiehlt sich, das Gepäck bei einem großen Steinmann am Bergfuß abzulegen und in gut 10 Min. den **Villingafjall** zu besteigen, was außer einer kurzen Anstrengung keine weiteren Schwierigkeiten birgt. Von oben bietet sich wieder ein phantastischer Überblick über die gesamte Mývatn-Region. Außerdem kann eine Groborientierung für den nächsten Streckenabschnitt vorgenommen werden. Bei guter Sicht kann man erkennen, wie die Lavafelder im Südosten langsam in einen Bergrücken übergehen. Links vom weiter entfernten Tafelberg Bláfjall ist in 3–4 km Abstand im Hang als deutlicher grüner Fleck ein kleines Wäldchen zu erkennen. Genau diese Stelle ist als nächstes anzusteuern.

Sobald man vom Villingafjall eine südliche Richtung einschlägt, wird nach 10–15 Min. ein Zaun erreicht, der rechts zurück bis zu der Stichstraße nach Grænavatn und links bis zur Öffnung der Schlucht Seljahjallagil führt. Selbst bei dichtestem Nebel bietet diese Einfriedung die Gewähr für einen sicheren Rückweg. Zwar sind an einigen Stellen Pfeiler umgekippt, aber aufgrund des fast schnurgeraden Verlaufs des Zauns ist die Fortsetzung immer leicht zu finden.

Um allerdings zu dem immer wieder sichtbaren Wäldchen am Hang zu gelangen, muß diese Orientierungshilfe später wieder verlassen werden. Nach links geht es auf die Bäume am Hang zu und nach unge-

Trockenflußbett in der Seljahjallagil

Hornito

fähr 2½ Std. rechts neben den Birken den Hang hinauf. Dieser Aufstieg ist zwar etwas anstrengend, dafür entschädigt aber der Blick, der sich bei Erreichen des Grates eröffnet. Auf der anderen Seite geht es genauso steil wieder in die Schlucht **Seljahjallagil** hinunter, an deren breitester Stelle ein mächtiger Schlackekrater aufragt.

Vor fast 4000 Jahren entstand gut 13 km südöstlich von hier, jenseits der Berge, der Schildvulkan Ketildyngja. Er förderte riesige Mengen dünnflüssiger Lava, die sich auch nach Nordwesten durch das Heilagsdalur zwischen den Tafelbergen Heilagsdals- und Bláfjall ausbreitete und schließlich einen Abfluß durch die Seljahjallagil fand. Der Feuerstrom wälzte sich durch diese Schlucht und ergoß sich in das weite Vorland. Hier staute er den ›Ur-Mývatn‹ auf und floß weiter durch das Laxárdalur bis fast zum Meer. Die Oberflächenformen dieses Ausflusses werden als Ältere Laxálava bezeichnet. Der große Schlackekrater ist jedoch jüngeren Ursprungs, er fällt in die gleiche Periode wie Lúdents- und Prengslaborgir, ist also erst 2000 Jahre alt. Außer dem Krater fällt im Talgrund ein Flußbett auf, in dem nur selten Wasser fließt. Die gerundeten Steine und Auskolkungen lassen vermuten, daß es hier zu Zeiten der Schneeschmelze einen reißenden Fluß gibt. Beeindruckend sind auch die hohen Wände Seiten und der Talschluß, zu dem man hinter dem Krater über eine Geländestufe hinaufsteigt. Deutlich ist zu erkennen, wo die Lava der Ketildyngja herunterkam.

Wenn man für die Erkundung von Seljahjallagil ungefähr eine Stunde annimmt, sind vor dem Rückweg ab Talausgang bisher 4 Std. reine Wanderzeit vergangen. Wo die Schlucht in die weite Ebene der Lavafelder übergeht, hält man sich rechts am Berghang und hat gleich den Zaun erreicht, der nun gut 2 Std. den Rückweg begleiten wird. Er führt zunächst nach rechts bzw. in nördliche Richtung. Nach ca. 40 Min. macht er einen nahezu rechtwinkligen Knick nach links, also Richtung West-Nordwest. Vorbei an dem Bereich, wo man den Zaun schon auf dem Hinweg passiert hat, geht es weiter durch die jetzt wieder bekannte Landschaft. Nach gut der Hälfte des Rückwegs muß eine kleine Anhöhe erklommen werden, von der bereits ein Blick auf den Mývatn möglich ist. Kurz hinter diesem Hügel wandert man durch ein Gebiet mit ausgeprägter Stricklavabildung. Sie entsteht, wenn sich die Oberfläche eines Lavastromes bereits etwas abgekühlt hat und nachdrängende Schmelze diese noch elastischen Oberflächen zusammenschiebt. Der Zaun endet bei einer Schafssperre auf der Stichstraße nach Grænavatn. In wenigen Minuten ist rechts die Nr. 1 beim Hof **Garður** erreicht und bald darauf rechts der Ausgangspunkt der Wanderung.

31 Die Pseudokrater bei Skútustaðir

Der Spaziergang führt durch die berühmten Pseudokrater am Ufer des Mývatn.
Dauer: ca. 1 Std.
Gesamtlänge: 3 km.
Ausrüstung: Nicht erforderlich.
Karten: Sonderkarte 1:50 000 Mývatn; Sonderkarte 1:100 000 Mývatn/Húsavík; Aðalkort 7.
Unterkunft: Skútustaðir: Gästehof, Schlafsackunterkunft, Camping, Ferienwohnung; Grænavatn (5 km): Camping; Reykjahlíð (15 km): Camping, Hotels, Gästezimmer; Gästehof in 9 km Entfernung Richtung Akureyri.
Sonstiges: Schwimmbad, Reiten und Flugexkursionen in Reykjahlíð; weitere gut markierte Wandermöglichkeiten zu bzw. in den stark frequentierten Zielen Dimmuborgir, Grjótagjá, Höfði.

Anfahrt: Skútustaðir liegt am südlichen Mývatn direkt an der Ringstraße.

Dieser kleine Spaziergang beginnt neben der Schule von **Skútustaðir** oberhalb des Campinggeländes. Es gibt einen markierten Weg, der die Skútustaðagígar erschließt. Die Krater trennen in einem weiten Bogen den Stakhólstjörn vom Mývatn ab. Wenn dieser Teich fast umgangen ist, stößt man auf einen Schotterweg, der zur Hauptstraße führt. Da diese ziemlich stark befahren ist, sollte man sie sofort queren und einige Meter zu einem grün-braunen Haus aufsteigen. Dort verläuft ein Fußweg neben der Nr. 1 bis zur Kirche.

Die Pseudokrater verdanken ihre Entstehung, wie so manches in dieser Region, der Jüngeren Laxálava. Der Name weist schon darauf hin, daß es sich bei ihnen nicht um echte Krater handelt, die einen Schlot besitzen müssen, sondern um Gebilde, die wie Krater aussehen. Ähnlich wie in Dimmuborgir floß die Lava von Lúdents- und Prengslaborgir über dieses Gebiet. Während aber in Dimmuborgir lediglich das aufgeheizte Grundwasser Wasserdampf produzierte, traf hier die Lava mit dem Wasser des ›Ur-Mývatn‹ zusammen. Das eingeschlossene Wasser erhitzte sich stark und entlud sich in mächtigen Wasserdampfexplosionen. Von nun an gleicht die Entwicklung der eines richtigen Ausbruchs. Die Lava wird mit in die Luft gerissen und in mehr oder minder große Stücke zerkleinert. Diese kühlen an der Luft schlagartig ab, fallen rings um die ›Eruptionsstelle‹ wieder nieder und bilden so den Krater. Die Pseudokrater von Skútustaðir stehen unter besonderem Naturschutz, und auf Schildern wird darauf hingewiesen, daß man ausschließlich die vorhandenen Wege benutzen soll.

32 Ins Laxárdalur und zum Torfgehöft Grenjaðarstaður

Die lange Streckenwanderung, die einige Ausdauer erfordert, beginnt in Laugar nahe der Ringstraße, überwindet einen mit Zwergstrauchheide bedeckten Hügelrücken und führt im lieblichen Tal der Laxá, in dem einst die gleichnamige Lava vom Mývatn zum Meer floß, nach Norden. Vorbei am Wasserkraftwerk geht es in die fruchtbare Ebene mit zahlreichen Bauernhöfen, wo die Tour am Pfarrhof Grenjaðarstaður endet. Der Torfhof ist heute ein Museum.

Dauer: 5 Std. (evtl. 3 Std. zusätzlich für Rückweg).
Gesamtlänge: 22 km (evtl. 12 km zusätzlich für Rückweg).
Ausrüstung: Grundausstattung, Blitzlicht für den Museumshof.
Karten: Sonderkarte 1:100 000 Húsavík/Mývatn; Aðalkort 4.
Unterkunft: Laugar: Camping, Hotel, Schlafsackunterkunft (ohne Kochgelegenheit); Grímshús: Schlafsackunterkunft in der kleinen Schule zwischen Kraftwerk und Grenjaðar-

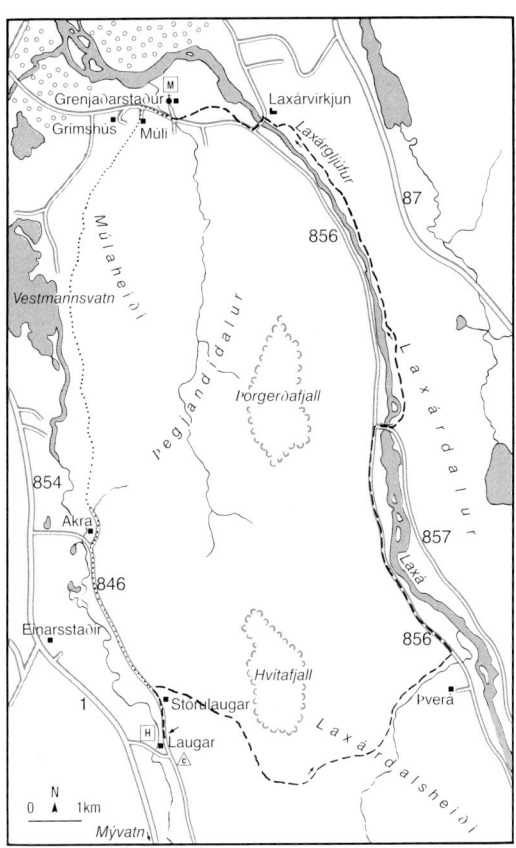

Wanderung 32

staður an der Straße Nr. 854. Der Bauernhof Grímshús, dessen Bewohner das Haus betreuen, liegt allerdings knapp 2 km hinter Grenjaðarstaður. Wanderer, die die Unterkunft nutzen wollen, sollten also entweder zuvor telefonisch (✆ 96-43551) dafür sorgen, daß das Haus offen steht, oder von Grenjaðarstaður aus anrufen lassen, um sich überflüssige Wege zu ersparen. Weitere Gästehöfe in 5 bzw. 10 km Entfernung.

Sonstiges: Kleine Schwimmhalle im Hotel Laugar.

Anfahrt: Laugar liegt an der Ringstraße, 10 km östlich vom Goðafoss und wird auch von Linienbussen angefahren.

Ausgangspunkt dieser Streckenwanderung ist das Sommerhotel in **Laugar,** das etwa einen Kilometer abseits der Ringstraße an der Nr. 846 liegt. Auf dieser geht es zunächst ein Stück nach Norden, links fließt ein schmaler Bach, rechts erstreckt sich die ländliche Ansiedlung. Etwa 10 Min. braucht man bis zum Hof **Stórulaugar,** zu dessen Wohnhäusern eine beschilderte Einfahrt weist. Diese wird noch passiert und der nächste Abzweig rechts eingeschlagen. Er führt zu den Pferdekoppeln und Stallungen des Hofes, die man jetzt umgeht. Nahe der Stallgebäude kommt ein Gatter im links des Wegs verlaufenden Zaun in Sicht: Jenseits beginnen die Markierungen der Stromleitung, die unterirdisch zum Laxárdalur verläuft. Nach einer guten Viertelstunde kann man den Aufstieg entlang dieser gelben Pflöcke beginnen. Zu Anfang ist noch kein durchgehender Weg erkennbar; man sucht sich passende Trampelpfade, die allmählich durch die dichte Hangwiese aufwärts führen. Links erhebt sich der Hvítafell knapp 400 m hoch, rechts liegt bald unterhalb wieder das Sommerhotel. Früher oder später wird man in Sichtweite der gelben Markierungen auf deutliche Reit- und Fahrspuren stoßen; der Weg ist teilweise sehr zertreten und nach Regen matschig. Er führt auf 300 m hinauf und umgeht den **Hvítafell** südlich.

Diese Höhe ist nach einer Stunde erreicht, spätestens hier ist der Fahrweg, der zum Bau der Leitung angelegt wurde, eindeutig zu erkennen. Es muß übrigens nicht befürchtet werden, daß hier oben Autoverkehr herrscht, für die Öffentlichkeit sind Wege wie diese nicht gedacht. Die Fahrspur biegt leicht nach links, das Gelände ist nun flach und trockener; die Laxárdalsheiði erstreckt sich nach rechts, so weit das Auge reicht. Bei guter Sicht sind am Horizont auch die hohen Tafelberge jenseits des Mývatn auszumachen.

Auch nach links wird das Gelände flacher, der Hvítafell liegt nun hinter

einem. Nach knapp 1½ Std. führt die Fahrspur zwischen einigen Masten hindurch, Überbleibseln der alten Stromleitung. Voraus ist noch kein Einblick ins Laxárdalur möglich, da das Gelände zu sanft geneigt ist. Es geht nur allmählich leicht bergab, der zuvor eher trockene Boden wird wieder etwas feuchter, was sich in der Pflanzendecke zeigt. Die üppiger werdende Strauchschicht aus niedrigem Weide-Birkengehölz und der zu Bülten aufgewölbte Untergrund würden das Wandern abseits des Weges zunehmend erschweren.

Bald kommt von rechts ein Bachlauf in Sicht, die Þverá, die zum gleichnamigen Hof im Tal entwässert. Der Fahrweg führt nun dicht an sein Ufer heran und quert ihn kurz darauf. Die Wanderung hingegen bleibt auf dieser Bachseite, auf der es gute Saumpfade hinunter ins Tal gibt. Ein Steinmann steht links auf einer Anhöhe, die **Laxá** kommt in Sicht, hier fließt sie breit und gemächlich dahin. Das letzte Stück am Bach entlang verläuft parallel zur Steinumfassung des Hofes Þverá, der rechts liegt, dann hat man nach etwa 2 Std. die Straße Nr. 856 erreicht, auf der es nach links weiter geht.

In den Buchten der Laxá sind oft zahlreiche Kragenenten zu sehen, die hier am nahrungsreichen Fluß ihre größte Populationsdichte ganz Islands erreichen. Die überwiegend schwarz gefiederten Männchen weisen nur wenige weiße Streifen an Kopf und Hals auf. Auch Spatelenten sind hier zu beobachten, die Männchen haben weißes Brustgefieder, Rücken und Kopf sind schwarz mit weißen Flecken. Ihre Vorliebe für siedlungsnahe Brutplätze hat ihnen den Namen *Húsönd* = Hausente eingebracht. Die Spatelenten ziehen nach der Brutzeit mit ihren Jungen flußabwärts, sie folgen der Drift der Kriebelmückenlarven, ihrer Hauptnahrung.

Nach fast 3 Std. ist auf dieser wenig befahrenen Sackgasse die **Brücke** über die Laxá erreicht. Über sie führt die Wanderung nun auf die Ostseite des Flusses, wo es eine Vielzahl von Pseudokratern gibt. Sie sind zwar nicht ganz so spektakulär wie die am Mývatn, entstanden aber auch im Zusammenhang mit der Jüngeren Laxálava. Wer gleich auf die erste Anhöhe links hinter der Brücke klettert, kann noch einmal gut erkennen,

Kraftwerk im Laxárdalur

wie sich dieser Lavastrom vor ca. 2000 Jahren durch das Laxárdalur hindurchgewälzt hat. Hier an der Brücke hat er ungefähr die halbe Entfernung auf seinem 60 km langen Weg bis zum Meer hinter sich.

Heute hat sich die Laxá natürlich ›ihr‹ Tal längst zurückerobert und sich einen Weg durch die Lava gebahnt. Man verfolgt einen Fahrweg durch die Pseudokrater hindurch weiter nach Norden talabwärts, wobei der letzte Kegel nur noch halb existiert, da seine Schlacke abgebaut wird. Direkt dahinter geht es durch ein Gatter und nach weiteren 10 Min. durch ein zweites, dessen Schließmechanismus etwas technisches Geschick erfordert. Die Laxá zur Linken fließt breit und ruhig dahin und erinnert eher an einen kleinen See. Die Hänge des Tales zeigen in ihren unbewachsenen Teilen deutliche Spuren der starken Erosion, der man durch die Anpflanzung der schönen, kleinen Birkenwäldchen, die dem Laxárdalur einen besonders lieblichen Charakter verleihen, entgegenwirken will.

Nach 3½ Std. quert der Weg die Überreste eines alten Zaunes, dessen Steinmauer noch deutlich zu sehen ist, und macht gleich dahinter einige deutliche Kurven. Hier kann man die Fahrspur nach links verlassen, um direkt zum Fluß zu gehen, der seit einiger Zeit nicht mehr zu sehen, sondern nur noch zu hören ist. Dieser Abstecher durch die Lava ist zwar etwas beschwerlich, aber wegen des schönen Kontrastes zwischen der Lava, dem klaren Wasser und dem grünen Bewuchs lohnenswert. Kleine Inseln in der Laxá sind besonders üppig bewachsen, da die Vegetation hier vor den Schafen geschützt ist. Bei den Überresten eines alten Gebäudes, das dicht am Ufer des Flusses steht, kann man wieder zurück auf den Weg gelangen. Nach ungefähr 4 Std. wird das Flußtal zusehends enger und geht voraus über in eine

Schlucht, während der alte Fahrweg langsam ansteigt. Die Laxá wird immer breiter, was auf die Staumauer etwas weiter flußabwärts zurückzuführen ist. Kurz nachdem man eine besonders deutliche Bucht auf dieser Seite des Gewässers passiert hat, führt eine kaum erkennbare Fahrspur nach links durch das Gras dicht an den Cañonrand, an dem die Wanderung auf Schafspfaden weitergeht. Einige Vorsprünge in der Felswand ermöglichen immer wieder gute Ausblicke hinunter in die Schlucht, in der die Fallenergie des Wassers in einem Kraftwerk zur Stromerzeugung genutzt wird.

Das **Laxárvirkjun** hat eine Gesamtleistung von 23 MW und ist in drei Abschnitten erbaut worden. Laxá I nutzt eine Fallhöhe von 39 m ab der oberen Staumauer. Deutlich sind im Tal die Rohrleitungen zu sehen, die zu dem Generatorenhaus mitten in der Schlucht führen. Hier wird seit 1939 bzw. 1944 Strom erzeugt. Laxá II wurde 1953 in Betrieb genommen und befindet sich ganz unten in der Schlucht, wo eine zweite Mauer das Wasser staut. Das Wasser wird von hier zu einem runden Turm geführt und von da zum Kraftwerksgebäude. Von der dritten und letzten Ausbaustufe aus dem Jahre 1973 ist kaum etwas zu sehen. Man hat von der oberen Staumauer einen Tunnel in den Fels geführt, über den die Wanderung gerade verläuft. Auch das Kraftwerk befindet sich im Fels – ein vielleicht etwas verspätetes Zugeständnis an die schöne Landschaft. Auffallend sind die Lachstreppen, die um die Staumauern und Stromschnellen herumführen.

In der Verlängerung des Cañons sind die Bucht Skjálfandi und die umliegenden Berge zu sehen. Nach ungefähr einer Viertelstunde am Cañonrand trifft man auf einen Zaun, der nach rechts wieder zum Weg zurückführt. Durch ein Gatter ist dann nach knapp 4½ Std. die

Historischer Pfarrhof Grenjaðarstaður

kleine Siedlung am Kraftwerk erreicht. Man hält sich auf der Straße zum ›Wasserturm‹, umrundet diesen und quert über zwei Brücken die Flußarme der Laxá. Während durch den ersten das Wasser mit ungebändigter Energie strömt, ist der zweite Arm ausgetrocknet; nur die abgeschliffenen Felsen verweisen darauf, daß hier einmal ähnliche Kräfte gewirkt haben.

Je nach Geschmack und Ausdauer geht es nun entweder auf der Straße weiter bis nach **Grenjaðarstaður** – der Kirchturm des kleinen Gotteshauses ist schon von weitem zu sehen –, oder man wählt gleich hinter den Brücken eine Fahrspur nach rechts in die Lava und zum Fluß und nähert sich dem Museumshof von hinten. Letztere Variante führt teilweise ohne Weg durch die Lava und ist daher etwas mühseliger, dafür aber landschaftlich schöner. Die Begrenzung der Weiden zur Linken bildet eine schöne Mauer aus dem vulkanischen Gestein. Nach Grenjaðarstaður gelangt man durch ein Gatter in einem Zaun. Der Hof ist auf der Straße nach 5 Std. erreicht, durch das Gelände dauert es etwas länger.

Das Kirchlein beim Gehöft entstand 1865, erst im Jahre 1930 wurde der Kirchturm angebaut. Die Kanzel datiert ins frühe 18. Jh., ist allerdings später neu bemalt worden. Direkt rechts vom Eingang zum Kirchhof unter einem Baum befindet sich ein länglicher Grabstein mit Runeninschrift. Auf ihm steht: »Hier ruht Sigrid Rafnsdóttir, die Frau vom Bauern Bjarnar Saemundsson. Gott gebe ihrer Seele Frieden. Wer immer diese Inschrift liest, soll für sie beten.« Dieser Stein stammt aus dem 15. Jh., was darauf verweist, daß es sich um ein christliches Grab handelt.

Der älteste Teil des Hofes, das mittlere Gebäude, wurde zur gleichen Zeit wie die Kirche errichtet, die anderen Teile bis zum Jahr 1894 in zwei weiteren Bauabschnitten angefügt. Hier wohnte der Priester mit seiner Familie. Zwar auf ein anderes Anwesen gemünzt, aber auch hier zutreffend, schreibt P. Miles 1855:

»Diese Stadt enthält gleich vielen anderen, die man auf der Karte von Island verzeichnet sieht, nichts als ein Bauernhaus mit seinen Wirtschaftsgebäuden, die Wohnung eines Geistlichen und eine Kirche. Dem Pastor gehörte das Gut, und er arbeitet nicht nur im Weinberge des Herrn, sondern auch in seinem eigenen. Die Woche über beaufsichtigt er seine Viehheerden, und am Sonntage versammelt er seine kleine Heerde unsterblicher Wesen, und erzählt ihnen von den grünen Wiesen und stillen Gewässern im Reiche des guten Schäfers, wohin kein Winter dringt und wo man nichts von Erdbeben und Vulkanen weiß.« (Miles, P.: Streifzüge in Island. Leipzig 1855, S. 111)

Schon 1958 wurde diese Anlage restauriert und ein Museum eingerichtet, 1991 fanden wieder umfangreiche Renovierungsarbeiten statt. Ein Faltblatt informiert über die jeweilige Funktion der einzelnen Räume. Große Menschen sollten beachten, daß insbesondere die Türen in dem Gebäude keine neuzeitlichen Ausmaße haben.

Wer nicht dieselbe Strecke nach Laugar zurückgehen will, kann folgende **kürzere Alternative** wählen: Man folgt von Grenjaðarstaður aus der Straße Nr. 854 ca. 1 km weiter nach Westen. Rechts am Straßenrand steht ein unauffälliges Hinweisschild ›Múli‹, das die Auffahrt nach links zu einem Hof kennzeichnet. In Verlängerung der Auffahrt durch das Hofgelände hindurch führt ein alter Fahrweg am Hang der Múlaheiði entlang nach Laugar. Wir sind diesen Weg nicht selbst gegangen, die Bewohner von Múli haben uns aber versichert, daß es keine Schwierigkeiten gibt. Nach ungefähr 2 Std. erreicht man beim Hof Akra die Straße Nr. 846, auf der es dann noch eine knappe Stunde bis nach Laugar ist.

Leute mit eigenem Auto können eine **kürzere Rundwanderung** durchführen, indem sie z. B. am Kraftwerk parken, von dort zur Straße 856 gehen und dieser 6 km bis zur Brücke Laxárdalur in südlicher Richtung folgen. An der Brücke verläßt man wieder die Straße und folgt der beschriebenen Streckenwanderung zum Kraftwerk. Diese Rundtour dauert ungefähr 3½ Std.

33 Die Bergsturzseen am Ljósavatn

Die kurze, aber anstrengende Bergtour führt zu einem versteckt hinter Bergstürzen liegenden Talkessel mit namenlosem See. Der Blick fällt auf das weite Trogtal um den Ljósavatn, das ebenfalls von nacheiszeitlichen Hangrutschen geprägt ist.

Dauer: 2 Std.
Gesamtlänge: 4–5 km, 200 Höhenmeter.
Ausrüstung: Skistock.
Karten: Aðalkort 4, Atlasblöð 72 und 73.
Unterkunft: Stórutjarnir: Edda-Hotel, Schlafsackunterkunft; Landamót (7 km): Ferienhof (Vorbestellung notwendig); Fosshóll (8 km): Jugendherberge, Camping (direkt am Goðafoss); Vaglaskógur (12 km): Camping: Eigentlich kann man hier gar nicht vom ›einem‹ Campingplatz sprechen, denn Vaglaskógur ist ein weites Birkenwaldgebiet an der Fnjóská, in dem es unzählige wunderschöne Stellplätze gibt. Vom Abzweig der Stichstraße 836 von der Ringstraße bei Háls sind es nur 3 km, der Platz ist also auch für Busreisende gut erreichbar.
Sonstiges: Schwimmbad in Stórutjarnir, Angeln im Ljósavatn – Erlaubnisscheine bei den Farmen Arnarstapi, Kross und Vatnsendi.

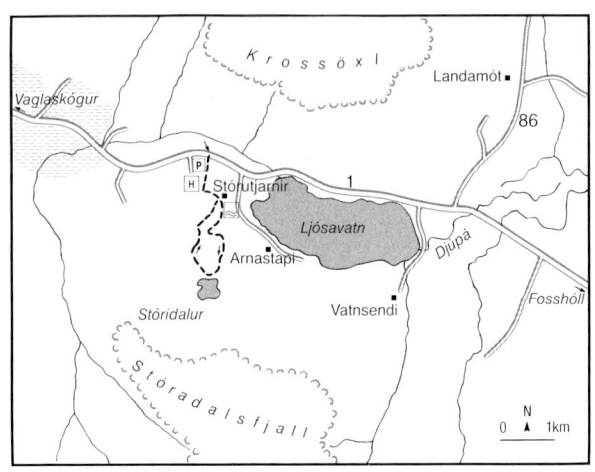

Wanderung 33

Anfahrt: Die Schule Stórutjarnir, in der im Sommer das Edda-Hotel untergebracht ist, liegt unmittelbar an der Ringstraße, von Akureyri kommend kurz vor dem Ljósavatn.

Diese kleine Wanderung zeichnet sich dadurch aus, daß man in kurzer Zeit eine Gebirgslandschaft mit einem großen karartigen Kessel und kleinem Bergsee erleben kann, wofür in der Regel mehrstündige Aufstiege notwendig sind; auch die Fernsicht vom Arnarstapi hält jedem Vergleich mit einer Bergtour stand. Der Ausflug lohnt sich jedoch nur bei guter Sicht, wenn der Berg bereits von der Schule aus zu sehen ist. Die Wanderung beginnt auf dem Parkplatz vor der Schule **Stórutjarnir**. Man geht direkt links neben ihr auf den Hang zu und stößt gleich auf einen querverlaufenden Zaun, von dem in Laufrichtung ein weiterer abzweigt. Da die Zäune eventuell Strom führen, empfiehlt sich ein Skistock mit Plastikgriff zum Hinunterdrücken des Drahtes. Außerdem sollte man so hinübersteigen, daß der geradeaus weiter führende Zaun links liegt. Nach wenigen Minuten ist eine Fahrspur und auf dieser links nach ¼ Std. der Hof Stórutjarnir erreicht, der aus mehreren Gebäuden besteht. Wem das Überklettern des Zaunes nicht liegt, der kann auch von der Schule aus einige Meter die Ringstraße Richtung Akureyri verfolgen und die erste Straße links abbiegen. Diese führt dann im weiten Bogen um das Edda-Hotel herum ebenfalls hierher.

Man geht geradeaus durch die Häusergruppe hindurch auf ein neues flaches Wohngebäude zu und betritt nach dem letzten Haus zur Linken eine Wiese, wo halblinks eine undeutlich sichtbare Spur zu einem Gitter in einem Zaun führt. Voraus ragt deutlich der Arnarstapi auf, ein freistehender spitzer Kegel am Hang. Zu ihm steigt die Wanderung jetzt ziemlich steil bergan. Oben führt ein kleiner Trampelpfad direkt zum Kegel, der dann nach fast einer Stunde in einem letzten kleinen Anstieg erreicht ist. Seine Spitze krönt ein Steinring – wahrscheinlich berechtigt die Höhe von knapp 300 m über dem Meeresspiegel noch nicht zu einem Gipfelsteinmann.

Spätestens von hier sollte man die Aussicht genießen (s. Farbabb. 12). Tief unterhalb sind der Ljósavatn und das Edda-Hotel zu sehen. Dazwischen befinden sich noch zwei kleinere Seen und eine Vielzahl von Hügeln. Sie sind, wie wohl auch der **Arnarstapi,** durch einen riesigen Bergrutsch entstanden, der sich zum Ende der letzten Eiszeit vom Stóradalsfjall löste. Die dabei ebenfalls entstandene Hohlform des Stóridalur sowie die steilen Felswände sind auf dieser Talseite schon gut zu sehen, wenn sie auch noch etwas von einem dazwischenliegenden Hügel verdeckt werden. Auch im Stóridalur sind ähnliche Hügel zu erkennen wie unten im Tal. Im Osten reicht die Sicht bis zu den markanten Tafelbergen beim Mývatn.

Man klettert den kleinen Kegel wieder hinunter und verfolgt denselben Trampelpfad weiter Richtung Stóridalur. Der Weg führt an einem kleinen Bachlauf entlang, der parallel zum Hang verläuft, was darauf hinweist, daß er künstlich angelegt wurde. Nach wenigen Metern kommt ihm am Hang ein weiterer Graben entgegen, und auch der nun vereinigt der Fallrichtung folgende Wasserlauf zeigt deutliche Spuren eines menschlichen Eingriffes. Hier hatten die Bewohner des weiter unten liegenden Hofes Arnarstapi noch vor der allgemeinen Elektrifizierung ein eigenes kleines Wasserkraftwerk errichtet, das jetzt allerdings nicht mehr betrieben wird. Der Trampelpfad führt einige Meter aufwärts und dann eröffnet sich ein phantastischer Blick in das Stóridalur: Ein kleiner Bergsee liegt umgeben von den steilen Wänden unmittelbar vor einem. Man wandert nun am ziemlich steilen Seeufer entlang nach rechts, um den noch steiler ansteigenden Hügel zur Rechten zu umgehen und stößt bald, den See hinter sich lassend, auf eine große Þúfur-Wiese. Ihre Bülten sind großartig gleichmäßig geformt. Sie entstehen in wasserhaltigen Wiesen durch Bodenfrost, der zunächst kleine Eislinsen bildet, die dann von unten langsam nachwachsen, so daß die Bülten bis zu 1 m hoch werden können.

Bald ist voraus auch wieder der Blick auf die Schule und den Hof möglich, durch den der Hinweg führte und zu dem es jetzt auch wieder hinuntergeht. Man verfolgt am besten einen Bachlauf, der tief einschneidet. Der Abstieg ist etwas mühsam, da streckenweise wieder recht steil. Auch wenn kurz vor den Hofgebäuden ein kleiner Weg parallel zum Bach direkt auf ein kleines Tor im Zaun zuläuft, sollte das Anwesen rechts umgangen werden. Ansonsten müßte man mitten durch die Stallungen laufen! Der weitere Rückweg erfolgt wie der Hinweg.

34 Durch das Bergland am Eyjafjörður nach Laufás

Die anspruchsvolle Wanderung führt durch eine hochgebirgsartige Landschaft, nur wenige hundert Höhenmeter über dem Fjord. Durch ein Labyrinth von bizarren Taleinschnitten muß der richtige Abstieg gefunden werden; Trittsicherheit, Orientierungsvermögen und gute Sicht sind dazu unerläßlich. Die Bergtour endet am Museumshof in Laufás.

Dauer: ca. 5 Std. (evtl. 2 Std. zusätzlich für Rückweg).
Gesamtlänge: 16 km, ca. 400 Höhenmeter (evtl. 11 km zusätzlich).
Ausrüstung: Grundausstattung, Wanderstock, Watschuhe.
Karten: Aðalkort 4, Atlasblöð 62 und 72.
Unterkunft: Akureyri (25 km): vielfältiges Angebot; Grytubakki (7 km): Gästehof; Vaglaskógur (10 km): Camping; Svalbarðseyri (8 km): Gästezimmer.
Sonstiges: Reiten beim Hof Grytubakki II, Schwimmbäder in Grenivík, Svalbarðseyri und Akureyri.
Anfahrt: Auf der Ringstraße von Akureyri nach Nordosten bis zur Abzweigung der Straße Nr. 83 nach Grenivík. An dieser beginnt nach 2,5 km, hinter dem ersten Hof (Miðvík) jenseits des Baches, der rechts vom Paß herunterkommt, ein alter Weg hinauf zum Miðvíkurskarð, über den nun auch die neue Ringstraße verläuft. Busreisende fahren zum Abzweig der Nr. 83 mit einem der Busse, die zwischen Akureyri einerseits und Egilsstaðir, Mývatn oder Húsavík andererseits verkehren. Auch auf die Möglichkeit, mit dem Postauto ab der Touristeninformation in Akureyri nach Laufás zu fahren, sei verwiesen. Genaue Zeiten müssen erfragt werden. Die Streckenwanderung endet am Museumshof in Laufás. Da es hier keine regulären Busse gibt, ist für den Rückweg zum Ausgangspunkt der Wanderung bzw. zur Ringstraße oder nach Akureyri etwas Improvisation oder viel Kondition erforderlich. Auf der Straße Nr. 83 sind es 9 km bis zum Bach bei Miðvík, 11,5 km bis zur Straße Nr. 1. Wenn man jedoch am Nachmittag in Laufás ankommt, müßte es bei den zahlreichen Besuchern des Hofes möglich sein, eine Mitfahrgelegenheit zu finden.

Die Wanderung benutzt zunächst den alten Verbindungsweg zwischen **Miðvík** und Draflastaðir. Bis vor wenigen Jahren ging es in diesem Tal noch ausgesprochen ruhig zu, da die alte Ringstraße weiter südlich in vielen Serpentinen über die Vaðlaheiði führte. Die neue Nr. 1 verläuft nun auf der gegenüberliegenden Talseite, stört aber nicht weiter, da sie doch einige hundert Meter entfernt ist. Dazwischen rauscht noch ein tief eingeschnittener Bach, weshalb die Tour nicht direkt an der Ringstraße beginnen kann.

Der Weg gewinnt schnell an Höhe und führt zwischenzeitlich kaum sichtbar über eine Koppel. Man sollte nicht versäumen, sich während des Anstieges umzudrehen, denn bei schönem Wetter bietet sich ein phan-

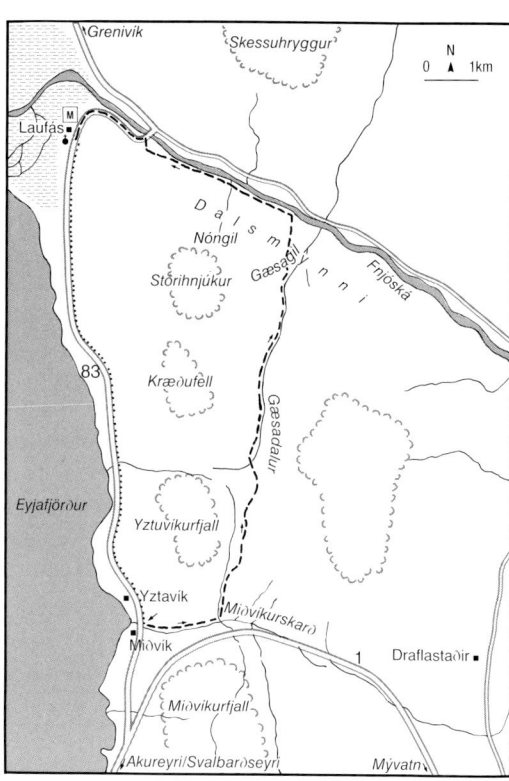

Wanderung 34

tastisches Panorama: Der leuchtend blaue Eyjafjörður wird eingerahmt von grünen Ufern, die insbesondere auf der gegenüberliegenden Seite schnell in die dunkelgrauen, steilen Basalthänge der Tröllaskagi-Halbinsel übergehen, deren obere Teile fast immer durch weiße Schneereste schön herausmodelliert sind. Nach ungefähr einer halben Stunde erreicht die alte Fahrspur einen ersten nennenswerten Bach, der von links aus dem **Gæsadalur** herunterkommt. Dieser Wasserlauf dient nun als weitere Orientierung, da es parallel zu ihm aufwärts geht.

Der folgende Abschnitt der Wanderung ist etwas beschwerlich, da es hier keinen richtigen Weg gibt und eine dichte Strauchschicht teilweise Oberschenkelhöhe erreicht. An der in Richtung des Aufstiegs gesehen rechten Bachseite findet man jedoch immer wieder Schafspfade, die das Vorwärtskommen erleichtern. Das Flüßchen bildet kleine Wasserfälle und schneidet schließlich in einem steilen Kerbtal ein. Solche Stellen muß man rechts umgehen, wobei sich immer wieder neue Schafspuren finden. Dort, wo es steiler aufwärts geht, sollte bewachsener Untergrund benutzt werden, um nicht abzurutschen.

Wenn nach ungefähr einer Stunde rechts ein Steinmann auftaucht, hat man den steilen Teil des Aufstieges hinter sich. Es ist nicht notwendig,

Abstieg ins Tal Dalsmynni

ihn direkt anzusteuern, da er keinen Weg anzeigt. Allerdings führt links neben ihm etwas unterhalb ein hohlwegartiges Tal ohne Wasserlauf bequem aufwärts. Da auch die Schafe diesen Weg nutzen, kann man anschließend einer Spur durch die Púfur-Wiesen folgen. Der Bach soll links liegengelassen werden, und es empfiehlt sich, nun möglichst bald die Steilhänge des rechts aufragenden Draflastaðafjall anzusteuern, da es hier eben, trockener und ohne Gesträuch vorwärts geht. Außerdem findet man so mit Sicherheit die richtige Fortsetzung des Gæsadalur, denn hier oben auf der weiten Paßhöhe könnte die Orientierung bei plötzlicher Sichtverschlechterung sonst schwierig werden. Links neben dem ›richtigen‹ Tal weist der Kræðufell ebenfalls einen Bergeinschnitt auf,

noch weiter links führt der Hranárskarð in Richtung Eyjafjörður.

Nach gut 1½ Std. wird rechter Hand ein Bach erreicht. Dieser fließt im weiteren schon durch das Gæsadalur nach Norden in die Fnjóská. Der Einschnitt im Draflastaðafjall, aus dem dieser Wasserlauf herauskommt, ist erst sehr spät zu sehen, da er im spitzen Winkel zur Wanderrichtung verläuft.

Man hält sich nun links an diesem Gewässer und muß bald einen von links hinzukommenden Bach überqueren. Es geht nur ganz gemächlich abwärts, die Hänge zur Rechten und Linken werden zunehmend höher und steiler. Vereinzelt stürzen rechts schmale Wasserfälle über die Steilwände hinunter. Immer wenn der Boden zu feucht wird, muß etwas nach links zum Berg ausgewichen werden. Bei dem ersten kleinen See war der Boden selbst am Hang noch ausgesprochen weich. Hinter einem zweiten Teich hat man nach fast 2 ½ Std. einen kleinen Hügel erklettert, von dem aus schon die Hänge jenseits der Fnjóská zu sehen sind. Der bisher so ruhig dahinplätschernde Bach gräbt sich zunehmend mehr ein, von links kommt aus schier unendlicher Höhe durch ein steiles Kerbtal ein weiterer Bachlauf hinzu. Das nächste Teilstück ist der absolute Höhepunkt der Tour. Bei Nebel sollte hier jedoch umgekehrt werden, da für die weitere, schwierige Passage gute Sicht unbedingt erforderlich ist!

Spätestens dort, wo der Wasserlauf von links aus dem Kerbtal in den Hauptbach mündet, sollte letzterer gequert werden. Zwar ist auch hier der gegenüberliegende Hang schon recht steil, aber das wird talabwärts eher schlimmer. Auf keinen Fall sollte man den Nebenbach queren und sich links am Hang des Stórihnjúkur auf einer gut sichtbaren Schafspur halten, denn die sehr steile Böschung besteht in erster Linie aus losen Steinen und Schutt, ist daher ausgesprochen rutschig.

Der tief eingekerbte Hauptbach beschreibt nun eine weite Rechtskurve, der vegetationslose Schutthang verliert jenseits des Wasserlaufs im Laufe dieses Bogens immer mehr an Höhe und endet in einem steilen Felsen. Man geht ein Stück rechts oberhalb des Baches entlang, sieht dabei einen hübschen Wasserfall, kann dann den Bogen etwas abkürzen und auf den Felsen zuhalten. Etwas links von ihm führt ein Schafspfad bequem auf dem diesseitigen Abhang abwärts. Der Fluß wird je nach Wasserstand gequert oder gefurtet. Bevor es nun gleich neben dem Fels steil ein kurzes Stück den Schotterhang wieder hinaufgeht, sollte man unbedingt über die Bachschotter bis zum Felsen vorgehen und links um die Ecke blicken. Hier stürzt das Gewässer über mehrere Wasserfälle in die tiefe Schlucht **Gæsagil**, die mit ihren rötlichen Felswänden beeindruckend aussieht. Unten im Tal fließt der Wasserlauf dann durch ein Birkenwäldchen. Auch der gegenüberliegende Hang ist in seinem mittleren Teil stark bewaldet, während zum Fluß Fnjóská hin sattgrünes Kulturland und einige Häuser einen lieblichen Gegensatz zur schroffen Gæsagil bilden.

Man geht zurück zum Schotterhang neben dem Felsen, erklettert diesen und gelangt auf einen schmalen Grat, der rechts zur Gæsagil abfällt und links den letzten Teil des weiten Bogens bildet. Auf dem Grat geht es nach gut 3 Std. problemlos zum Hang des Stórihnjúkur zurück, wo auch die Schafspur ankommt, die den rutschigen direkten Weg genommen hat. Mit großartigem Blick hinunter in die Schlucht und schon voraus in das weite Tal **Dalsmynni** der Fnjóská sucht man sich einen Trampelpfad, der langsam an Höhe verliert. Die Wanderung verläuft nun deutlich unterhalb der Steilhänge, die der Stórihnjúkur zum Dalsmynni bildet. Je nach persönlicher Vorliebe wird man nun langsamer oder schneller talabwärts steigen und das Gæsadalur verlassen. Unten im Talgrund gibt es eine alte Fahrspur, auf der es nun Richtung Laufás geht.

Nach knapp 4 Std. erreicht man zur Linken die **Nóngil**. Rechts strömt die Fnjóská mit vielen Stromschnellen dahin. Voraus sind weit hinten die Berge von Tröllaskagi zu sehen, nur der Fjord versteckt sich hinter dem kleinen Bergrücken Höfðahvérfi, der eine Halbinsel bildet, hinter der Grenivík liegt. Frühzeitig ist die Brücke über den Fluß zu erkennen. Kurz vor ihr sind neben einigen Kaskaden Lachstreppen gebaut worden. Man verläßt den Weg, hält direkt auf die Brücke zu und erreicht sie nach 4½ Std. Die Fnjóská hat hier eine sehenswerte Schlucht in den felsigen Untergrund gegraben. Auf der Straße Nr. 83 geht es nun in weiteren 20 Min. nach **Laufás,** dem End- und letzten Höhepunkt der Wanderung. Der schöne Museumshof ist unbedingt einen Besuch wert (s. Farbabb. 10).

Grundriß des Museumshofes Laufás

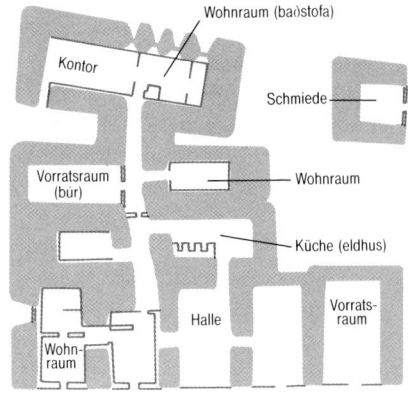

Die Torfgehöfte des 18. und 19. Jahrhunderts

Bis ins späte 19. Jh. hinein verkörperte das Einzelgehöft aus Torfsoden, Natursteinen und Holz die typische Bauweise in Island. Andere Materialien waren ungebräuchlich, da sie im Land nicht vorkamen und der Import für Privatleute zu teuer war. Die heute als Museen erhaltenen Torfhöfe in Laufás, Glaumbær, Grenjaðarstaður oder Arbær in Reykjavík spiegeln die Wohnverhältnisse der bessergestellten Isländer wider; hier waren vor allem die Pfarrer der Bezirke zu Hause.

Die Entwicklung der Torfgehöfte geht auf die Bauweise zurück, die norwegische Siedler bei der Landnahme mitbrachten, und wurde im Verlauf von tausend Jahren an die Natur- und Wirtschaftsbedingungen auf Island angepaßt. An das ehemals große Langhaus, wie es noch der rekonstruierte Stönghof darstellt, wurden zunächst verschiedene Nebengebäude angebaut (vgl. Wanderung 8). Holzmangel führte in der Folgezeit dazu, daß aufwendige Dachkonstruktionen aufgegeben wurden, zumal die Beheizung einer großen Halle wiederum Holz kostete.

Es wird angenommen, daß sich der später gebräuchliche Wohnraum aus der *baðstofa* entwickelte. Bekannt ist, daß die großen Höfe der Sturlungenzeit diese Badstuben nach Art einer Sauna besaßen. Offenbar blieben sie gebräuchlich, als die Hallen nicht mehr geheizt wurden, und entwickelten sich zum eigentlichen Aufenthaltsraum der Höfe. Später erloschen auch hier die Feuer; der Name erhielt sich jedoch. Die Torfgehöfte der letzten Jahrhunderte verdeutlichen die Anpassung der Bauweise an den Holzmangel. Von außen wirken sie wie eine Ansammlung kleiner Einzelhütten, unter deren Grasverkleidung man kaum menschliche Behausungen vermuten würde. Jedes Häuschen hat zwar ein eigenes Dach, aber gemeinsame Wände mit dem angrenzenden Gebäude.

Ein Blick ins Innere informiert darüber, daß auf diese Art jeder Raum des Hofes einem dieser Häuser entspricht. So entstehen nur kleine Dachkonstruktionen, die von den dicken, isolierenden Torfwänden getragen werden können und nur verein-

Torfsodenwand und Hintereingang Laufás

zelt von dünnen Pfosten unterstützt werden müssen. Um den unbeheizten Aufenthaltsraum der Bewohner möglichst gut gegen Kälte zu isolieren, lag er am Ende eines langen Ganges, von dem die davorliegenden Wirtschaftsräume abzweigten. In der *baðstofa*, die möglichst mit Holzwänden ausgekleidet wurde, befanden sich zweireihig unter den Dachschrägen die Betten der Bewohner. Der Mittelgang führte oft zu einem abgetrennten Schlafraum für den Bauern und seine Familie, während die übrigen Bewohner – oft lebten mehr als 20 Menschen auf einem Hof – in der *baðstofa* schliefen. Häusliche Arbeiten wurden besonders im Winter ebenfalls hier verrichtet, wobei die Betten als Sitzmöbel dienten. Zwar erwärmte sich der kleine Raum durch die Anwesenheit der zahlreichen Bewohner, es läßt sich aber leicht vorstellen, wie stickig und abgestanden unter diesen Bedingungen die Luft in der *baðstofa* gewesen sein muß, wenn jeder Austausch wegen der Kälte unterblieb.

Die einzige Feuerstelle, die in diesen Höfen unterhalten wurde, befand sich im *eldhus* (= Feuerhaus) und diente zum Kochen. Sie war zumeist aus unbehauenen Feldsteinen gebaut und von Steinmauern umgeben, damit in dem engen Raum das Feuer nicht auf die Torfwände überspringen konnte. Über den Vertiefungen für die Glut hingen an Seilen die eisernen Kochgefäße, manchmal standen sie auch auf der Steinumrandung der Feuer. Über dem Herd befand sich ein Abzugsloch im Dach mit einem Rauchfang darüber. Dennoch war das Herdhaus oft voller Qualm, der vielfach zum Räuchern von Fisch oder Fleisch benutzt wurde. Unter dem offenen Dachstuhl hingen dann diese Lebensmittel. Andere Vorräte lagerten im dritten wichtigen Raum der Torfhöfe, *bur* genannt. Größere Anwesen besaßen auch mehrere Vorratshäuser, die dann unterschiedlichen Zwecken dienten. Oft gab es ein *bur* für Milchprodukte. Hier wurden Butter und Skyr hergestellt und aufbewahrt. Eine Holzbank, auf der verschiedene Schalen und Töpfe standen, bildete die Ausstattung dieses meist völlig unverkleideten Erdhauses. Die Graswände sorgten für gleichmäßig niedrige Temperaturen, so daß sich die Vorräte gut hielten.

Neben diesen Häusern, die den Kern eines Torfgehöfts darstellten, gab es häufig ein Haus für Gäste, das wie die *baðstofa* holzverkleidet und möglichst gut ausgestattet war. Seine Lage nahe der Eingangstür machte den Aufenthalt dennoch recht ungemütlich, denn auch hier war kein Ofen vorhanden. Eine Besonderheit der Pfarrhöfe stellte das Arbeitszimmer des Pastors dar, das an unterschiedlichen Stellen in die Hofanlagen eingefügt wurde. So liegt das Kontor in Laufás beispielsweise in der *baðstofa* und besitzt eine eigene Eingangstür, durch die Besucher kommen konnten. In Glaumbær befindet es sich hingegen zwischen *baðstofa* und Vorratskammer. Der Raum diente meist gleichzeitig als Schulraum für die Kinder der Gemeinde, die hier im Winter unterrichtet wurden.

Stallungen und Geräteschuppen bildeten meist die vordere Front größerer Höfe, die ebenfalls aus Holz bestand. Die verschiedenen Türen in solch einer Häuserfront führten in diese Räume, die manchmal auch innen miteinander verbunden waren. Die Haupttür, hinter der der lange Gang zu den zentralen Räumen begann, war wie die wenigen kleinen Fenster äußerst einfach gearbeitet und besaß kein Schloß. Die Höfe waren seit der Landnahmezeit von der Hauswiese, *tún*, umgeben, zu der in den letzten Jahrhunderten oft ein Kartoffelacker hinzugefügt wurde. Zu Beginn dieses Jahrhunderts wurden die Torfbehausungen nach und nach von Gebäuden aus Stein, Beton oder Holz mit Wellblechverkleidung verdrängt.

Welche Mängel jedoch die Betonbauten der ersten Jahrzehnte aufwiesen, schildert Halldór Laxnes eindrucksvoll in seinem Roman »Sein eigener Herr«: Ein dickschädeliger Kleinbauer, der zeit seines Lebens in einer ›Kuh-Badstofa‹, also über dem Winterstall gehaust hat, erwirbt von seinen mühsam zusammengekratzten Ersparnissen ein Steinhaus. Bald muß er feststellen, daß das Haus feucht und zugig ist und daß man in einem solchen Gebäude wesentlich schlechter ohne Ofen auskommt als über dem Kuhstall.

1958 wurde mit dem Bau der Zementfabrik in Akranes, die in Ermangelung von Kalk Muschelsand verarbeitet, eine bedeutende Grundlage für die Entwicklung der Bauwirtschaft gelegt; ironisch wird die damit einhergehende Epoche der Betonbauweise in dem Ausspruch vom ›Jahr soundsoviel nach Akranes‹ karikiert. Heute bestehen fast alle Wohnhäuser ebenso aus dem neuen Baumaterial wie die Wirtschaftsgebäude der Höfe.

35 Akureyris Hausberg: der Súlur

Die Besteigung des Súlur, die für Wanderer mit guter Kondition ohne Probleme zu bewältigen ist, bietet großartige Ausblicke über Gebirge, Täler, Gletscher und die Stadt am Fjord. Die Tour beginnt im Naherholungsgebiet Akureyris, dem Kjarnaskógur, der sich bei unsicherer Wetterlage auch für einen Spaziergang von der Stadt aus anbietet.

Dauer: 6–9 Std.
Gesamtlänge: 15–25 km, 1100–1250 Höhenmeter.

Ausrüstung: Grundausstattung, vor allem Hemd bzw. T-Shirt zum Wechseln, Wasser, Wanderstock, Reservefilm, Übersichtskarte.
Karten: Aðalkort 4, Atlasblöð 63.
Unterkunft: Akureyri: vielfältiges Angebot; Hrafnagil (10 km): Edda-Hotel, Schlafsackunterkunft, Camping.
Sonstiges: Schwimmbäder in Akureyri und Hrafnagil.
Anfahrt: Der Aufstieg zum Gipfel Súlur beginnt in Akureyris Naherholungsgebiet Kjarnaskógur, wohin jedoch keine Busverbindung besteht. Autofahrer erreichen den Abzweig dorthin etwa 1 km hinter dem Flughafen. Nach rechts ist bald der Parkplatz mit einem Aufenthaltshäuschen erreicht. Hier beginnt die Bergtour. Leute ohne Auto stehen vor folgenden Alternativen: Mit dem Stadtbus zum Eisstadion, von dort der Fahrstraße Richtung Flugplatz folgen, weiter wie oben. Pro Strecke muß eine halbe Stunde zusätzlich veranschlagt werden. Oder man fährt mit dem Taxi nach Kjarnaskógur. Für den Rückweg bleibt dann nur übrig, einen der zahlreichen Ausflügler nach einer Mitfahrgelegenheit zu fragen. Ganz Ausdauernde können die Strecke durch die Stadt (s. Stadtspaziergang) bzw. zurück in jeweils einer Stunde laufen. Für Tage mit unsicherer Wetterlage ergibt sich aus

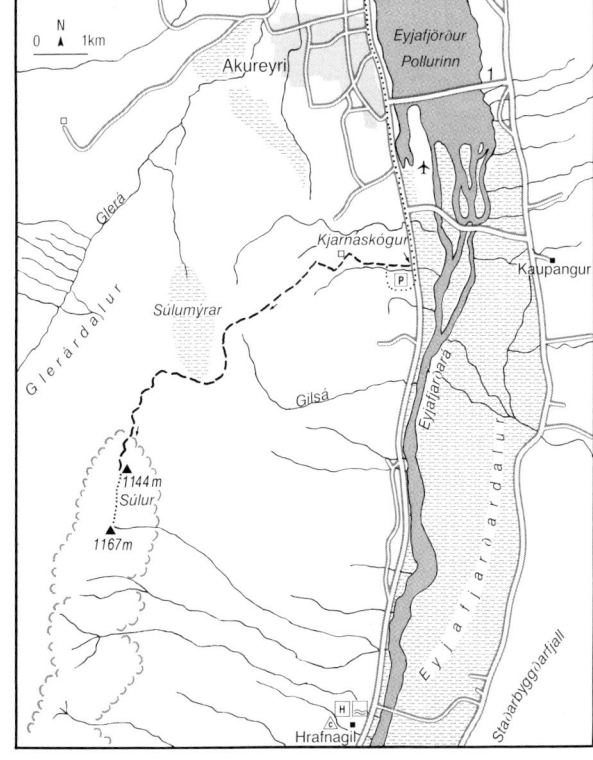

Wanderung 35

Hin- und Rückweg zusammen mit einem Rundgang durch Kjarnaskógur eine hübsche Extrawanderung. Vom Parkplatz im **Kjarnaskógur** führt in der Verlängerung der Zufahrt ein

In einer Linkskurve verläßt man den Weg und hält geradeaus auf die alte Fahrspur zu, die steil nach oben führt. Die Hänge sind gestuft, auch im weiteren Verlauf der Wanderung

Grat des Súlur

Spazierweg weiter in Richtung Berghang. Er gabelt sich sofort, man folgt dem rechten. Der Weg beschreibt einen weiten Bogen durch das Naherholungsgebiet, in dem bewaldete Stellen mit großen Wiesen abwechseln, ein Bach durch ein tiefes Tal plätschert und sich an sonnigen Tagen viele Ausflügler tummeln.

werden etliche kleine felsige Absätze passiert, die aber auf Grashängen immer umgangen werden können. Die Fahrspur wird oberhalb im flacheren Gelände verlassen. Halbrechts ist eine Hütte zu sehen, auf die es nun ohne Weg und Steg zugeht. Auf den Hangwiesen läßt es sich meist einfach laufen, kleinere Feuchtstellen werden umrundet. Ein Treppchen führt über einen Zaun, ein Trampelpfad nähert sich einem Bachlauf, der gequert wird. Jenseits geht es weiter auf die **Hütte** zu, die nach einer Dreiviertelstunde erreicht ist. Die Unterkunft gehört der Pfadfinderorganisation von Akureyri. Auch wenn das Haus offen ist, sollte man es nicht ohne vorherige Absprache (Tourist Information) benutzen. Bei einem kleinen Schuppen daneben endet eine Wasserleitung; an ihr entlang geht es zum oberen Zaun, der bei einem Rinnsal überstiegen werden kann, wo der Stacheldraht fehlt. Ein Stück befindet sich der Zaun noch rechts in Sichtweite, dahinter im Tal ist der Flugplatz zu sehen. Halblinks voraus liegt der Súlur, Akureyris Hausberg und Ziel der Wanderung. In Etappen von steileren und flacheren Passagen führt der Aufstieg zu einer breiteren Terrasse, die sogar etwas zum Bergfuß hin abfällt: die Súlumýrar. Die stellenweise moorige Senke läßt sich nach links ausweichend entlang niedriger Felsrücken umgehen, nach knapp 2 Std. ist die nach Norden abflachende Bergflanke erreicht. Von hier ist nun auch das Glerárdalur zu überblicken, das den Súlur zur anderen Seite begrenzt. Auch von dort wäre ein Aufstieg möglich, aber wegen der nahen Mülldeponie nicht zu empfehlen. Am jenseitigen Hang liegt das Skigebiet von Akureyri mit dem Hotel, das im Sommer geschlossen ist.

Der eigentliche Aufstieg beginnt bei etwa 500 Höhenmetern. Während es zunächst gleichgültig ist, wo genau der Anstieg verläuft, sollte man sich auf dem steiler und schroffer werdenden Hang nach einer weiteren Stunde an dem breiten, in Nord-Süd-Richtung verlaufenden Grat orientieren: Links unten liegt das fruchtbare Hinterland des Eyjafjörður in Sichtweite, während es zu einem ersten Absatz auf 950 m hinaufgeht. Wer diesen schon für den Gipfel gehalten hat, wird nun eines Besseren belehrt: Der Vorsprung verdeckte nur den weiter ansteigenden Grat. Auf dieser Höhe finden sich auch im Sommer noch oft Firnfelder. Wo sie auf gleichmäßig geneigtem Hang liegen, stellen sie für erfahrene Bergwanderer kein Problem dar, sondern verführen beim Abstieg eher zu einer zeitsparenden Rutschpartie. Vorsicht ist jedoch vor Schneewächten geboten, die über den Grat hinausragen; sie können abbrechen, also Abstand halten!

Zum Gipfel des **Súlur** hinauf ist ein Pfad erkennbar, auf dem es bequemer durch das lose Geröll geht. Nach etwa 3½ Std. steht man am Steinmann auf 1144 m, kann sich hier ins Gipfelbuch eintragen und nun endlich die überwältigende Aussicht in Ruhe genießen: Tief unten liegt der Eyjafjörður mit der Stadt Akureyri, taleinwärts das grüne Hinterland. Manchmal schweben unten winzige Flugzeuge über den Fjord in Richtung Landebahn, oder ein Miniaturschiff befährt gerade den Meeresarm. Voraus verläuft der Gipfelgrat weiter in Richtung Kerling, der am Ende des schroffen Glerárdalur thront. Der mächtige Berggipfel ist von der nächsten Anhöhe aus noch besser zu sehen (siehe Abstecher). Weit im Südwesten sind bei guter Fernsicht sogar Herðubreið und Vatnajökull auszumachen, nach Norden überblickt man das wilde Bergland von Fjörður und Tröllaskagi.

Ein **Abstecher** über den Grat zum nächsten Gipfel auf 1167 m ist sehr lohnend und dauert etwa eine Stunde. Zwischen dem lieblichen Eyjafjarðadalur und dem wilden Glerádalur geht es ein paar Meter abwärts und dann allmählich hinauf zum Gipfelplateau. Nun liegt der mit 1538 m höchste Berg der Region voraus. Die steil aufragenden Felsen sind vergletschert. Zwar ist der Grat auch bis dichter an den Kerling heran begehbar, es sollte aber bei aller Begeisterung nicht der Rückweg zum Kjarnaskógur vergessen werden, der vom Súlur aus mindestens 2½ Std. dauert.

Der Abstieg erfolgt auf derselben Route; man hält sich auf dem Grat zunächst rechts mit Blick auf Tal und Fjord, verfolgt dabei wieder so weit wie möglich die Pfadspuren. Sie verlaufen sich beim Absatz auf 950 m, dann geht es durchs Gelände den Bergrücken hinab. Zwischendurch sollte es immer wieder möglich sein, den Flugplatz zu sehen, denn in diese Richtung verläuft ab dem Fuß des Súlur der Rückweg. Sollte sich die Sicht plötzlich verschlechtern, geht man Richtung Ost bis Nordost durch die Senke Súlumýrar. Bei normaler Sicht kann ein einzelnes Haus am anderen Hang nahe einer Schlucht als Orientierungspunkt dienen. Auf diese Stelle links von einem V-förmigen Tal hält man ungefähr zu. Über die Geländestufen geht es abwärts, bis die Hütte wieder in Sicht kommt. Von hier aus ist der Rest des Wegs einfach. Die beiden Zäune werden überstiegen, dann der Fahrweg zum **Kjarnaskógur,** dem Ausgangspunkt der Wanderung, benutzt.

Akureyri

Mit etwa 14 000 Einwohnern ist Akureyri die zweitgrößte Stadt Islands und das Zentrum des Nordens mit allen dazugehörigen Einrichtungen. Den Lebensnerv der Siedlung bildet seit jeher der geschützte Hafen, um den sich nach dem Ende des dänischen Handelsmonopols ab dem 18. Jh. vermehrt Fischer und Händler niederließen.

Das vergleichsweise milde, sonnenreiche Klima im inneren Eyjafjörður begünstigt Land- und Gartenbau, wie verschiedene öffentliche Grünanlagen, darunter der empfehlenswerte Botanische Garten Lystigarðurinn, belegen. Unter den verschiedenen – vergleichsweise kleinen – Museen und Galerien der Stadt soll hier das Heimatmuseum Minjasafnið, auch Akureyri-Museum genannt, hervorgehoben werden. Es stellt eine umfangreiche Sammlung kulturgeschichtlicher Gegenstände aus. Auf dem Museumsgelände kann auch die kleine Holzkirche von 1846 besichtigt werden, die 1970 von Svalbard am östlichen Eyjafjörður hierhergebracht wurde. Die bekannteste Kirche ist ohne Zweifel die 1940 erbaute Akureyrarkirkja mit ihrem Doppelturm, der an Basaltsäulen erinnern soll. Ähnlichkeiten mit der Hallgrímskirkja in Reykjavík kommen nicht von ungefähr; beide Entwürfe stammen von dem Architekten Guðjón Samúelsson. Die Kirche wird häufig für Konzerte genutzt, über die

die Broschüre »what's on in Akureyri« ebenso Auskunft gibt wie über Auftritte isländischer Rockgruppen, die meist am Wochenende in der größten Diskothek Sjallin stattfinden.

Ein Café und eine Ausstellung zur Stadtgeschichte befinden sich heute im ältesten Gebäude der Stadt, dem Laxdalshús von 1795. Einen guten Überblick über die Stadt am Fjord kann man sich mit Hilfe der Orientierungstafel an der Glerágata oberhalb der Sportanlage verschaffen. Daneben ist dem ersten Siedler der Gegend, Helgi dem Mageren, ein Denkmal gesetzt. Nicht weit dahinter liegt in einem hübschen Garten die Jugendherberge. Verschiedene Hotels und Gästehäuser sowie der Campingplatz befinden sich nahe der Innenstadt.

Stadtspaziergang

Der Weg durch Akureyri beginnt an der markanten Stadtkirche (1). Über zahlreiche Stufen geht es zu ihr hinauf, dann halblinks den Eyrarlandsvegur entlang. Von oben ist der Blick über die Stadt am Fjord besonders hübsch. An einem kleinen Platz steht das Denkmal des ›Geächteten‹ von Einar Jónsson (2). Schräg gegenüber vor dem schönen Holzgebäude des Gymnasiums (3) befindet sich eine Skulptur von Ásmundur Sveinsson, die Odins Raben darstellt. Dann folgt rechts der Botanische Garten (4). Auf dem Spitalavegur geht es geradeaus weiter durch den älteren Stadtteil Akureyris mit den zahlreichen schönen Gärten und architektonisch interessanten Häusern – auffällig sind die mit ›Steinblech‹ verkleideten Gebäude, deren metallene Fassade den Eindruck erweckt, sie sei aus Natursteinquadern erbaut. Man trifft auf die Lækjargata, geht einige Meter nach links zur Aðalstræti und folgt dieser nach rechts. Gegenüber der Einmündung liegt mit dem Eingang zum Fjordufer hin das älteste Haus der Stadt, das Laxdalshús von 1795 (5). Wer sich näher über die Stadtgeschichte und Architektur informieren möchte, ist hier richtig.

Auf der Aðalstræti geht es am Stadtsee Leirutjörn entlang fjordeinwärts. Im Nonnahús (6) wuchs der durch seine Kindheitserinnerungen bekannte Schriftsteller und Geistliche Jón Sveinsson auf. Daneben befindet

Akureyri 1 Stadtkirche 2 Denkmal des »Geächteten« 3 Gymnasium 4 Botanischer Garten 5 Laxdalshús 6 Nonnahús 7 Heimatmuseum 8 Busendstation und Eisstadion 9 Tourist-Information 10 Postamt 11 Schwimmbad 12 Campingplatz sich das Heimatmuseum der Stadt (7) in einem großen Garten, in dem auch die kleine Dorfkirche von Svalbarð einen neuen Standort erhalten hat. Hinter dem Stadtsee liegt das Eisstadion und die Endstation des Stadtbusses (8). Von hier aus kann man über die Hauptstraße in Richtung Flughafen und den dahinter rechts abbiegenden Fahrweg den Ausgangspunkt der Wanderung 35 am Kjarnaskógur erreichen.

Wanderungen, die von Akureyri aus als Tagestouren mit Linienbussen möglich sind: 36 Hraunsvatn: Nur dann an Wochentagen, wenn abends ein zusätzlicher Bus fährt / 37 Kotagil / 34 Laufás / 33 Ljósavatn (Goðafoss) / 32 Laugar-LaxárdalurGrenjaðarstaður / 27–31 Mývatn.

36 Ins alpine Bergland nahe Öxnadalsheiði

Ein steiler Aufstieg, der nur erfahrenen Bergwanderern empfohlen werden kann, führt aus dem weiten Trogtal Öxnadalur hinauf; über einen schroffen Paß verläuft die Tour durch ein Hochtal vor grandioser Bergkulisse hinunter zum Bergsee Hraunsvatn. Von dort leiten Saumpfade einfach zur Ringstraße zurück. Dieser letzte Streckenabschnitt kann als eigene Wanderung denjenigen empfohlen werden, die sich Passagen über steile Geröll- und Schneefelder nicht zutrauen.

Dauer: 6 Std.
Gesamtlänge: ca. 13 km, 800 Höhenmeter.
Ausrüstung: Grundausstattung, Stock, Reservefilm.
Karten: Aðalkort 4, Atlasblöð 63.
Unterkunft: Engimýri: Hotel, Schlafsackunterkunft, Camping, voraussichtlich ab Frühjahr 92; Þelamörk (23 km): Gästezimmer, Schlafsackunterkunft, Camping; Akureyri (40 km): vielfältiges Angebot.

Sonstiges: Schwimmbad in Þelamörk, Reiten in Engimýri.
Anfahrt: Startpunkt der Streckenwanderung ist die Brücke über die Öxnadalsá, an der Ringstraße 8 km südlich vom Hotel Engimýri, wo die Tour endet. Autofahrer können ihren Wagen beim Hotel parken und erreichen dort den Bus von Akureyri gegen 10 Uhr, der bis zur Brücke benutzt wird. Während der Anfahrt empfiehlt sich schon ein Blick auf den rechten Berghang, der bald überwunden werden soll: Ein tief einschneidender Bachlauf kommt steil vom Paß herunter, etwas weiter erkennt man einen Hangrutschkegel unterhalb eines felsigen Halbrunds, aus dem er herausbrach. Von dort zum Bach und dann über den Rücken hinauf verläuft der Aufstieg.

Hinter der **Brücke** biegt man rechts auf einen Feldweg ab und überquert kurz darauf einen Seitenbach. Hier verläuft sich die Spur schnell, die Wanderung führt zunächst an den

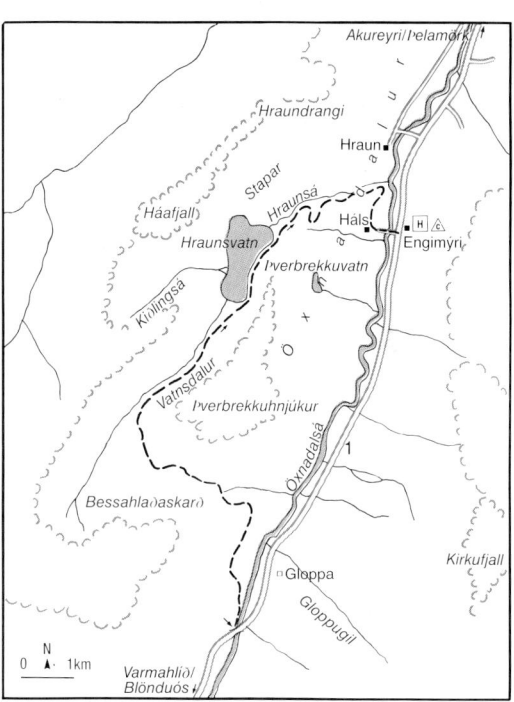

Wanderung 36

links liegenden, im oberen Bereich sehr schroffen Berghängen entlang. Nach etwa 15 Min. ist der Fuß eines Hangrutsches erreicht, und der erste Anstieg beginnt. Oberhalb ist der Steilhang zu erkennen, aus dem das Gestein sich gelöst hat. Zur Rechten liegt am anderen Ufer der **Öxnadalsá** der aufgegebene Hof Gloppa unterhalb einer Schlucht.

Oben auf der flachen Kuppe ist zwischen großen Felsbrocken ein Schafspfad zu finden. Er führt nun am Hang entlang über einige kleine Geröllpassagen; das Gelände ist recht steil geneigt, und einige eingekerbte Wasserläufe kreuzen den Weg. Es geht jedoch nur wenig aufwärts, und auch wenn der Pfad sich verläuft, sollte etwa auf gleicher Höhe weiter in Richtung Bachschlucht gewandert werden. Erst in ihrer Sichtweite wird nach etwa einer Stunde der Aufstieg fortgesetzt, denn nun liegen die steilen Geröllhänge schon weitgehend hinter einem.

Ein bewachsener Rücken zieht sich nahe der Einkerbung in etwas angenehmerem Neigungswinkel hinauf bis zu einer Senke auf knapp 800 Höhenmetern. Hier plätschert der Bach durch bemoosten Untergrund, ein idealer Platz für eine erste Pause nach etwa 2 Std. Hier lohnt sich auch ein Blick zurück: Der steilste Abschnitt der Wanderung ist überwunden, und das weite Trogtal Öxnadalur liegt schon tief unterhalb. Auch jenseits davon erheben sich schroffe Bergzüge, deren Gipfelplateaus an die Entstehungsgeschichte dieser tertiären Flutbasalte erinnern.

Nach vorn ist auch schon der Talschluß zu sehen, ein breiter Grat, über den hinweg die Wanderung ins Vatnsdalur führt. In der Mitte steigt er zu einem kleinen länglichen Gipfel auf, der Grat wird sozusagen in zwei Paßübergänge geteilt. Da der linke nur wenige Meter niedriger, aber oft noch im Hochsommer bis oben schneebedeckt ist, führt die Wanderung über den rechten. Man quert den Bach in der Senke und steigt den Hang halbrechts hinauf. Er zieht sich stufenförmig zum 1142 m hohen Þverbrekkuhnjúkur hinauf, der auch ganz erklommen werden kann. Die Wanderroute führt allerdings durch stabil liegendes Geröll und Moosbewuchs nur bis auf gut 1000 m. Dort ist nach knapp 3 Std. die Paßhöhe erreicht, und das **Vatnsdalur** liegt voraus.

Rechts von dem kleinen Gipfel wird der Grat gequert und der Abstieg ins Tal begonnen. Es ist wichtig, möglichst direkt auf den Talgrund mit dem Bach zuzuhalten, denn weiter rechts werden die Hänge zu steil zum Absteigen. An ihnen vorbei eröffnet sich bald ein grandioser Ausblick auf den See Hraunsvatn, gekrönt von den spitzen Bergzinnen Hraundrangi (s. Farbabb. 7). Die höchste der Felsnadeln wurde 1956 zum ersten Mal bestiegen. Die unregelmäßigen Hügel jenseits des Sees

stammen von einem Bergsturz, der seitdem das Wasser im Talboden aufstaut.

Bergstürze sind ein häufiges Phänomen auf Island. Als nach den Eiszeiten die Gletscher abgeschmolzen waren, hinterließen sie Trogtäler mit stark geneigten Hängen oder Wänden, die nun vielerorts nachbrachen. So auch hier im Vatnsdalur, wo nur die markanten Felsnadeln stehenblieben.

Hinter dem Vatnsdalur kommt bald auch der Eyjafjörður in Sicht, eingerahmt vom Bergland Tröllaskagi und Fjörður. Das grandiose Panorama begleitet den Abstieg zum Bach hinunter. Nach etwa 4 Std. ist sein tief erodierter Lauf erreicht, nach rechts geht es an ihm entlang auf den Bergsee zu. Allmählich wird der Bewuchs wieder üppiger, kleine Seitenbäche fließen von den Hängen des weiter werdenden Tals. Bald sind Schafspfade zu finden. In einer letzten Gefällestufe stürzt der Bach die enge Felsschlucht hinunter, dann fließt er ruhiger und mäandrierend dem **Hraunsvatn** zu, an dem man nach 5 Std. angekommen ist. Rechts führen Pfade an seinem steilen Ufer entlang, jenseits fällt ein Wasserfall herunter, voraus sind weiterhin die Felsformationen zu bewundern.

Am anderen Ende des Hraunsvatn wird sein Abfluß, die **Hraunsá**, verfolgt. Links liegen nun auf der anderen Bachseite die Hügel des Bergsturzes. Der Bach fließt bald ruhig und breit dahin, rechts biegt ein Pfad zum flachen Paß Háls ab, über den hinweg schon der gleichnamige Hof und gegenüber Engimýri erreichbar sind. Doch die Wanderroute verläuft zunächst am Ufer weiter und passiert einen kleinen Tümpel zur Rechten. Der eben noch wasserreiche Bach Hraunsá versickert plötzlich auf wenigen Metern im steinigen Untergrund. An der Stelle, wo das trockene Bachbett steil zum Haupttal hin abfällt, verläßt man es und geht rechts um den Hang herum, wo ein Pfad abwärts verläuft und auf den vom Paß Háls kommenden trifft. Dieser führt nun halblinks zur Hraunsá zurück, die im flacheren Gelände plötzlich wieder unter den Felsbrocken hervorquillt. Auch hier ist das Terrain von dem riesigen Bergsturz

»Abstieg« ins Vatnsdalur

geprägt. Der Name Hraun, der sonst auf Lavafelder hinweist, steht in diesem Fall nur für ein unwegsames Geröllfeld.

Es ist nun möglich, der wieder in geheimnisvollen unterirdischen Kanälen verschwindenden Hraunsá bis zur **Öxnadalsá** zu folgen. Unten geht es dann nach rechts, oberhalb des von tiefen Gräben zerfurchten Kulturlands zum verlassenen Hof Háls, wo über eine Brücke die Ringstraße und das gegenüberliegende Hotel erreicht werden. Wer sich schon eher dorthin orientieren will, verläßt die Hraunsá nach rechts und hält nach einem anderen Bach Ausschau, der aus Richtung Paß herunterkommt. Er fließt in einem tiefen Bachbett direkt zum Hof. Zwei zusammentreffende Zäune werden gequert, am linken Rand einer Wiese gelangt man zum alten Wohnhaus, bei dem der Fahrweg über die **Brücke** zur Ringstraße beginnt. Nach etwa 6 Std. endet die Wanderung hier.

37 Die Schlucht Kotagil

Die Kurzwanderung entlang der beeindruckenden Schlucht ist mit steilem Auf- und Abstieg verbunden und erfordert daher Trittsicherheit.

Dauer: 1–2 Std.
Gesamtlänge: 3–5 km, bis zu 500 Höhenmeter.
Ausrüstung: Nicht erforderlich.
Karten: Aðalkort 4, Atlasblöð 53.
Unterkunft: Varmahlíð (25 km): Camping, Schlafsackunterkunft, Gästezimmer; Ulfsstaðir (8 km): Gästehof.
Sonstiges: Schwimmbad und Reiten in Varmahlíð, Museumshof Glaumbær, Torfkirche in Víðimýri.
Anfahrt: Von Varmahlíð fährt man auf der Nr. 1 Richtung Akureyri. Wenige Kilometer nachdem die Ringstraße in das Tal der Norðurá eingebogen ist und langsam zur Öxnadalsheiði aufsteigt, wird auf einer neuen Brücke ein Bach überquert. Linker Hand ist noch eine alte Brücke zu erkennen. Direkt jenseits des Baches kann man links von der Straße parken. Diese Stelle bietet die einzige Gelegenheit, sein Fahrzeug so abzustellen, daß es nicht den Verkehr behindert. Besucher ohne eigenes Fahrzeug können zwar die Busfahrt auf der Ringstraße hier unterbrechen, sollten sich aber zuvor über die nächste Verbindung informieren. Eine Möglichkeit besteht darin, den morgendlichen Bus aus Akureyri zu benutzen und am frühen Nachmittag dorthin zurückzufahren.

An der Brücke ist zu erkennen, daß der Bach aus einer Schlucht herauskommt. Schon auf der Übersichtskarte 1:250 000 fällt die besondere Schraffierung auf, da das, was sich hinter dem schmalen Zugang abspielt, mit normalen Höhenlinien nicht mehr wiederzugeben ist. Die Straße hat ein Niveau von 220 m über

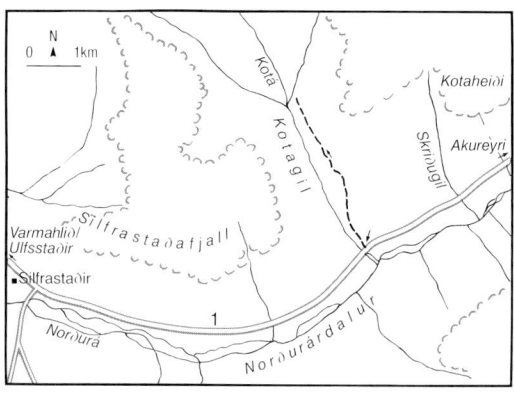

Wanderung 37

NN. Innerhalb von 3 km Luftlinie gewinnt der Hang ungefähr 500 Meter an Höhe. Das Flüßchen **Kotá** hat auf diesem kurzen Stück eine der schönsten und gewaltigsten Schluchten herausgearbeitet, die man auf Island finden kann. Es ist unmöglich, dieses Tal zu begehen, da die Wände nahezu senkrecht aufsteigen und der Wasserlauf den Grund ausfüllt bzw. immer wieder direkt an die Felsen stößt. Rechts neben der Klamm führt allerdings ein schmaler Trampelpfad steil aufwärts, von dem aus man immer tiefer in die Schlucht hinabsehen kann. Quer zur Hauptrichtung gibt es häufig kleinere Einschnitte, wo der Hang nachgebrochen ist. Hier kann man das Durcheinander von stehengebliebenen Felswänden und -nadeln, kleinen Wasserfällen und Kaskaden am besten beobachten.

Es empfiehlt sich, mindestens eine halbe Stunde aufwärts zu steigen, bis der Blick voraus in die Schlucht frei wird. Dann erkennt man auch, daß diese nach und nach in ein normales, weniger spektakuläres V-Tal übergeht. Auch der Ausblick auf dem Rückweg in das breite Tal der Norðurá, die in vielen kleinen Armen dahinfließt, macht diesen Aufstieg lohnend. Am jenseitigen Hang sind ebenfalls viele Einkerbungen zu erkennen, wenn auch nicht so mächtige. Dort, wo die Ringstraße zu sehen ist, unterstreichen die wie Spielzeugautos wirkenden Fahrzeuge die Dimensionen der **Kotagil**.

Die Kotagil endet im breiten Norðurárdalur

38 Zu den Islandpferden ins Laxárdalur bei Blönduós

Auf dieser Streckenwanderung, die auf alten Pfaden über den Paß Geitaskarð hinweg ins weite, grüne Laxárdalur und später über einen zweiten Paß hinweg zur Ringstraße zurückführt, begegnet man unzähligen halbwild lebenden Islandpferden. Die Tour läßt sich abkürzen oder verlängern, erfordert aber in jedem Fall etwas Ausdauer.

Dauer: 6 Std., Abkürzungsmöglichkeit, Varianten für Trekker.
Gesamtlänge: 27 km, ca. 400 Höhenmeter.
Ausrüstung: Grundausstattung, Wanderstock, Watschuhe.
Karten: Aðalkort 4, Atlasblöð 43 und 53.
Unterkunft: Geitaskarð: Gästehof; Stóra Vatnsskarð (20 km): Gästehof; Blönduós (15 km): Hotel, Schlafsackunterkunft, Camping; Varmahlíð (35 km): Hotel, Schlafsackunterkunft.
Sonstiges: Schwimmbad in Varmahlíð; Reiten in Geitaskarð und Stóra-Vatnsskarð; Torfkirche Víðimýri; Museumshof Glaumbær; Hrutey am Ortseingang von Blönduós, ein hübsches, unter Naturschutz stehendes Inselchen in der Blanda, das sich für einen kleinen Spaziergang anbietet.
Anfahrt: Mit Bus oder Auto auf der Nr. 1 bis Geitaskarð, der Hof liegt dicht an der Ringstraße, ca. 15 km hinter Blönduós Richtung Akureyri. Um vom Endpunkt der Streckenwanderung wieder zum Ausgangspunkt oder zur nächsten Unterkunft zu kommen, bietet sich außer dem täglich gegen Mittag, also zur besten Wanderzeit, verkehrenden Bus zwischen Akureyri und Reykjavík nur von Mitte Juni bis Mitte August der zweite, abends die Strecke befahrende Bus an. Erwähnt sei zudem die Busverbindung Reykjavík – Siglufjörður, die über Blönduós und Varmahlíð führt.

Die Wanderung beginnt am **Hof Geitaskarð**. Dieser liegt von der Straße aus gesehen links von einem kleinen Bach, an dessen linker Seite der erste Teil des Anstiegs entlangführt. Doch zunächst wandert man mitten durch das Hofgelände und die anschließende Wiese. Die netten Hofbesitzer haben ihre Zustimmung zu diesem Weg gegeben, sprechen gut Englisch und bieten auch Unterkunft an. Durch ein Gatter wird das Kulturland bergauf verlassen; falls zu finden, sollte man den Trampelpfad benutzen, andernfalls geht es in Sichtweite des rechts fließenden Baches voran. Nach etwa 10 Min. ab Hof bildet das Gewässer kleine Kaskaden. Oberhalb davon, auf der anderen Bachseite, ist ein Reitweg gut zu erkennen, zu dem man hinüberwechselt, um auf ihm zunächst durch Grasland und dann durch Geröll weiterzuwandern.

Hier wie auf der gesamten Wanderung ist es sinnvoll, dem Reitweg zu folgen, was mitunter Schwierigkeiten bereiten kann, da sich manchmal die Spuren kurzfristig verlieren. Die einheimischen Reiter wählen aufgrund ihrer Ortskenntnisse stets den günstigsten Weg, umgehen z. B. sumpfiges Terrain bzw. passieren es auf dem kürzesten Wege, ein Umstand, den sich Wanderer zunutze machen können. In Sichtweite des Baches führen die Spuren bergan und vereinigen sich an der schmalsten Stelle des Taleinschnitts zu einem deutlichen Weg, der bis zur Laxá verfolgt werden kann. Nach 30 Min. hat man das Hochtal am **Geitaskarð** erreicht. Der Weg führt oberhalb des sumpfigen Talbodens an zwei kleinen Moorseen vorbei. Zu beiden Seiten erheben sich steile Berghänge, die zur Rechten allerdings nach und nach flacher werden. Unbemerkt hat man die Wasserscheide überwunden, denn der Bach fließt jetzt schon in Gehrichtung.

Nach einer Stunde läuft der Bergrücken zur Rechten endgültig aus, und das von da kommende **Brunnárdalur** vereinigt sich mit dem Geita-

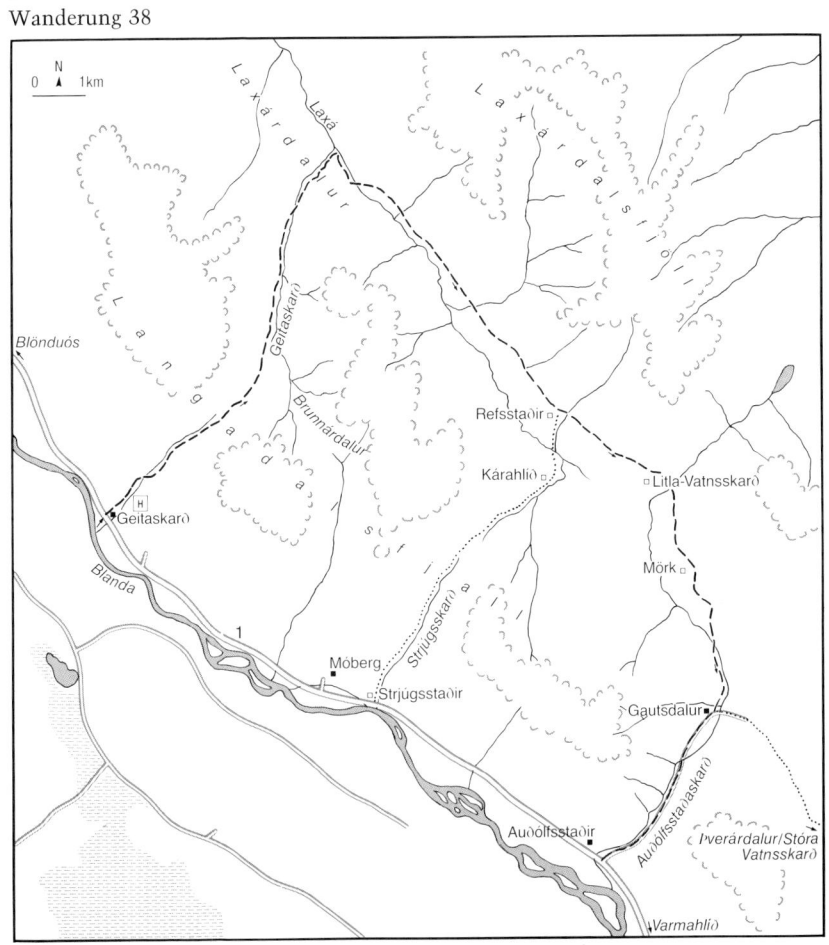

Wanderung 38

Islandpferde

Die Vorfahren der heutigen Islandpferde waren die robusten Kleinpferde, die die Wikinger zur Landnahmezeit aus Nordeuropa mitbrachten. Da seit fast 1000 Jahren ein Einfuhrverbot für Pferde herrscht, bildete sich eine eigenständige Rasse heraus. Tiere, die einmal außer Landes waren, dürfen auch nicht wieder eingeführt werden.

Bis in dieses Jahrhundert hinein war das Pferd das einzige Verkehrs- und Arbeitsmittel in Island. Dies führte zusammen mit den harten Umweltbedingungen zu einer strengen Auslese über Jahrhunderte hinweg. Die Tiere verbringen ihre ersten vier Lebensjahre mehr oder weniger wild auf abseits gelegenen Weiden, wo sie sich ihr Futter selbst suchen müssen. Auch im Winter leben sie meist im Freien, nachdem sie zuvor im Herbst wie die Schafe zusammengetrieben und ausgemustert werden: Ein Teil bleibt zur Dressur bei den Höfen, ein Teil wird geschlachtet, der Rest kommt wieder in die Freiheit, wo nur bei Extrembedingungen zugefüttert wird. Das Islandpferd bekommt deshalb im Winter ein dichtes Fell, das vor Feuchtigkeit und gegen Kälte schützt; ein längerer Stallaufenthalt würde die Tiere angesichts dieses ›Pelzes‹ vor ernsthafte Temperaturprobleme stellen. Zum Sommer hin wechseln sie ihr Fell, scheuern bzw. rupfen sich und anderen ihren Winterschutz ab.

Das Stockmaß der Pferde beträgt im Durchschnitt 1,35 m, es wäre demnach falsch, sie als Islandponys zu bezeichnen. Diese geringe Höhe und seine zusätzliche Gangart *Tölt* machen das Pferd selbst für den Anfänger zum idealen Reittier. Beim Tölt werden die Beine in einem Viertaktschritt nacheinander aufgesetzt. Das bedeutet für den Reiter selbst bei hohem Tempo einen erschütterungsfreien Ritt. Dazu sind die Pferde ausgesprochen trittsicher, so daß ein Besucher nach einigen Proberunden sofort zu seinem ersten Geländeritt aufbrechen kann, natürlich in fachmännischer Begleitung. Die heutige wirtschaftliche Bedeutung der Islandpferde liegt denn auch in erster Linie im Freizeitbereich sowie dem Export und der Fleischlieferung. Als Arbeitstier dient es nur noch beim Einfangen der Schafe und Artgenossen im Herbst. Daß die Pferde nicht nur in ihrem Winter-Zottelfell ausgesprochen schöne Tiere sind, sei abschließend erwähnt. Es gibt sie in vielen Farben und auch gescheckt.

skarð. Der Weg hält auf den Zusammenfluß der beiden Bäche zu und überquert den linken. Er verläuft nun hoch oberhalb des Baches, der schnell ein tiefes Tal bildet. Nach 1 ½ Std. führen die Spuren, undeutlich erkennbar, zum Wasserlauf hinunter und queren ihn bald darauf. Wenig später kann man schon ins Laxárdalur hinuntersehen und hat nach ungefähr 2 Std. die **Laxá** dort erreicht, wo sich gegenüber ein Schafspferch befindet. Man bleibt auf der hiesigen Bachseite, wendet sich nach rechts und muß einen Elektrozaun überqueren (Wander- oder Skistock mit Plastikgriff!).

Dann ist jedoch lange Zeit mit keiner Umzäunung mehr zu rechnen, denn hier beginnt eine der größten Pferdeweiden Islands. Bis zum 12 km entfernten Hof Gautsdalur leben in dem breiten Tal zwischen den Bergrücken Langadalsfjall zur Rechten und Laxárdalsfjöll zur Linken einige hundert Islandpferde. Immer wieder trifft man im weiteren Verlauf der Wanderung auf kleine und große Gruppen der scheuen Tiere, deshalb sollten laute Geräusche unbedingt unterbleiben.

Auf einer der zahlreichen Spuren geht es nun an der rechten Bachseite entlang. Da hier später die Ufer sehr sumpfig werden, empfiehlt es sich, schon nach einer halben Stunde ab Zaun eine Stelle zum Furten der Laxá zu suchen und einer Spur auf den gegenüberliegenden Hang hinauf zu folgen. Ein alter Reitweg, der einige heute aufgegebene Höfe miteinander verband, verläuft auf ungefähr 300 Höhenmetern, also ca. 50 m oberhalb der Talsohle. Es ist egal, ob man ihn auf Anhieb findet; immer, wenn der Untergrund zu feucht wird, weicht man nach oben aus und trifft früher oder später auf den richtigen Pfad. (So entstand er wahrscheinlich auch!)

Nach gut 3¼ Std. Gesamtwanderzeit ist der alte Hofplatz **Refsstaðir** erreicht, von dem noch knapp meterhohe Feldsteinmauern erhalten sind. Eine deutlich zu erkennende Pferdespur führt von hier ins Tal hinunter und weiter über den Strjúgsskarð zur Ringstraße. Dieser Weg ist die einzige sichere Querungsmöglichkeit in dem weiten, sehr sumpfigen Bereich der Wasserscheide. Die im Talgrund erkennbaren kleinen Hügel sind zwar relativ trocken, aber das sumpfige Terrain dazwischen verschafft bestenfalls nasse Füße und sollte unbedingt gemieden werden!

Eine erste **kürzere Variante** der Wanderung führt von hier zurück zur Straße Nr. 1. Man schlägt die erwähnte Pferdespur ein, die bald darauf parallel zu einem Rinnsal verläuft, das kurz hinter dem alten Hofplatz Strjúgsskarð den Berg herunterkommt. Bald mündet es in den Hauptbach des Tals; hier kann man gut auf die andere Seite gelangen. Eine deutliche Spur führt wieder aufwärts, und nach einer Viertelstunde sind die Grundmauern des ehemaligen Hofes **Kárahlíð** erreicht, die sich unmittelbar am Eingang zum Strjúgsskarð befinden. Man verläßt das Laxárdalur, hält sich rechts am Hang und betritt das rechte der beiden Nebentäler, die hier einmünden. Auf gut erkennbarem Pferdeweg geht es durch ein breites, alpin anmutendes Hochtal. Immer wieder muß man sich daran erinnern, daß sich, verglichen mit den Alpen, hier in den Bergen Islands alle Naturgegebenheiten 2000 Höhenmeter tiefer abspielen. So ist denn auch der Paß bei 350 m über NN erreicht.

Ein kleiner See wird passiert, und nach einer Stunde verläßt man durch einen Zaun die Pferdeweide. Die Stelle ist gut gewählt, denn hier ist der Taleinschnitt besonders eng. Nach wenigen Metern steigen die Hänge zu beiden Seiten steil und vegetationslos bergan. Dort endet der Zaun wieder, die Pferde sind eben nicht so gute Kletterkünstler wie die Schafe. Endlich taucht voraus das Langidalur auf, in dem die Blanda breit und von vielen Sandbänken durchbrochen zum Meer fließt. Nach ungefähr 1½ Std. ist der verlassene, aber noch intakte Hof **Strjúgsstaðir** an der Nr. 1 erreicht, so daß die gesamte Tour mit dieser Abkürzung fast 5 Std. dauert. (Soll die Wanderung in umgekehrter Richtung erfolgen, so findet man den Einstieg zwischen den beiden Häusern des Hofes. Es geht an einem Zaun aufwärts, dann ist der Weg links schon zu erkennen. Der Bach muß immer zur Rechten liegen.)

Die Wanderung führt ab Refsstaðir weiter am Hang des Laxárdalsfjöll entlang. Es wird notwendig, noch weitere 50 Höhenmeter aufzusteigen, da sich das sumpfige Grünland hier sehr hoch hinaufzieht. Etwa eine halbe Stunde später hat man die alte Hofstelle **Litla-Vatnsskarð** erreicht,

zu erkennen an den alten Grundmauern. Kurz vor und hinter diesem Platz verlaufen senkrecht im Hang kleine Dämme, die sicherlich die Funktion hatten, den Hof vor Hangrutschen und Wasserläufen zu schützen. Man bleibt am Hang und läuft etwas in das Tal Litla-Vatnsskarð hinein, kann dabei jedoch langsam absteigen. An einer günstigen Stelle, die nicht allzu feucht aussieht, wird dieses Seitental gequert.

Tal wie Hofplatz Litla-Vatnsskarð verdanken ihren Namen einem kleinen See, der oben auf der Paßhöhe liegt. Ein alter Verbindungsweg führt seit der Besiedlungszeit hinüber zum Göngeskarð und zur Küste bei Sauðarkrókur. So berichtet das Landnahmebuch von dem Norweger Aevar, der das nördliche Ufer der unteren Blanda und das gesamte Laxárdalur in Besitz genommen hatte. Sein Sohn Vefröð, der lange auf Wiking, also auf Raubzügen unterwegs war, reiste seiner Sippe hinterher: »Vefröð kam später nach Island in die Mündung der Göngeskarðsá und ging nach Süden zu seinem Vater, und dieser erkannte ihn nicht. Sie rangen miteinander, so daß alle Balken im Hause lose wurden, ehe Vefröð sich zu erkennen gab. Er errichtete seinen Hof in Móberg, wie es vorgesehen war, Thorbjörn Strug dagegen in Strugsstaðir, Gunnstein in Gunnsteinsstaðir (...) und Auðólf in Auðólfsstaðir. Gaut besiedelte den Gautsdal, er war einhändig.« (Thule Bd. 23, S. 110) Alle genannten Hofplätze sind noch heute auf der Übersichtskarte dieses Gebietes verzeichnet. Móberg ist seit Jahren verlassen, Strjúgsstaðir wurde noch bis vor wenigen Jahren bewirtschaftet, Gautsdalur und Auðólfsstaðir sind auch heute noch bewohnt.

Man muß jenseits des Seitentals schnell wieder Höhe gewinnen und sich dann auf einer Spur nach rechts zurück zum Hauptal wenden. Nach insgesamt 4½ Std. sind die Grundmauern des Hofes **Mörk** erreicht, die schon deutlich tiefer am Hang liegen. Auf dem in ungefähr 45 Min. zu bewältigenden Teilstück zwischen Mörk und Gautsdalur findet sich kein kontinuierlich verlaufender Pfad. Der Hauptbach, der in Laufrichtung entwässert, hat ein tiefer einge-

Der Hof Geitaskarð

schnittenes Tal gebildet, in dessen Nähe wieder Pferdespuren anzutreffen sind. Auf der gegenüberliegenden Seite tauchen dann auch Zäune auf, die das Kulturland des Hofs **Gautsdalur** begrenzen. Ebenso wie der Bach leiten sie bei schlechter Sicht sicher zu den Hofgebäuden. Bleibt man hingegen am Hang, wird ein querverlaufender Zaun erreicht, der das Ende der Pferdeweide markiert. Auch er führt nun bergab zu den Häusern, eine Variante, die etwas länger dauert.

Das Hochtal Auðólfstaðaskarð wird nun immer enger und schroffer, die gut ausgebaute Privatstraße führt aber bequem bergab. Nach insgesamt gut 6 Std. erreicht man links vom Bach die Ringstraße, während der Hof **Auðólfsstaðir** jenseits des Gewässers, also Richtung Blönduós, liegt. Die Tore auf diesem Stück sind wieder zu verschließen.

Wanderer, die auf **Mehrtagestouren** eingerichtet sind, könnten folgende Varianten ausprobieren:

Obwohl der Einstieg beim Geitaskarð unbedingt empfehlenswert ist, kann die Wanderung alternativ auch nördlich von Blönduós beginnen. Die Straße Nr. 742, die von dort in das Laxárdalur führt, wird kaum befahren. Man trifft lediglich auf einige Höfe und Wochenendhäuser, beim Gatter der Pferdeweide an der Laxá endet der schlechte Fahrweg. Die Wanderung kann gleich auf der richtigen Bachseite fortgesetzt werden.

Statt beim Hof Gautsdalur zurück zur Nr. 1 zu gehen, kann man auch eine Piste wählen, die hangaufwärts führt. Wir haben diesen Abschnitt nicht erkundet. Er soll ähnlich wie die Hauptwanderung auf einer Pferdespur weiterführen, die diesmal allerdings auf der rechten Hangseite, am Langadalsfjall, verläuft. Der Talgrund soll wiederum sehr sumpfig sein. In ungefähr 2 Std. dürfte der verlassene Hof Þverádalur erreicht sein, ein weißes Gebäude auf einer kleinen Hochfläche am linken Hang. Von hier führt eine Jeepspur durch einen schroffen Taleinschnitt zu dem 2 km entfernt liegenden Bólstaðarhlíð.

Wer immer noch nicht zurück in die Zivilisation will, kann ab der Brücke unterhalb vom Hof Þverádalur ein enges, klammartiges Flußtal verfolgen, das Richtung Stóra-Vatnsskarð führt. Wer direkt im Tal wandert, muß jedoch mehrmals furten, so daß es sinnvoller ist, zunächst links von diesem Bach auf dem Bergrücken zu gehen. Auch hier weiden oft Pferdeherden. Der in manchen Karten als Aussichtspunkt angegebene, 466 m hohe Berg rechts von der Route lohnt den Aufstieg nicht. Der weite, flache Rücken verhindert eine gute Rundumsicht. Dieses Stück von Þverádalur nach Stóra-Vatnsskarð ist zwar in seinem ersten Teil lohnenswert, fällt allerdings später gegenüber dem Rest der Wanderung deutlich ab. Erwähnt werden soll schließlich, daß man zwar die Pferdeweide durchwandern darf, wenn man die Tiere nicht stört, daß Camping auf diesem Terrain jedoch nicht erlaubt ist.

39 Entlang der Giljá

Während der leichten Wanderung am Flüßchen Giljá entlang sind zahlreiche Wasserfälle und Kaskaden zu bewundern. Der Abstecher auf den Vatnsdalsfjall eröffnet einen weiten Ausblick über die Niederungslandschaft am Húnafjörður.

Dauer: 2½–3 Std.; Abstecher 2 Std.
Gesamtlänge: 10 km; Abstecher ca. 4 km, 400 Höhenmeter.
Ausrüstung: Grundausstattung, Wanderstock (Übersichtskarte).
Karten: Aðalkort 4, Atlasblöð 43.
Unterkunft: Stóra Giljá: Gästehof; Hnausar (5 km): Gästehof; Húnavellir/Reykir (7 km): Edda-Hotel, Schlafsackunterkunft; Blönduós (13 km): Hotel, Schlafsackunterkunft, Camping.
Sonstiges: Tourist-Information, Museum und Insel Hrutey (vgl. Wanderung 38) in Blönduós; Schwimmbad in Húnavellir/Reykir; Reiten in Hnausar.

Anfahrt: 13 km südlich von Blönduós an der Ringstraße liegt der Hof Stóra Giljá. Der Linienbus hält hier auf Wunsch. Links der Straße kann nahe dem Bachufer geparkt werden.

Die Rundwanderung beginnt dort, wo der Bach Giljá unter der Ringstraße hindurchgeleitet wird: Die ›Brücke‹ ist eine riesige Röhre. Eine hübsche Grünfläche liegt links am Bachufer, am gegenüberliegenden verläuft ein Zaun bis zur Straße und an dieser entlang. Er wird durch ein Gatter passiert, dann sucht man einen Pfad, der in Sichtweite der links fließenden **Giljá** ansteigt.

Kurz darauf wird ein tief einschneidender Seitenbach gequert; auch der Hauptbach bildet nun schon eine sehenswerte Schlucht mit unzähligen kleinen Wasserfällen, deretwegen es sich lohnt, nahe an seinem steilen Ufer entlangzugehen. Ein kleines Betonhäuschen im Talboden

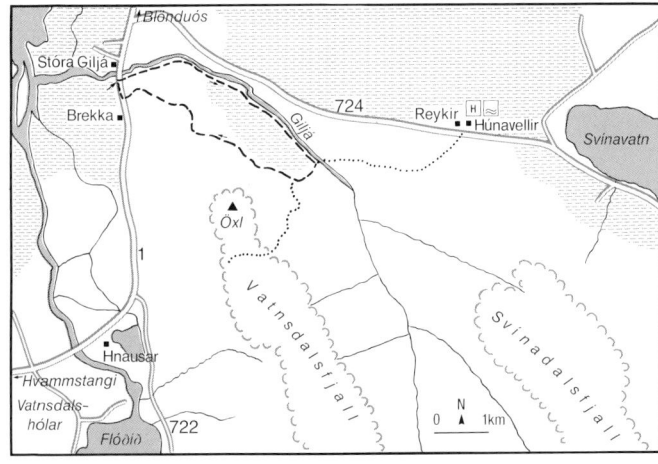

Wanderung 39

bildet den Überrest eines alten Wasserkraftwerks, das 1930 errichtet wurde und eine Leistung von 12 KW erbrachte. 1956 wurde es von den Wassermassen der Schneeschmelze in dem besonders warmen Frühjahr zerstört. Das schroffe Flußbett überrascht in dem nur leicht welligen Terrain, das sich vom Fuß der Bergrücken bis weit in die Schwemmlandebene des versandeten Húnafjörður zieht. Die weite Bucht erinnert so gar nicht an einen Fjord. Doch haben die Flüsse auf ihrem Weg, von den Basaltterrassen des Hinterlands kommend, nicht nur rückwärts einschneidend Schluchten und Gefällestufen gebildet, sondern zugleich mit ihrer Sedimentfracht die Bucht aufgefüllt. Die Giljá gehört jedoch zu den kleineren ›Lieferanten‹. Die benachbarten Flüsse Vatnsdalsá und Víðidalsá haben vor allem zur Verlandung der Bucht beigetragen.

In den Steilufern des Bachlaufs wechseln Geröllhänge mit waagerecht geschichteten Felswänden und senkrechtem Ganggestein. Tertiäre Basaltlagen, von in Dehnungsspalten nachgedrungener Lava durchzogen, werden von der Giljá angeschnitten. Die unterschiedlich harten Gesteinsschichten zwingen das Flüßchen zu vielen abrupten Richtungsänderungen. Nach einer guten halben Stunde beruhigt sich der Wasserlauf kurzzeitig. In einem weiten Bogen fließt er nach links und nähert sich der jenseits verlaufenden Straße nach Húnavellir an. Man kann den Bogen etwas abkürzen, sollte aber bald wieder

◁ Brücke zur Insel Hrutey in der Blanda bei Blönduós

nach dem Bach Ausschau halten. Wieder hat er eine kleine Schlucht gegraben, rauscht und stürzt zwischen Felsen dahin. Ein tiefer Nebenbach wird gequert, nach etwa 1 Std. trifft man auf einen Zaun. Wahrscheinlich ist es das Einfachste, sich zwischen Zaun und Stacheldraht hindurchzuzwängen. Noch ein Wasserlauf mündet von dieser Seite in die Giljá, die bald wieder an Gefälle verliert. Es geht vorbei an einigen letzten Kaskaden und einem freistehenden Felskegel im jenseitigen Ufer. Hinter einem breiten, niedrigen Fall ist nach 1½ Std. ein Terrain erreicht, in dem der Bach gefurtet werden könnte: Wer die Strecke zum einsamen Svínavatn laufen will, wo Edda-Hotel und Schwimmbad zu finden sind, watet hier durch den Bach, wandert am Fuß des rechts liegenden Svínadalsfjall entlang zur nahen Fahrstraße und auf dieser nach rechts.

Die Wanderung wendet sich jedoch von der Giljá weg nach halbrechts. Auf knapp 200 Höhenmetern wird der Hang des **Vatnsdalsfjall** angesteuert, wobei die Schlucht, die den nördlichen Gipfel Öxl abgrenzt, etwas rechts von der Laufrichtung liegen sollte. So umgeht man nach links eine Feuchtwiese, gelangt nach etwa 2 Std. zum Bergfuß und einem dort verlaufenden Wirtschaftsweg. Diesem wird nach rechts zum Ausgangspunkt gefolgt.

Bei guter Sicht stellt der **Abstecher** zum **Öxl** hinauf einen Höhepunkt der Wanderung dar. Links von der Schlucht, durch die ein Bach herunterplätschert, geht es den Grashang steil hinauf. Nach einer knappen hal-

Schlucht der Giljá

ben Stunde gabelt sich die Schlucht, der linke Abzweig wird bald flacher. In seiner Sichtweite steigt man bis auf 550 m an; dort läuft er aus. Die rechte Klamm schneidet jedoch weiter in den Höhenzug ein und begleitet die Wanderung über die weite Kuppe zum steil abfallenden Westhang. Dort ist auf 600 m nach einer guten Stunde ein weiter Ausblick über den Húnafjörður möglich: Unten liegt das fruchtbare Vatnsdalur mit den unzähligen Hügeln eines Bergsturzes und dem dadurch zum See aufgestauten Fluß Vatnsdalsá. Voraus sind in der weiten Ebene die großen Strandseen Hóp, Vesturhópsvatn und Sigríðastaðavatn zu sehen, dazwischen die kleine Anhöhe Borgarvirki mit Mauerresten einer Befestigungsanlage aus der Wikingerzeit. Dahinter liegt die Halbinsel Vatnsnes und noch weiter im Nordwesten die Küste von Strandir. Beim Abstieg, der auf derselben Route verläuft wie der Hinweg, überblickt man nun die Ebene mit der Giljá und dem Svínavatn bis Blönduós und die Küste der Halbinsel Skagi.

Die Wanderung verläuft auf dem Wirtschaftsweg durch Weideland. Die Spur gabelt sich bald, man verfolgt die halbrechte. Über einige Bodenwellen führt sie langsam abwärts auf die Ringstraße zu. Nach gut 2½ Std. kommt ein Zaun in Sicht, der rechts abknickt. An ihm entlang geht es zur Straße, dort über einen Zaun und schließlich nach rechts das kurze Stück zum Ausgangspunkt an der **Giljá** zurück.

40 Von Hvammstangi zum Aussichtsfelsen Karaborg

Die einfache Wanderung führt in das Hinterland der Vatnsnes-Halbinsel. Auf dem Zufahrtsweg zu einer Sendeanlage erreicht sie die Basaltfelsen oberhalb des Fjords, führt dann durch einfaches Gelände oberhalb von Steilabbrüchen entlang und an grünen Bachufern zum Ort zurück. Streckenwanderer können die Tour über die Halbinsel hinweg fortsetzen.

Dauer: 3½–4 Std., Varianten für Trekker.
Gesamtlänge: 14 km, 450 Höhenmeter.
Ausrüstung: Evtl. Badezeug, am Rückweg liegt ein Schwimmbad.
Karten: Aðalkort 4, Atlasblöð 43.
Unterkunft: Hvammstangi: Hotel, Camping; Laugarbakki (12 km): Edda-Hotel, Schlafsackunterkunft; Melstaður (12 km): Gästehof; Reykir/Hrútafjörður (29 km): Jugendherberge, Edda-Hotel.
Sonstiges: Schwimmbad in Hvammstangi und Reykir; Regionalmuseum in Reykir.
Anfahrt: Hvammstangi liegt 6 km abseits der Ringstraße an der Westküste der Halbinsel Vatnsnes. Der Bus Reykjavík-Akureyri verkehrt jeden Mittag, Anschluß nach Hvammstangi ab der Kreuzung Hvammstangavegamót. Zu Fuß dauert die Strecke entlang der Küste gut eine Stunde.

Die Rundwanderung beginnt und endet an der Hauptstraße in **Hvammstangi**. Etwa 200 m hinter dem Hotel biegt eine Straße nach rechts Richtung Schwimmbad und Campingplatz ab. An der Badeanstalt vorbei geht es hangaufwärts dem Schild

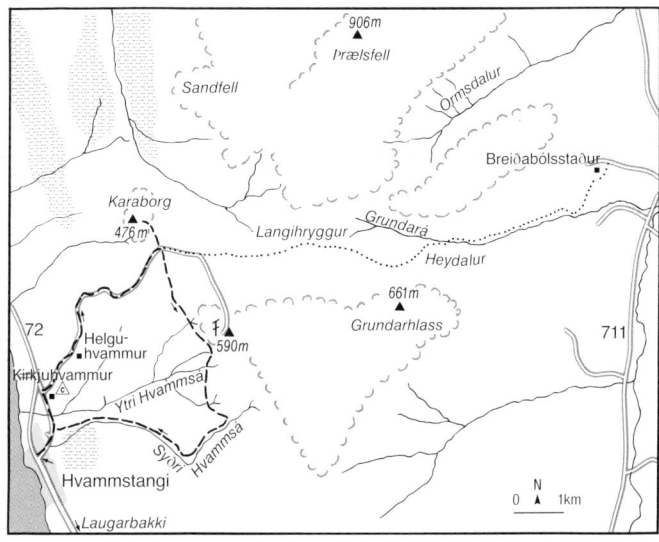

Wanderung 40

zum Zeltplatz nach, bei einer Straßenkuppe *(blindhæð)* geradeaus auf eine Schafsperre und eine Brücke zu. Zum Zeltplatz führt der rechte Abzweig. Rechts liegt der Sportplatz, dahinter die kleine Kirche von Kirkjuhvammur und daneben das Campinggelände an einem Bach, der oberhalb von einem Steilhang herunterfällt. (Zur Orientierung: Dort führt die Wanderung später vorbei und rechts davon hinunter.)

Den Wasserlauf überquert man auf der Brücke, wandert auf dem Fahrweg an ein paar Höfen vorbei und kommt an einen Abzweig zu drei weiteren Gehöften. Diesem Weg folgt man rechts bergauf, hinter dem Hofgelände wird ein Gatter durchquert, nach einer halben Stunde liegt das Kulturland hinter einem. Der Fahrweg windet sich nun in weiten Bögen bergan. Über den Miðfjörður hinweg blickt man auf die flache Halbinsel Heggstaðanes und die Küste der Nordwestfjorde. Bald hält die Fahrspur auf den Felsen **Karaborg** zu, der nach 1½ Std. erreicht ist. Seine Basaltsäulen erheben sich auf gut 400 m neben der Fahrspur. Oben von den burgartigen Felsen ist die Aussicht besonders schön: Nach Norden steigt die Vatnsnes-Halbinsel auf 900 m an. Schroffe Hänge umgeben den Gipfel Prælsfell.

Es geht weiter im spitzen Winkel nach rechts, also zurück in Richtung Hvammstangi. Abseits des Fahrwegs steigt man noch ein paar Absätze hinauf und wandert dann auf etwa 500 m Höhe über eine der flachen Terrassen parallel zum Hang. Das Gelände ist überwiegend trocken und mit schütterem Bewuchs überzo-

gen. Kleinere Feuchtgebiete können leicht umgangen werden. Der Ort kommt unten rechts in Sicht, voraus zieht sich eine Stromleitung über den Hang. Deren Masten werden nach 2 Std. passiert. Kurz darauf liegt eine große Senke im Hang; die auf dieser Höhe verlaufende Terrasse weicht nach links zurück. In bisheriger Richtung wandert man nun bergab in den Boden der Senke und auf den dort fließenden Bach zu. Bevor die rauschende **Ytri Hvammsá** gequert wird, lohnt sich ein kurzer Abstieg bis dorthin, wo sie in zwei Arme aufgeteilt die steile Felskante hinunterstürzt. Der Blick fällt von hier auf das Kirchlein beim Campingplatz und die Siedlung am Fjordufer. Hier ist ein Abstieg unmöglich, deshalb wird der Steilhang nun im weiten Bogen um-

Wasserfall der Syðri Hvammsá

gangen: Jenseits des Flüßchens geht es weiter durch die Senke, über einen Nebenbach und auf einen flachen Sattel zu. Dieser wird überquert, einige Steinmänner oberhalb der Wanderroute bleiben unbeachtet. Hinter dem Sattel kommt halbrechts ein weiteres Tal in Sicht, in dem die Syðri Hvammsá fließt. In diese Richtung geht es auf Grashängen zügig hinunter, das Ufer ist nach etwa 3 Std. erreicht.

Stromabwärts liegt der Campingplatz: Durch üppige Wiesen wandert man an einem hübschen Wasserfall vorbei bis zu einem Zaun, der auf einer Stiege überwunden wird. Dahinter gräbt sich der Bach in mehreren Windungen tief in sein Tal ein. Kleine Grasflächen, mit Blumen übersät, liegen an seinem Ufer, ober-

halb sind in den letzten Jahren viele Bäume gepflanzt worden. Das idyllische Tal gehört schon zum Campingplatz – eine schöne Stelle, um sein Zelt aufzuschlagen. Der Parkplatz bei der Kirche ist nach 3 ½ Std. erreicht. Auf der Fahrstraße geht es zum Ort zurück; wer sein Badezeug mitgenommen hat, kann zur Erholung gleich das ansprechende Freibad von **Hvammstangi** aufsuchen.

Ab dem Felsen Karaborg bietet sich folgende **Variante** (nicht nur) für Trekker an: Die Durchquerung der Halbinsel in etwa 3½ Std. Richtung Breiðabólsstaður. Zunächst verfolgt man den Fahrweg weiter und hält an einem rechten Abzweig geradeaus auf den weiten Paß Langihryggur zu. Die Pfadspuren werden streckenweise recht verwirrend, Reiter und Jeepfahrer haben verschiedene Wege angelegt. An einem markanten Steinmann geht man links vorbei und hält sich oben auf dem flachen Paß zunächst am rechten Hang des Heydalur – so wird ein Abstieg ins links liegende Ormsdalur vermieden. Man orientiert sich zum Bach und quert ihn, bevor er tiefer einzuschneiden beginnt. Jenseits können Reitspuren hinunter zum Hof Breiðabólsstaður verfolgt werden. Auf dem Weg ins Tal eröffnet sich ein Blick auf den Húnafjörður mit den Strandseen. Der kürzeste Weg zur Ringstraße führt in gut 1 Std. nahe am Südufer des Vesturhópsvatn vorbei und auf der Nr. 716 zur Nr. 1 bei der Brücke über die Víðidalsá.

Die Ringstraße

im Westen

Tundra, Lavafelder
und Gebirge
zwischen den Fjordküsten

41 Die Tundrenlandschaft bei Fornihvammur

Der Spaziergang erschließt vom ehemaligen Hof Fornihvammur aus die einsamen Hochflächen der isländischen »heiði«-Landschaft. Entlang einer tief einschneidenden Bachschlucht führt er zur wasserreichen Hochebene unweit des pyramidenförmigen Bergkegels der Baula hinauf. Der Blick fällt auf die Arnavatnsheiði, die bis zu den deutlich erkennbaren Hochlandgletschern reicht. Auf breitem Wirtschaftsweg geht es bequem durch das sonst unwegsame Terrain und zur Straße zurück.

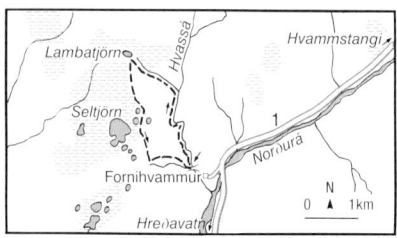

Wanderung 41

chen und eben genannter Hütte abgesehen, seit den Fjorden des Nordens die erste Möglichkeit, die neue Ringstraße zu verlassen. Aus unerfindlichen Gründen haben die Straßenbauer hier einen schmalen Damm mit steiler Böschung aufgeschüttet, der selbst das Anhalten zu einem gewagten Unternehmen werden läßt, da reger Lasterverkehr herrscht. Von Süden kommend liegt der aufgegebene Hof 21 km nördlich der Straßenkreuzung Dalsmynni auf der linken Seite. Ein Wirtschaftsweg führt zu dem weithin sichtbaren Stallgebäude nahe einer alten Brücke. Der Bus aus Richtung Reykjavík fährt vormittags, der von Akureyri nachmittags hier vorbei und kann gestoppt werden.

Dauer: 1½–2 Std.
Gesamtlänge: 7 km, 200 Höhenmeter.
Ausrüstung: Nicht erforderlich.
Karten: Aðalkort 2, Atlasblöð 35.
Unterkunft: Hreðavatnsskáli/Bifröst (26 km): Gästezimmer, Hotel, Schlafsackunterkunft, Camping; Staðarskáli (33 km): Gästezimmer, Schlafsackunterkunft, Camping.
Anfahrt: Fornihvammur liegt an der Ringstraße, 14 km südlich der Schutzhütte auf der Holtavörðuheiði an der zweiten Brücke über die Norðurá rechts. Dieser Abzweig ist, von einigen Zufahrten zu Steinbrü-

Alte Brücke bei Fornihvammur

Die Kurzwanderung, die sich gut als Fahrtunterbrechung eignet, beginnt bei der alten **Betonbrücke,** die den Seitenbach Hvassá überspannt. Auf ihr wird der Wasserlauf überquert, das Gatter davor muß wieder geschlossen werden. Der Bach bildet oberhalb der Brücke eine Schlucht, an der es nun über Schafspfade nach rechts entlang aufwärts geht. Hinter einem Wasserfall, in dessen Umgebung schöne Gesteinsschichtungen erkennbar sind, weitet sich die Schlucht zu einem tiefen Kerbtal. Immer mit Blick auf die Hvassá wandert man weiter, bis nach ½ Std. ein Seitenbach den Weg versperrt. Er fließt in einer kleinen Schlucht und bildet hübsche Kaskaden. Vor dem Bach biegt man links ab. Die dunklen Felsen sind nah am Wasser mit leuchtend-grünen Moospolstern bewachsen. Bald kommt das Bachbett höher, und die Gefällestufen liegen hinter einem. Das Gelände wird flacher, der Berg Snjófjöll erhebt sich voraus, die kegelförmige Baula links.

Neben dem Wasserlauf geht es zu einigen flachen Felsrücken, die sich nur wenige Meter über das umliegende Grünland erheben. An ihnen entlang nach links erreicht man nach einer knappen Stunde eine Fahrspur. Dieser läßt sich einfach durch das wasserreiche, moorige Terrain folgen, das typisch für die großen Hochlandheiden ist. Das größte dieser Tundrengebiete, die Arnavatnsheiði, liegt nun voraus jenseits des Tals der Norðurá. Hier wie dort ist die alte Grundmoränenlandschaft nur leicht wellig, sehr feucht und grün. Die hohen Niederschläge fließen nur langsam ab und bilden – wie bald neben der Wanderroute – unzählige Tümpel und Seen, zwischen denen der Boden allmählich zu anmoorigen Bültenwiesen verlandet. Zum Wandern eignet sich solches Terrain nur entlang erkennbarer Pfade.

Über die Arnavatnsheiði hinweg, die auf etwa 500 Höhenmeter ansteigt, ist der lange weiße Rücken des Langjökull zu erkennen, vor dem sich halblinks der markante Tafelberg Eiriksjökull erhebt. Sein Gipfelplateau ist ebenfalls mit Eis bedeckt, das über den steilen Bergflanken abbricht.

Bald kommt das Tal mit der Ringstraße wieder in Sicht, der Fahrweg trifft auf einen Seitenbach und verläuft an ihm entlang abwärts. Er endet nahe der alten **Brücke,** über die hinweg der Ausgangspunkt wieder erreicht ist.

42 Durch die Grábrók-Lava

Die Lava der Grábrók-Krater belebt das sonst eintönige Tal der Norðurá. Die einfache Wanderung führt auf Schafspfaden, Reit- und Fahrwegen zum lieblichen See Hreðavatn, durch die birkenbewachsenen Lavafelder zur Norðurá und am Ufer des sich durch die steinernen Hindernisse windenden Flusses zum Naturdenkmal der Grábrók-Krater zurück.

Zwei Bäche werden unterwegs gefurtet.

Dauer: 4–5½ Std., Abkürzungsmöglichkeiten.
Gesamtlänge: ca. 15–20 km, 200 Höhenmeter.
Ausrüstung: Grundausstattung, Watschuhe.
Karten: Aðalkort 2, Atlasblöð 35.
Unterkunft: Hreðavatnsskáli: Gästezimmer, Schlafsackunterkunft, Camping und Ferienhaus; Bifröst: Sommerhotel; Varmaland (20 km): Jugendherberge, Camping.
Sonstiges: Schwimmbad in Varmaland, Reiten beim Hof Jafnaskarð.
Anfahrt: Etwa 30 Kilometer nördlich von Borgarnes liegt an der Ringstraße die Servicestation Hreðavatnsskáli, an der die Wanderung beginnt und endet. Die Schule Bifröst befindet sich wenige hundert Meter davor ebenfalls an der Nr. 1 und ist in einigen Karten namentlich erwähnt. Wie alle Punkte entlang der Ringstraße kann auch Hreðavatnsskáli täglich mit öffentlichen Bussen erreicht werden.

Auf der Ringstraße geht es von der Servicestation nach links zum nahegelegenen **Grábrók**. Ein Trampelpfad führt durch lockere Vulkanschlacke etwas mühsam zum knapp hundert Meter höher gelegenen Kraterrand, von dem aus die Lavafelder Grábrókarhraun im weiten, grünen Talboden des Norðurárdalur überblickt werden. Sie bilden den östlichen Ausläufer der jungen Vulkanzone, der auch die Halbinsel Snæfellsnes ihre Entstehung verdankt. Die Berghänge beidseitig des Tals, aus denen halblinks der Rhyolithkegel der Baula aufragt, sind tertiären Ursprungs und damit weit älter als die vor etwa 3700 Jahren entstandene Grábrók-Region.

Das fruchtbare Tal der Norðurá, in dem heute die Ringstraße verläuft, stellte schon in früheren Jahrhunderten eine wichtige Verbindung zwischen dem Westen Islands und den Nordfjorden dar; ihre Paßhöhe von gut 300 m ist vergleichsweise einfach zu überwinden. So nahm zum Beispiel vor gut hundert Jahren auch der Islandreisende Konrad Keilhack seinen Weg nach Norden durch dieses Tal und vorbei am Grábrók, von dem er folgende Beschreibung gab:

> *»Wir mußten das Norðrá-Tal hinabreiten und gelangten zunächst zu einem wunderschönen Vulkane. Mitten im Thale des Flusses erhebt sich ein mit eingesenktem doppelten Krater versehener Kegelberg von 200 Meter Höhe. Aus dem einen Krater ergießt sich nach Norden hin, wo die Wand desselben durchbrochen ist, ein schwarzer Lavastrom, der unten im Thale sich ausbreitet und dasselbe in voller Breite, etwa 4 km, und in einer Länge von 15 km erfüllt. (...) Unser Lavastrom hatte auch das Bett der sonst so friedfertigen Norðurá erfüllt und dadurch den Strom gezwungen, sich in wilden Wasserfällen, Stromschnellen und Klammen einen neuen Weg zu bahnen.«*
> (Konrad Keilhack, Reisebilder aus Island, Gera 1885, S. 147)

Im Inneren des Kraters sind deutlich die beiden konzentrischen Ringe erkennbar, die von verschiedenen

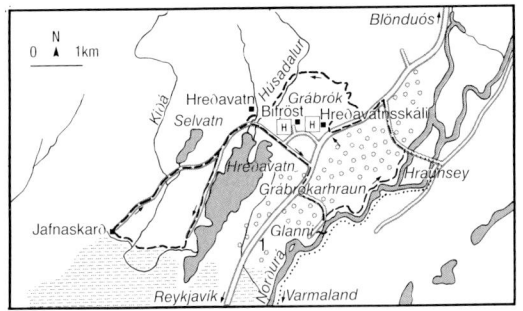

Wanderung 42

Schlackeeruptionen herrühren. Entlang des Einbruchs steigt man nach Norden wieder ab und wendet sich nach links zum zweiten Krater, dem Grábrókarfell, an dem es auf einem durch Grasland verlaufenden Trampelpfad vorbeigeht. Nach kurzer Zeit ist ein Bach erreicht, der überquert werden muß. Es kann sinnvoll sein, einem Pfad nach rechts an seinem Ufer entlang zu folgen und nahe einer kleinen Staumauer eine Übergangsmöglichkeit zu suchen. Der Umweg erspart dann ein Furten des Baches. Jenseits des Wasserlaufs führt eine undeutliche Fahrspur halblinks den Hang hinauf und verläuft sich dann vollends. Gleich darauf liegt voraus das kleine Tal Húsadalur. In seiner Verlängerung ist bereits der Hreðavatn zu sehen. Unten geht es nach links am Bach entlang zu einem Elektrozaun, der am besten direkt am Ufer zu durchsteigen ist. Die Strecke bis hierher hat etwa eine Stunde gedauert.

Durch dichtes Grasland wandert man Richtung See. Bald beginnt auf der rechten Bachseite das Kulturland eines Gehöfts. Wenn der Fahrweg am Seeufer erreicht ist, wendet man sich auf ihm nach rechts und passiert die Hofgebäude. Der **Hreðavatn** liegt

Entlang der Kiðá zum Hof Jafnaskarð

malerisch zwischen mehreren zum Teil bewaldeten Basaltrücken. Sein Ufer wird im Norden und Osten von der Grábrók-Lava begrenzt, die an verschiedenen Stellen in den See floß und hübsche Buchten und Landzungen hinterließ. Die typische Apalhraun, also Blocklava, durch die später der Rückweg führen soll, ist von

Moospolstern und Heidegestrüpp überwachsen.

Zunächst wird der Fahrweg an der Westseite des Sees verfolgt, bis er sich nach etwa 1½ Std. gabelt. Ein **Schild** weist rechts nach Jafnaskarð. Man hält sich links und bleibt dicht am Ufer. In der lieblichen Umgebung stehen einige private Ferienhäuschen, deren Besitzer aus Reykjavík oft zum Wochenende herkommen. Der See ist ein beliebtes Angelrevier. Nach kurzer Zeit biegt ein Fahrweg links zu mehreren auf einer Halbinsel gelegenen Anwesen ab; die Wanderung führt hier geradeaus weiter. Bald verwandelt sich die Spur in einen Trampelpfad, den vor allem Reiter benutzen. Es geht an einer Pferdekoppel vorbei und durch dichtes Birkengehölz zu einem Wasserfall, den man schon von weitem rauschen hört. Der Pfad verläuft nun an dem Bach Kiðá entlang bergauf. Nach einem weiteren Fall trifft man auf einen Weg, der nach links durch ein Gatter zum Reiterhof **Jafnaskarð** führt. Bevor die Gebäude nach 2½ Std. erreicht sind, muß die Kiðá nun doch gefurtet werden.

An dem einsam gelegenen Hof, der nur in den Sommermonaten bewohnt ist, wendet man sich auf dem Schotterweg nach rechts und verläßt die Hauswiese durch ein Gatter. Gleich darauf quert der Weg einen Seitenbach und führt bergan entlang des tief erodierten Bachbetts der Kiðá. Kurz hinter der Schlucht führt der Fahrweg erneut zum Wasserlauf hinunter, der vor dem Selvatn erneut gefurtet werden muß. Der kleine See, an dem der Weg entlangführt, wirkt lange nicht so lieblich wie der tiefer gelegene Hreðavatn.

Über einen Basaltrücken führt der Weg nun zu diesem hinunter und trifft an der Gabelung wieder mit dem Hinweg zusammen. Nach etwa 3½ Std. passiert man abermals den Hof am Hreðavatn, kurz darauf ist das Grábrókarhraun erreicht, in welches nach links zwei Wege abzweigen. Während der erste bei einer Ferienhaussiedlung endet, führt der zweite durch die Blocklava zu den

Zackenmützenmoos

Schulgebäuden von **Bifröst** an der Hauptstraße.

Wer abkürzen will, folgt dem Weg bis Bifröst durch idyllische birken- und heidebestandene Lavafelder. An der Schule wendet man sich nach links und gelangt auf der Ringstraße nach wenigen hundert Metern und etwa 4 Std. Wanderzeit wieder zum Ausgangspunkt zurück.

Platz oberhalb des steilen Felsufers ist die Aussicht auf den Fall beeindruckend. Von einer Stelle weiter unten sind auch die Lachstreppen neben der Gefällestufe zu sehen.

Von hier geht es auf Pfaden am Fluß entlang. Voraus liegt der gleichmäßige, helle Kegel der Baula, rechts der Fluß und links der dunkle Krater des Grábrók mit üppig bewachsenen

Zackenmützenmoos

Der ›Umweg‹ zum Wasserfall Glanni und entlang der Norðurá dauert 1½ Std. länger und kann natürlich auch als eigenständige Wanderung unternommen werden. Statt zur Schule abzubiegen, bleibt man auf dem Fahrweg bis zur Ringstraße, geht dort ein kurzes Stück nach rechts und am nächsten Abzweig nach links wieder in die Lava hinein. Der Fahrweg endet nach einer Viertelstunde bei einem Parkplatz, nur wenige Minuten vom **Glanni** entfernt. Mehrere Fußpfade führen an den Wasserfall heran, über den die Norðurá in mehreren Armen und vielen Kaskaden zwischen Felsen hinunterrauscht (s. Farbabb. 14). Besonders von einem

Lavafeldern davor. Diese treten bald etwas zurück und machen am Ufer saftigem Grünland Platz, das von Seitenbächen durchzogen ist. Eine Fahrspur kommt in Sicht, auf der man weiter der Norðurá folgt. Es geht durch ein Gatter, am anderen Flußufer liegt eine Ferienhaussiedlung. Der Weg führt nun wieder durch Lava, die hier bis ins Flußbett vorgedrungen ist und für ein abwechslungsreiches Ufer sorgt. Nach einer Stunde teilt die Insel Hraunsey die Norðurá in zwei Arme, die sich malerisch durch die Lavabrocken hindurchzwängen. Hier läßt sich zum Abschluß noch einmal eine Pause in idyllischer Umgebung einlegen.

In der Nähe der Brücke über die Norðurá steht ein Wochenendhäuschen, an dem vorbei die wenig befahrene Straße 528 erreicht wird. Auf ihr wandert man nach links entlang der Lava zur Ringstraße und dort wieder links an den Grábrók-Kratern vorbei zur Station Hreðavatnskáli.

Eine einfache, etwa fünfstündige **Geländewanderung** am jenseitigen Ufer der Norðurá führt nach **Varmaland**. Sie kann dort begonnen werden, wo die Brücke über die beiden Flußarme führt. Man hält sich möglichst auf vorhandenen Pfaden in Sichtweite des Flusses, passiert die Wasserfälle Glanni und Laxfoss und verläßt die Norðurá erst spät beim Hof Einifell kurz vor der kleinen Siedlung Varmaland und hält auf die weithin sichtbaren Gewächshäuser zu. Dort findet man Schwimmbad, Campingplatz und Jugendherberge.

43 Von Stóribotn zum Glymur und Hvalvatn

Die anspruchsvolle Geländewanderung führt durch die üppige Vegetation des Naturschutzgebietes Stóribotn zum Wasserfall Glymur, der in die unergründlichen Tiefen einer engen Schlucht stürzt. Zwischen monotoner Hochfläche und dramatischen Berghängen geht es zum Hvalvatn und jenseits entlang lieblicher Bachufer nach Stóribotn zurück. Ausdauer ist für diese Tour ebenso erforderlich wie absolute Trittsicherheit auf den steilen Geröllkegeln am Hvalvatn.

Dauer: 6 Std.
Gesamtlänge: ca. 16 km, gut 400 Höhenmeter.
Ausrüstung: Grundausstattung, Stock, Watschuhe.
Karten: Aðalkort 3, Atlasblöð 36.
Unterkunft: Zeltmöglichkeit hinter der Tankstelle Botn; Gästehöfe in 22–25 km Entfernung; Akranes (40 km): Hotel, Camping; Borgarnes (50 km): Hotel, Camping; Reykjavík (60 km): vielfältiges Angebot.
Sonstiges: Schwimmbäder in Akranes, Borgarnes und Hreppalaug, ca. 40 km über die Nr. 50 und Nr. 507, Angel- und Reitmöglichkeiten auf den Gästehöfen der Umgebung.
Anfahrt: Auf der Ringstraße bis zum Hvalfjörður; 60 km nördlich von Reykjavík liegt die Tankstelle und Servicestation Botn. Hier führt eine 2½ km lange Stichstraße zu einem Parkplatz an der Begrenzung des Naturschutzgebiets Stóribotn. Dort beginnt die Wanderung. Bis zur Tankstelle gibt es mehrere Busverbindungen von und nach Reykjavík. Für Hin- und Rückweg zum Ausgangspunkt der Tour ist jeweils zusätzlich eine halbe Stunde Fußweg einzuplanen.

Die Wanderung führt durch das seit 1982 bestehende Naturschutzgebiet Stóribotn, in dem 2000 ha Land auf-

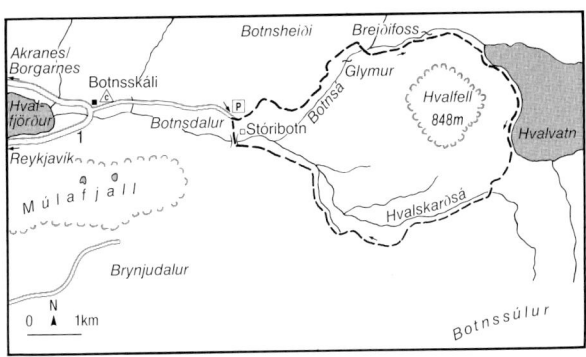

Wanderung 43

geforstet wurden. Es steht Wanderern zur freien Verfügung, das Zelten ist allerdings verboten. Südlich vom Hvalvatn verläuft die Wanderung jedoch außerhalb dieses Gebietes. Bevor der Parkplatz durch ein Tor verlassen wird, kann schon einmal eine grobe Orientierung erfolgen: Voraus in Verlängerung der bisherigen Fahrspur liegt der 848 m hohe Hvalfell, dessen diesseitiger Hang tief zerfurcht ist. Links um ihn herum fließt die Botnsá, die auch den Wasserfall Glymur bildet. Rechts ist schon von hier die Hvalskarðsá zu sehen, an der später der Rückweg erfolgt. Jenseits dieses Baches sorgt der 1089 m hohe Botnssúlur mit seinen meist schneebedeckten Zinnen für ein schönes Bergpanorama.

Man schlägt nach dem Tor nicht den Fahrweg zu den verlassenen Hofgebäuden von Stóribotn ein, sondern hält halblinks davon auf den Rand der Bäume zu, wo es einen Trampelpfad gibt. Nach wenigen Minuten zweigt links ein deutlicher Weg ab, der aber nicht benutzt wird. Es geht vielmehr geradeaus weiter in ein Birkenwäldchen. Auch wenn sie mitunter schwer zu finden ist: Es gibt eine eindeutige Spur durch diese Anpflanzungen hindurch. Es sollten auf keinen Fall neue Wege durch das Unterholz gebrochen werden. Der Trampelpfad durch das frische Grün der übermannshohen Birken ist bei sonnigem Wetter ausgesprochen lieblich, bei feuchtem sollte man wasserdichtes Regenzeug anhaben, da die Tropfen von den Blättern sonst in kürzester Zeit alles durchnässen. Der Weg hält sich in etwa hundert Meter Abstand unterhalb eines Rückens, der steil zur Linken aufragt. Erst nach einer halben Stunde ist er während eines leichten Anstiegs so weit umgangen, daß man schon diesseits am Hvalfell entlangsehen kann. Kurz darauf ist die Schlucht der **Botnsá** erreicht, die in schwindelerregende Tiefen abfällt. Die Wände des engen Einschnittes sind aufgrund der Feuchtigkeit des hochwirbelnden Wassers zwar intensiv mit Moos bewachsen, aber die Sonne hat kaum eine Chance, diese Klamm auszuleuchten.

Es geht nun parallel zur Schlucht hangaufwärts, wobei der Weg immer wieder an besonders markanten Stellen an sie heranführt. Auch der Glymur ist schon zu sehen, allerdings immer nur in Ausschnitten: Mal ist sein Beginn, dann wieder eine Wasserwand oder sein Aufprallen in der Schlucht zu erkennen. Nach einer Dreiviertelstunde muß ein steiler Hang, der fast nur aus losen Steinplatten besteht, überwunden werden. Man sollte darauf achten, nicht direkt hintereinander zu gehen, und sich weit genug von der Schlucht fernhalten, wobei vorhandene Spuren hilfreich sind. Oberhalb der Böschung befindet sich ein flacher Absatz, etwas höher kennzeichnen Steinmänner die Stelle, wo der **Glymur** in die Schlucht hinabstürzt, allerdings ist hier wieder nur sein oberer Fall zu sehen. Nach gut einer Stunde ist von genau dieser Stelle auch der Hvalfjörður zu erkennen, der etwa 35 km ins Land einschneidet.

Obwohl die Aussicht hier schon großartig ist, sollte man mit einer Pause noch eine halbe Stunde warten. Die Wanderung führt nämlich nun auf einer gut sichtbaren Fahrspur weiter flußaufwärts, und dort, wo auch der Fahrweg die Botnsá quert, wird gefurtet. Dann geht es auf einem gut sichtbaren Trampelpfad wieder flußabwärts, wobei der Blick voraus in die Schlucht schon phantastisch ist. Die Spur hält sich sinnvollerweise ziemlich weit von der Klamm entfernt, da der Untergrund nahe der Kante aus glattem, überhängenden Fels besteht. Dann ist nach 1½ Std. ein Höhepunkt der Wanderung erreicht: Ein Steinmann markiert direkt auf einem kleinen Vorsprung, der in die Schlucht hineinragt, die Stelle, von wo der Glymur in seiner ganzen, fast 200 m fallenden Pracht zu übersehen ist. Auch der Blickwinkel in die Schlucht ist von dieser Seite wesentlich günstiger als von jenseits.

Wenn man es geschafft hat, sich von diesem Naturschauspiel loszureißen, geht es zurück bis zur Furtstelle und dann an der Botnsá weiter flußaufwärts. Dabei hält man sich entweder rechts auf Schafspuren am Hang des Hvalfell, der kurzfristig etwas steil geneigt ist, oder furtet bald wieder und folgt am anderen Ufer der Piste, muß dann allerdings am Hvalvatn noch einmal durch die Botnsá waten. Im Gegensatz zu dem lieblichen Birkenwäldchen, der bizarren Schlucht und dem grandiosen Wasserfall wirken die leicht gewellten Weiten der Botnsheiði ziemlich öde – die Hochfläche ist geradezu eine Erholung für die Augen nach all den spektakulären Naturphänomenen. Auch die Botnsá fließt recht träge dahin und deutet nur in den breiten, rutschbahnartigen Kaskaden des Breiðifoss an, welche Dynamik ihr Wasser weiter unterhalb entfaltet.

Nach fast 2½ Std. ist das Ufer des **Hvalvatn** erreicht. Nach alten Sagen hat er seinen Namen dadurch erhalten, daß ein Zauberer einen bösartigen Wal hier hinaufgelockt hat. Da der See mit 160 m ausgesprochen tief und auch groß genug ist, klingt diese Geschichte recht glaubwürdig. Im Gegensatz zu bekannten Seen in anderen Ländern muß man hier allerdings nicht mit einem Auftauchen des Ungeheuers rechnen. Das ist auch gut so, denn der weitere Weg am Seeufer entlang erfordert ein großes Maß an Konzentration und Trittsicherheit und ist zudem sehr anstren-

Schlucht am Wasserfall Glymur

gend! Wer sich zu irgendeinem Zeitpunkt der folgenden Passage zwischen dem Hang des Hvalfell und dem Seeufer unsicher fühlt, sollte umkehren! Die Wanderung ist ohnehin erst gegen Mitte dieser Teilstrecke zur Hälfte absolviert, so daß es nicht mehr Zeit kostet, sich hier auf den Rückweg zu machen. Schon kurz vor dem Hvalvatn werden zur Rechten die Hänge des Hvalfell immer bizarrer. Große, dunkelbraun gefärbte Felsen ragen aus der Böschung hervor. Durch Wind und Regen modelliert, nehmen sie die unwirklichsten Gestalten und Formen an. Solche Felsen sind auch im folgenden am Hang zu beobachten, nur daß sie sich jetzt aus riesigen Schutthalden erheben, die bis fast zum Gipfel 400 m hoch hinaufreichen. Auch wenn Schafspuren zwischendurch hangaufwärts führen, sollte man sich die ganze Zeit auf den Steinen direkt am Seeufer halten. Zwar ist es erforderlich, bei jedem Schritt genau zu zielen, hier unten liegen die Felsen aber stabil. Man kann nur schlecht abschätzen, was passieren würde, wenn man weiter oberhalb das lockere Gesteinsgefüge lostritt. Nach gut 3 Std. ist eine Stelle am See erreicht, wo weithin sichtbar ein riesiger Fels ins Wasser hineinragt. Es ist möglich, ihn direkt am Wasser zu überklettern!

Der Felsen besteht wie auch der Hvalfell zum Teil aus Palagonitbrekzie. Der Palagonitberg entstand als Vulkan unter Eiseinwirkung. Nach der ersten Phase mit der Förderung von Pillowlaven erfolgt die zweite bei Nachlassen des Wasserdrucks explosiv. Dabei wird vulkanische Asche ausgeworfen, die durch das Wasser schlagartig abkühlt. Das nicht kristallisierte Produkt heißt Palagonit oder Hyaloklastit, es verfestigt sich zum Palagonittuff. Bei den Explosionen kann aber auch umliegendes älteres Gestein mit herausgerissen und im Palagonit eingelagert werden. Solch eine ›Mischform‹ heißt dann Palagonitbrekzie. Man muß also genau hinsehen, ob es sich bei den hellgrauen Basaltstücken um lose aufliegende Steine oder um fest eingeschlossene Bestandteile der Brekzie handelt, die hervorragende Haltepunkte für Hände und Füße bei der kurzen Klettereinlage sind! Wir haben zunächst versucht, diese Stelle am Hang zu umwandern und uns dabei hoffnungslos verstiegen, wir können nur davon abraten!

Nach 3½ Std. ist dann dieses schwierige, aber sehr schöne Teilstück am Hvalvatn entlang geschafft;

immerhin wird für die gut 2 km lange Strecke ungefähr eine Stunde benötigt. Ein Zaun führt rechts den Hang hinauf zum Hvalskarð. Man hält sich links der Begrenzung und erreicht bald den breiten, wenig höher liegenden Paß. Kurz dahinter kommt von links aus dem Botnssúlur die **Hvalskarðsá** herunter, die nun zurück nach Stóribotn führt. Man kann sich gleich links vom Bach halten, da er bald stark einschneidet und an seinem Ufer zum Hang des Hvalfell immer wieder tiefe Quertäler zu überwinden wären. Hier oben gibt es auch einige Reifenspuren, auf denen man gut vorankommen kann. Der Bach rechts sollte aber, vor allem bei bedecktem Wetter, in Sichtweite bleiben. Kurz hinter dem Paß ist auch schon wieder der Hvalfjörður zu sehen, allerdings fällt der Blick durch das Brynjudalur, während das Botnsdalur weiter rechts liegt; getrennt werden die beiden Täler durch den steilen Rücken Múlafjall.

Nach spätestens 4½ Std. wird man wieder auf den Zaun treffen, der zwischenzeitlich weiter rechts verlief. Er bildet die südliche Begrenzung des Aufforstunggebiets und führt genau auf den Rücken des Múlafjall zu, also zu weit weg von der Hvalskarðsá. Der Zaun muß daher überwunden werden, was nicht ganz einfach ist, da er aus Stacheldraht besteht. Eine geeignete Stelle zum Queren könnte sich dort finden, wo z. B. ein Stein dicht an einem Pfeiler liegt. Die Vegetation zu beiden Seiten der Umzäunung unterscheidet sich deutlich. Während das Grün diesseits recht spärlich ausfällt, wandert man jenseits durch üppige Wiesen mit vielen Blumen, weil der Zaun die Schafe fernhält – schade, daß es für die Menschen keinen Übertritt gibt.

Möglichst auf vorhandenen Spuren geht man dann dicht an der Hvalskarðsá weiter. Der Bach schneidet tief ein und hat malerische Wasserfälle gebildet, die in immer neuen Varianten abwärtsplätschern oder -stürzen. Die Hänge sind dicht mit niedrigem Birkengebüsch begrünt, am Schluchtrand spaziert man durch üppige Wiesen, in denen Hahnenfuß, Labkraut, Storchschnabel, Grasnelke und Arktischer Thymian für Farbtupfer sorgen. So muß es ungefähr in Island ausgesehen haben, als die ersten Siedler kamen, und man kann gut nachvollziehen, wieso sie dageblieben sind.

Nach ungefähr 5 Std. sind in der Ferne der Glymur und die schmale Schlucht der Botnsá zu sehen, weitere 30 Min. später bildet die Hvalskarðsá einen letzten, etwa 15 m tiefen Wasserfall, um dann kurz darauf in den Hauptfluß zu münden. Hier sollte man die dicht bewachsene Schlucht verlassen und sich links halten. Dort trifft man sofort auf einen Fahrweg, der parallel zum Bach verläuft und bei schlechter Sicht eine gute Alternative bietet. Der Weg fällt steil ab und leitet an schroffen Hängen des Múlafjall entlang. Links befindet sich ein kleiner Nadelwald, rechts lichtes Birkengehölz. Auf einer **Brücke** geht es dann über die Botnsá, die hier sehr tief ist. Man steigt einen kleinen Hang am Fluß hoch und sieht voraus schon die verlassenen Hofgebäude von Stóribotn. Auf dem Fahrweg ist dann nach 6 Std. reiner Wanderzeit wieder der Parkplatz erreicht.

Praktische Reiseinformationen

Vor der Reise
  Informationsstellen 274
  Ausrüstung 274
  Einreisebestimmungen 274
  Reisezeit und Wandersaison ... 275
  Vereine von Islandfreunden 275

Anreise
  ... mit dem Flugzeug 275
  ... mit dem Schiff 276

Praktische Hinweise von A–Z
  Ärztliche Versorgung 276
  Auskunft 276
  Diplomatische Vertretungen 276
  Essen und Trinken 277
  Feiertage 278
  Geld und Geldwechsel 278
  Kartenmaterial 278
  Öffnungszeiten 279

  Post und Telefon 279
  Sprache und Verständigung 279
  Straßen und Verkehrsmittel 280
  Unterkunft 281
  Urlaubsaktivitäten 282
  Zeit 283
  Zeitung 283

Wörterbuch 283

Schwerpunkte der Wanderungen . 285

Erläuterung allgemeiner geographischer und geologischer Fachbegriffe (Glossar) 286

Abbildungsnachweis 287
Literaturhinweise 288
Register 289

Vor der Reise

Informationsstellen

Für Auskünfte über Island ist die wichtigste Adresse:

- Isländisches Fremdenverkehrsamt, Brönnerstr. 11, 6000 Frankfurt 1, ✆ 0 69/ 28 55 83 + 28 13 98

Es ist für die Bundesrepublik, die Schweiz und Österreich zuständig und verfügt über eine Fülle an Informationsmaterial, das angefordert werden kann. In der Schweiz und Österreich helfen auch die Büros von Icelandair weiter:

- Isländisches Informationsbüro, c/o Icelandair, Stampfenbachstr. 117, 8035 Zürich, ✆ 01/3 63 00 00
- Icelandair, Opernring 1, 1010 Wien, ✆ 01/56 36 74

Ausrüstung

Der Umfang der erforderlichen Ausrüstung hängt natürlich stark von der Art der geplanten Reise ab.
- Wer auf Island preiswert wohnen will oder muß, braucht unbedingt einen **Schlafsack,** vgl. auch ›Unterkunft‹.
- Für einen Campingurlaub ist ein absolut zuverlässiges **Zelt** notwendig, es muß regen- und sturmsicher sein, schnell trocknen und möglichst wenig wiegen (solche 2-Personen-Zelte gibt es ab knapp 3 kg). Eine **Isoliermatte** und ein guter **Mumienschlafsack** aus hochwertiger Kunstfaser (Daunen leiden bei Feuchtigkeit) schützen vor niedrigen Temperaturen. Der **Kocher** muß auch bei Wind noch brennen. Gaskartuschengeräte tun dies nicht. Es gibt funktionale Sturmkocher, wobei zum Brennstoff zu sagen wäre, daß Benzin und Petroleum an jeder Tankstelle, Brennspiritus in Apotheken erhältlich ist.
- Die **Kleidung** sollte den Launen des Wetters angepaßt werden können, alles weitere ist Geschmackssache. Badezeug darf natürlich bei einem Urlaub im Land der geothermalen Schwimmbäder nicht im Reisegepäck fehlen.
- Die **Fotoausrüstung** kann in Island harten Bewährungsproben ausgesetzt werden: Im Auto oder Bus wird sie durchgerüttelt, auf Wanderungen mit Regen oder Sand, an Solfataren mit beißenden Dämpfen in Berührung kommen. Deshalb sollte die Kamera durch eine gut gepolsterte regen- und staubdichte Tasche geschützt werden. Spezielle Plastikbeutel aus dem Fotogeschäft sind eine gute Ergänzung. Objektive sollten mit einem Filter versehen werden. Das hat einerseits den Vorteil, daß die Linse geschützt ist, andererseits gewinnen Farbfotos in dem klaren, oft grellen Licht des nordischen Sommers beispielsweise durch einen Skylight-Filter. Filme sind in Island sehr teuer und sollten deshalb in ausreichender Anzahl mitgebracht werden.

Einreisebestimmungen

Die Bürokratie macht es Touristen nicht sonderlich schwer bei der Einreise. Ein Personalausweis genügt, wenn man aus dem mitteleuropäischen Raum stammt und bis zu drei Monaten bleiben will.

Der Zoll erlaubt die Einfuhr von 10 kg Lebensmittel für den Eigenbedarf. Ausgenommen sind rohe Fleischwaren, wozu auch Schinken und Salami zählen, sowie Eier und frische Molkereiprodukte. Pro Person dürfen 1 l hochprozentiger Alkohol und 1 l Wein oder Likör bis zu 21 %

Alkoholgehalt eingeführt werden, bzw. 6 l Bier.

Autofahrer mit eigenem Fahrzeug benötigen den nationalen Führerschein, KFZ-Schein und die grüne Versicherungskarte. Wer in Island einen Wagen mieten will, muß mindestens 20 Jahre alt sein und seit zwei Jahren einen Führerschein besitzen. Eine isländische Besonderheit ist die Dieselsteuer, die bei der Einreise entrichtet werden muß. Sie betrug 1991 ca. 100 DM pro Woche für einen mittelgroßen Geländewagen. Die aktuelle Tabelle ist beim Fremdenverkehrsamt erhältlich.

Reisezeit und Wandersaison

Die beste Reisezeit für einen Wanderurlaub ist sicher der isländische Sommer. Der umfaßt eigentlich nur Juli und August und stellt ohne Zweifel die Hauptsaison dar. Nur in dieser Zeit sind die Hochlandpisten befahrbar. Da jedoch alle in diesem Band beschriebenen Wandergebiete auf den normalen Straßen zu erreichen sind, kann man seinen Urlaub ohne Bedenken vor oder nach diese Zeit legen. Vom 20. Mai bis zum 20. September befahren die Linienbusse die gesamte Ringstraße, so daß einer Reise mit dem Bus nichts im Wege steht. Die erste Autofähre kommt Anfang Juni, die letzte fährt Ende August, außerhalb dieser Zeit kann das Auto nur mit dem Frachter verschifft werden.

Etliche der vorgestellten Wanderungen sind ohne Zweifel schon im Mai oder noch im Oktober durchzuführen, sobald es aber in höhere Lagen geht, ist die schneefreie Zeit schnell auf Juni bis August begrenzt. Ausnahmen bestätigen die Regel.

Vereine von Islandfreunden

Wer zu Hause Kontakt zu Islandfreunden sucht oder weitergehende Informationen über Land und Leute bekommen möchte, kann sich an folgende Vereine wenden:
- Deutsch-Isländische Gesellschaft e.V., Apostelnstr. 7, 5000 Köln 1,
  ✆ 02 21/21 72 36
- Gesellschaft der Freunde Islands e.V., Raboisen 5–13, 2000 Hamburg 1,
  ✆ 0 40/33 66 96

Anreise

... mit dem Flugzeug

Am schnellsten erreicht man Island natürlich mit dem Flugzeug. Direkte Verbindungen, in der Hochsaison zum Teil auch täglich, bestehen von zahlreichen europäischen Flughäfen, 1991 etwa von Amsterdam, Frankfurt, Hamburg, Luxemburg, Salzburg, Wien und Zürich oder von Kopenhagen. Jedes gute Reisebüro informiert über die preiswerteste Verbindung nach Keflavík und sollte auch die günstigsten oder sogar kostenlosen Zubringerdienste kennen.
- Icelandair, Roßmarkt 10,
  6000 Frankfurt 1, ✆ 0 69/29 99 78

... mit dem Schiff

Per Schiff ist die Anreise langwieriger, ermöglicht dafür aber die Mitnahme des eigenen Fahrzeugs. Da es bisher nur eine Fährverbindung nach Island gibt, ist frühzeitige Buchung erforderlich! Die Autofähre Norröna verkehrt von Anfang Juni bis Ende August im wöchentlichen Turnus auf folgender Strecke: Hanstholm (DK) – Färöer – Shetlandinseln – Bergen (N) – Shetlandinseln – Färöer – Seyðisfjörður (IS) – Färöer – Hanstholm. Die kompliziert anmutende Route ermöglicht die Anreise aus verschiedenen Ländern; daß die Färöer die Drehscheibe der Verbindung sind, liegt wohl daran, daß die Smyril Line dort ihren Heimathafen hat. Wer samstags aus Dänemark startet, wird von Montag bis Mittwoch auf den Färöern abgesetzt, was kein Unglück ist, denn die Inseln mit dem rauhen Charme lohnen auch einen wesentlich längeren Aufenthalt. Tickets für die Fährpassage können entweder im Reisebüro gebucht werden oder beim Generalagenten für Smyril Line:

– Schiffsmaklerbüro J. A. Reinecke,
  Jersbeker Str. 12, 2072 Bargteheide
  ⌀ 045 32/65 19

Smyril Line bietet mit den isländischen Fluggesellschaften zusammen eine preisgünstige Kombination, das Air-Sea-Ticket, an. Wer selbst fliegen und sein Auto verschiffen will, sollte mit der Reederei Eimskip in Kontakt treten, deren Frachtschiffe von Hamburg und Rotterdam nach Island starten:

– Eimskip Deutschland,
  Schiffsmaklerbüro Eimbcke,
  Raboisen 5–13, 2000 Hamburg 1,
  ⌀ 0 40/32 23 85

Praktische Hinweise von A–Z

Ärztliche Versorgung

Islands Gesundheitswesen ist gut ausgebaut. Fast jeder noch so kleine Ort verfügt über ein medizinisches Zentrum, isl. *Heilsugæslustöðin* und eine oft daran angeschlossene Apotheke, isl. *Apótek*. Bei Notfällen außerhalb der normalen Sprechzeiten kann in Reykjavík unter 2 12 30 telefonisch ein Arzt erreicht werden, andernorts wendet man sich am besten an die Mitarbeiter der Tourismusbranche. Wer im Urlaub zum Arzt gehen muß, bezahlt bar und sollte zuvor mit seiner Versicherung klären, inwieweit sie die Kosten übernimmt. Ansonsten empfiehlt sich eine Reisekrankenversicherung.

Auskunft

Das Tourist-Information-Center *Upplýsingamiðstöð* befindet sich in 101 Reykjavík in der Bankastræti 2, siehe Stadtplan Nr. 1. Hier ist auch der informative Stadtprospekt »Around Reykjavík« erhältlich. In allen größeren Orten gibt es eine Tourist-Information, sonst geben die Mitarbeiter der Unterkünfte Auskunft.

Diplomatische Vertretungen

Die Botschaft der Bundesrepublik Deutschland findet man in Reykjavík in der Túngata 18, ⌀ 1 95 35 + 36. Das Konsulat Österreichs liegt in der Austurstræti 17, ℘ 2 40 16, das der Schweiz in der Austurstræti 6, ℘ 2 42 09.

Essen und Trinken

Islands Eßkultur hat einige Besonderheiten zu bieten, die je nach Experimentierfreudigkeit probiert werden sollten:
– *Skyr*, ein quarkähnliches Sauermilchprodukt, ist in jedem Lebensmittelgeschäft und Restaurant zu bekommen. Es wird mit Zucker und Milch, oft auch mit Früchten angerichtet.
– *Mysingur* oder *mysuostur* heißt ein süßlicher Molkenkäse, wie man ihn auch in Norwegen kennt. Er ist ein alltäglicher Brotbelag.
– *Hangikjöt*, geräuchertes Lammfleisch, wird gekocht und als Brotbelag verwendet und ist nicht nur bei Isländern sehr beliebt.
– *Saltkjöt*, gepökeltes Fleisch vom Schaf oder Pferd, wird gekocht zu Kartoffeln und Rüben gegessen.
– *Slátur* werden die während der Schlachtzeit im Herbst hergestellten Schafswürste genannt, die es in zwei Sorten, als Blutwurst *blóðmör* und als Leberwurst *lifrarpylsa* gibt. Sie werden fertig gekocht verkauft, auch als gesäuerte Variante, *súrmatur*, und warm serviert.
– *Harðfiskur* ist der Sammelbegriff für Trocken- und Stockfisch, der in unterschiedlichen Sorten angeboten wird. Traditionell wird er aus der Hand gegessen, eventuell mit Butter bestrichen.
– *Seytt Rúgbrauð* ist ein gesüßtes Roggenbrot, auch unter dem Namen *Hverabrauð* bekannt, da es in einigen Regionen traditionell in heißen Quellen gart.
– *Svið*, abgesengter Schafskopf, ist bei Isländern recht beliebt. Er wird halbiert und gekocht serviert. Zartbesaitete Fremde finden ihn aber womöglich in der Form von *sviðasulta*, Schafskopfsülze, bekömmlicher.
– *Hákarl*, der berüchtigte abgehangene Haifisch, ist nichts für geruchsempfindliche Menschen. Böse Zungen behaupten, man könne ihn ohnehin nur mit viel Schnaps herunterspülen.
– Beliebte Gebäcksorten sind *flatkökur*, *kleinur* und *vínarbrauð*. Erstere sind dünne Pfannkuchen, die in fast allen isländischen Familien regelmäßig, oft noch spätabends, zubereitet und mit Zucker bestreut zu viel Kaffee gegessen werden. *Kleinur*, ein Schmalzgebäck, ist besonders in der schokoladenüberzogenen Variante sehr zu empfehlen. *Vínarbrauð*, ein Hefegebäck, wird mit Marzipan, Rosinen oder Nüssen gefüllt.

Das Angebot an **Lebensmitteln** ist in den städtischen Zentren umfangreich. Auf dem Land sind Frischgemüse und Obst in den Geschäften nur begrenzt erhältlich, Fleisch und Fisch meist als Tiefkühlprodukte. Brot, Milchprodukte und haltbare Lebensmittel gibt es jedoch überall zu kaufen; für Rucksackreisende und Wanderer eignen sich besonders die verschiedenen getrockneten Fertiggerichte und Tütensuppen, die gemessen am sonstigen Preisniveau geradezu wenig kosten. Die vergleichsweise hohen Lebensmittelpreise sind in den großen Märkten in Reykjavík und Akureyri moderater als in den anderen Ortschaften, in denen es oft nur einen Laden mit begrenzter Auswahl gibt. Autofahrer können in den städtischen Zentren auf Vorrat kaufen. Erwähnt werden sollte noch, daß Süßigkeiten wesentlich teurer sind als Kekse, die es in vielen guten Sorten, teils als Vollkornprodukte, gibt – gute Kraftspender für unterwegs.

Restaurants findet man fast überall in Island, in besonders breiter Palette natürlich in der Hauptstadt. Sie sind allgemein teurer als vergleichbare Lokale in Mitteleuropa, wobei das Preis-Leistungs-Verhältnis bei familiären isländischen Betrieben besser ist als in den Allerwelts-Grillimbissen. **Alkohol** wird zwar in etlichen Restaurants ausgeschenkt, aber zu horrenden Preisen. Leichtbier gibt es überall, auch in Lebensmittelgeschäften, zu kaufen, alles Hochprozentigere nur in den staatlichen Alkoholläden. Die Preise verderben einem aber auch dort den Spaß.

Kaffee trinken kann man hingegen recht preiswert in Island. Fast überall bekommt man ein zweites Mal eingeschenkt, ohne neu bezahlen zu müssen. Manchmal steht auch eine große Thermoskanne auf dem Tisch, eine Sitte, die jedoch überall dort aufgegeben wird, wo das Lokal Regennachmittage lang von den gleiche Gästen belagert wird, die sich jeder an einer Kaffeetasse ›festhalten‹.

Feiertage

Neben dem isländischen Nationalfeiertag am 17. Juni ist der wichtigste Feiertag in der Hochsaison der Bankfeiertag *Verzlunarmannahelgi* am ersten Montag im August. An diesem Wochenende machen fast alle Isländer Ferien, platzen die Campingplätze aus allen Nähten und sind viele Sehenswürdigkeiten überlaufen. An Gullfoss und Geysir sind die Straßen verstopft, denn halb Reykjavík will den Großen Geysir springen sehen. Man sollte seine Routenplanung davon abhängig machen, ob man mitfeiern will oder nicht.

Geld und Geldwechsel

Es ist ungünstig, zu Hause schon isländische Kronen (IsKr, isl. *krónur*) einzutauschen, denn der Wechselkurs bei den hiesigen Banken ist denkbar schlecht. Wer mit dem Flugzeug ankommt, kann in Keflavík wechseln (täglich 6.30–18.30), wer mit der Fähre einreist, tauscht an Bord (hohe Gebühren!) – die Dieselsteuer muß in isländischem oder deutschem Bargeld am Zoll entrichtet werden – oder besser erst in Seyðisfjörður. Ausländisches Geld kann unbegrenzt eingeführt werden. In Island kann fast überall mit den verbreiteten Kreditkarten (Visa, Eurocard, seltener American Express) bezahlt werden. Bargeld wechseln auch viele Hotels zum normalen Kurs, mit einem Postsparbuch bekommt man bei jedem Postamt Kronen, und die Banken akzeptieren auch Euroschecks. Geöffnet haben diese wochentags meist von 9.15 bis 16.00, die Postämter Mo–Fr 8.30–16.30.

Kartenmaterial

Zwar braucht man zum Nachwandern der Touren in diesem Band keine Landkarten, sie werden aber notwendig, wenn man sich in einem Gebiet selbständig weiter umsehen will. Für Autofahrer ist eine Straßenkarte unerläßlich, die es in drei Maßstäben gibt. Besonders beliebt ist die **Vegakort Íslands** 1:750 000, mit dem numerierten Straßennetz auf der einen Seite und auf der anderen einer topographischen Karte, die natürlich nur eine Groborientierung ermöglicht. Auf die Karten mit den Maßstäben 1:100 000 und 1:250 000 wurde im Zusammenhang mit den Anmerkungen zur Wanderausrüstung verwiesen (s. S. 39). Die neue Serie der Karten 1:50 000 entstand auf der Basis von Satellitenaufnahmen und bietet fast nur Höhenlinien und Wasserläufe – verwirrend für alle, die nicht mit der Gegend vertraut sind. Einige der Sonderkarten basieren zwar auf diesem Material, sind aber mit einer Vielzahl von Ergänzungen ausgestattet, was sie benutzbarer macht. Jede geographische Buchhandlung sollte in der Lage sein, die gewünschten Karten zu beschaffen, ansonsten helfen auf den Norden spezialisierte Versandbuchhandlungen weiter:

- Arktis Verlag Schehle
  Memminger Str. 71–75, 8960 Kempten
  ✆ 08 31/2 10 49, Fax 08 31/1 24 23
- Versandbuchhandlung
  Angelika Haardiek, Postfach 5
  4553 Neuenkirchen
  ✆ 0 54 65/4 76, Fax 0 54 65/8 34
- Nordis Buch- und Landkartenhandel
  Böttgerstr. 9, 4019 Monheim
  ✆ 0 21 73/5 66 65, Fax 0 21 73/5 42 78
- GeoCenter
  Postfach 80 08 30, 7000 Stuttgart 80
  ✆ 07 11/7 88 93 40, Fax 07 11/7 88 93 54

Herausgeber fast aller Karten ist das
- Geodätische Institut:
  Landmælingar Íslands, Laugavegur 178
  105 Reykjavík

Öffnungszeiten

Die Geschäfte haben meist von 9 bis 18 Uhr geöffnet, samstags von 10 bis 14 Uhr. Ausnahmen bilden nur die großen Einkaufszentren wie das »Kringlan« in Reykjavík, das eine Stunde länger offen ist. Die Service-Stationen in den Tankstellen verkaufen Lebensmittel bis spätabends, oft 22.30 Uhr und an Wochenenden! Banken sind in der Regel werktags von 9.15 bis 16.00 Uhr geöffnet.

Post und Telefon

Ins Ausland telefonieren kann man aus Telefonzellen und von den Post- und Telefonämtern (Póstur og Sími), die Vorwahlen sind: D 9049, CH 9041, A 9043. Die Ortsvorwahl wird dann ohne die 0 gewählt.

Die Postämter haben werktags von 8.30 bis 16.30 Uhr geöffnet. Isländische Telefonbücher sind nach Vornamen geordnet, da die meisten Isländer keine Familiennamen, sondern den Namen des Vaters hinter dem Rufnamen tragen: Jón Svensson ist der Sohn von Sven, Nína Svensdóttir ist die Tochter von Sven.

Sprache und Verständigung

Die Verständigung mit Isländern verläuft in 95 % aller Fälle auf Englisch, in touristischen Zentren auch auf Deutsch. Verständigungsprobleme können dann lediglich bei der Aussprache isländischer Eigennamen auftauchen. An einigen wenigen ausgewählten Beispielen sollen wichtige Ausspracheunterschiede aufgezeigt werden, die Betonung liegt immer auf der ersten Silbe:

æ	=	ei	Glaumbær	*glöimbeir*
á	=	au	*Háifoss*	*hauifoss*
au	=	öi	Laufás	*löiwaus*
ó	=	ou	Hólmá	*houlmau*
ú	=	u	Brú	*bru*
u	=	ö	Berunes	*berönes*
y, ý	=	i, í	Nýja Eldhraun	*nija eldröin*
ey/ei	=	äij	Eyvindardalur	*äijvindardalör*
ð	=	th wie mother	Skeiðará	*skäijtharau*
Þ	=	th wie thing	Þjórsá	*thjoursau*
ll	=	tl	Skaftafell	*skaftafetl*
			Námafjall	*naumafjatl*
			Vatnajökull	*watnajökutl*
fl	=	pl	Krafla	*krapla*
fn	=	pn	Höfn	*höpn*
hv	=	quw	Hvammstangi	*kwamstangi*

Straßen und Verkehrsmittel

Mit einem normal ausgestatteten PKW können bei angepaßter Fahrweise die isländischen Straßen befahren werden, auch wenn Schotterauflage, ›Wellblech‹ und Schlaglöcher zu Umsicht zwingen. Die Ringstraße Nr. 1 und die größeren Nebenstraßen (mit zweistelliger Straßennummer) werden zunehmend asphaltiert. Alle Ausgangspunkte der vorgestellten Wanderungen lassen sich mit PKW oder Campingfahrzeug erreichen.

Hingegen sind einige abgelegene Fahrwege nur mit Allradantrieb, die Hochlandpisten nur im Geländewagen mit Getriebeuntersetzung und großer Bodenfreiheit zu schaffen, werden aber auch zunehmend entschärft, sehr zum Leidwesen der Off-Road-Fans. Wirklich abseits der Fahrspuren zu fahren gehört zu den größten Naturfreveln, die man als Tourist Islands empfindlicher Vegetation antun kann, und wird – wenn das als Argument nicht reicht – gesetzlich verfolgt.

Da jedoch schon die normalen Straßen eine größere Belastung für PKWs darstellen als in Mitteleuropa, sollte der Wagen vor dem Urlaub gründlich durchgesehen werden. Öl- und Luftfilter werden auf den staubigen Fahrbahnen stärker beansprucht, auch die Reifen sind schneller verschlissen. Ein Metallgitter vor Kühler und Scheinwerfer ist ein recht kostenintensiver Schutz gegen Steinschlag, etwas Fliegengitter vor dem Rost schützt zumindest den Kühler. Für **Reparaturen** gilt: die Werkstattpreise sind bezahlbar, **Ersatzteile** sehr teuer – ein Auslandsschutzbrief deckt ihre Beschaffung ab. Die Frage, ob es sich lohnt, den eigenen Wagen mitzubringen oder vor Ort einen zu mieten, kann nur individuell entschieden werden. Vereinfacht könnte man vielleicht sagen, daß bei wenig Zeit ein Mietwagen, bei längerer Reise der eigene günstiger ist. Informationen über Mietwagen, auch in Kombination mit Flügen, sind erhältlich beim Fremdenverkehrsamt oder dem Reiseveranstalter:
– Island Tours, Roßmarkt 10,
  6000 Frankfurt, ☏ 0 69/29 67 52

Die **Verkehrsbestimmungen** auf Island erfordern keine besondere Umstellung. Es muß zu jeder Tageszeit mit Licht gefahren werden, an den Hinterreifen müssen Schmutzfänger angebracht sein, denn Steinschlag ist eine der Hauptgefahren für Kühler und Windschutzscheibe. Das beste Gegenmittel besteht darin, langsam zu fahren, wenn man überholt wird, und Abstand zum Vordermann zu halten. In Orten darf 50 km/h, außerhalb 80 gefahren werden, aber selbst das ist wegen der schlechten Fahrbahn oft nur für robuste Autos möglich.

Campingfahrzeuge dürfen übrigens keinen außenliegenden Gastank haben. Gasflaschen können nur in Reykjavík gefüllt werden, und zwar bei der Shell-Zentrale (Skeljungur hf, ☏ 91/60 39 00) in Skeljanes; das ist die letzte Straße hinter dem Stadtflughafen.

Der Begriff *blindhæð* (Plural *blindhæðir*) findet sich oft als Zusatz zu den international üblichen Warnschildern. Er weist auf unübersichtliche Kuppen in der häufig einspurigen Straßenführung hin, vor denen sehr langsam gefahren werden muß. Auch Brücken sind meist einspurig und fügen sich zudem nicht nahtlos in die Schotterfahrbahn ein. Hier muß mit tiefen Schlaglöchern gerechnet werden.

Alle diese Probleme bleiben **Busreisenden** erspart, dafür müssen sie andere lösen. Mit den Linienbussen sind im Sommer zwar alle Stellen auf der Ringstraße und viele Orte auf den Nebenstraßen erreichbar. Die meisten Verbindungen werden aber nur einmal täglich befahren, so daß ein Blick in den Fahrplan unerläßlich ist. Die Busgesellschaft B.S.Í. bietet im Sommer zwei Buspässe für Touristen an, einen zeitlich begrenzten für alle Linien und einen, mit dem man in beliebiger Zeit Island einmal auf der Ringstraße (isl. *hringvegur*) umrunden kann. Dieses besonders preisgünstige *hringmiði* ist sehr empfehlenswert, wenn man weiß, wo sich das Aussteigen lohnt. Für die Streckenabschnitte zwischen den Wandergebieten sind die Linienbusse praktische Fortbewegungsmittel. Feste Haltestellen gibt es zwar nur in den Orten, die Busse können aber überall angehalten werden – kein Problem beim Aussteigen. Beim Zusteigen muß man jedoch die ungefähre Ankunftszeit hochrechnen.

B.S.Í. bietet aber auch Sonderfahrten zu fast allen Sehenswürdigkeiten an. Das gesamte Programm erscheint alljährlich im Prospekt »Island Sommer« auch in deutscher Sprache. Das Linienbusnetz ist darin aber nur unvollständig erfaßt, so daß auch der Fahrplan *Leiðabók* bestellt werden sollte, der etwa ab Mai erhältlich ist. Beide Prospekte können beim Fremdenverkehrsamt in Frankfurt oder direkt bei:
– B.S.Í., Umferðamiðstöðinni,
  Vatnsmýrarvegi 10, 101 Reykjavík,
  ✆ 91-/2 23 00

bestellt werden. Die Buspläne sind auch für Autofahrer wichtig, die eine der Streckenwanderungen dieses Buches unternehmen wollen.

Unterkunft

In **Reykjavík** herrscht in dieser Hinsicht im Hochsommer eine angespannte Situation – ohne Vorbuchung wird man kaum preiswert übernachten können. Besonders die beiden Jugendherbergen, aber auch die preiswerten Gästehäuser und Privatzimmer sind ab Mitte Juli voll. Auf dem Campinggelände werden Einzelreisende von den organisierten Touristengruppen an den Rand gedrängt. Ganze Zeltstädte entstehen buchstäblich über Nacht – keine Atmosphäre für Ruhesuchende. Ebenfalls sehr belebt geht es mittwochs in Egilsstaðir und Seyðisfjörður zu, am Tag vor Abfahrt der Fähre. Auch die Naturschutzgebiete (Skaftafell, Mývatn, Þingvellir) sind in der Hochsaison sehr gut besucht. Selbstfahrer finden aber in der Umgebung ruhigere Übernachtungsmöglichkeiten.

Je nachdem, welche Unterkunftsart man ins Auge faßt, sollten folgende Verzeichnisse bestellt werden – über die jeweils angegebene Adresse oder das Fremdenverkehrsamt:
– Die Broschüre »Icelandic Farm Holidays« enthält das umfangreichste Angebot an Unterkünften. Es umfaßt Gästezimmer, Schlafsackunterkunft, Ferienhäuser und Camping. Entweder kann eine Küche benutzt oder können Mahlzeiten bestellt werden. Die Preise richten sich nach der Art des Übernachtungsplatzes, liegen aber meist unter denen anderer **Gästehäuser** bei vergleichbarer Unterbringung. Allen von »Icelandic Farm Holidays« angebotenen Unterkünften ist gemein, daß sie außerhalb der Orte, oft auf Bauernhöfen oder in deren Umgebung liegen. Der Prospekt ist erhältlich bei:
– Ferðaðjónusta Bænda (Icelandic Farm Holidays), Bændahöllinni við Hagatorg, 107 Reykjavík
– Das Verzeichnis des Jugendherbergsverbands »Hostelling in Iceland« führt neben den organisierten Herbergen (1991 waren es 24) auch Schlafsackunterkünfte in Hotels auf. Mitglieder zahlen in den **Jugendherbergen** weniger als andere Gäste, die aber auch Aufnahme finden. Vielfach liegen diese Unterkünfte ebenfalls auf Bauernhöfen, wo man dann im gemütlichen alten Wohnhaus untergebracht wird, während die Familie in den Neubau umgezogen ist. In den beiden Herbergen von Reykjavík muß, wie schon erwähnt, ein Platz vorbestellt werden. Die

Unterkunft / Urlaubsaktivitäten

Broschüre »Hostelling in Iceland« kann direkt angefordert werden bei:
- Bandalag Íslenskra Farfugla (Icelandic Youth Hostel Association), Sundlaugavegi 34, PO Box 1045, 121 Reykjavík.
- Für Urlauber mit eigenem Zelt (empfehlenswert für Busreisende) oder Campingfahrzeug ist das Faltblatt des Fremdenverkehrsamtes »Tjaldsvæði/Camping in Iceland« notwendig. Da sich die Bedingungen des Freicampens ständig ändern, oder besser gesagt verschärfen, sollte man die aktuellen Bestimmungen ebenfalls dort erfragen. Momentan ist **Campen** außerhalb der vorgesehenen Plätze in allen Naturschutzregionen untersagt, auf Kulturland muß der Eigentümer gefragt werden. Wanderer, die außerhalb dieser Gegenden irgendwo abseits der Zivilisation unterwegs sind, werden kaum Probleme haben, einen geeigneten und schönen Platz zum Zelten zu finden; zum Naturschutz s. S. 38.
- Wer komfortabler wohnen will, braucht den Prospekt des Hotel- und Gaststättenverbands, zu bestellen bei:

Samband Veitinga- og Gistihúsa, Garðastræti 42, 101 Reykjavík oder beim Fremdenverkehrsamt. Diese Broschüre listet sowohl die ganzjährigen wie die Sommerhotels auf. Das Niveau der Häuser ist sehr verschieden. Die Edda-Hotels, in den Sommerferien zu **Hotels** umfunktionierte Internatsschulen, sind meist einfach und praktisch eingerichtet, die wenigsten Zimmer haben ein eigenes Bad. Hingegen sind die Schulen oft mit einem Schwimmbad ausgestattet. Der Name »Ice Class Hotel« bezeichnet die in der jeweiligen Region besonders empfohlenen Häuser – je nach Vergleichsmaßstab ein dehnbarer Begriff. Luxushotels wird man nur in Reykjavik finden.
- Fast alle Unterkünfte sind in Kurzform in einem kostenlosen Büchlein aufgeführt, das darüber hinaus in Englisch weitreichende Informationen für Touristen anbietet: »Around Iceland«. Es erscheint seit mehr als 15 Jahren pünktlich zu jeder neuen Sommersaison und kann spätestens nach der Ankunft auf Island bei der Tourist-Information bezogen werden (s. ›Auskunft‹).

Urlaubsaktivitäten

Zu den beliebtesten sportlichen Urlaubsaktivitäten zählt natürlich das **Wandern**. Wer sich weitgehender mit dem Thema befassen will, kann sich an die beiden Wanderorganisationen wenden:
- Ferðafelag Íslands, Öldugötu 3, Postholf 545, 121 Reykjavík
- Útivist, Grófin 1, 101 Reykjavík

Während der zweite sich mit seinem Angebot auch an ausländische Interessenten wendet, spricht der traditionsreichere Ferðafelag hauptsächlich Isländer an (Publikationen nur in isländischer Sprache).
- **Schwimmen** ist beinah ein Nationalsport. Kein Wunder bei der großen Zahl geothermal beheizter Freibäder, die das ganze Jahr über geöffnet haben. Meist gibt es neben dem Schwimmbecken einen oder mehrere heiße Pools, in denen man sich nach dem Wandern auch sehr gut entspannen kann. Die jeweils nächstgelegenen Freibäder sind vor den Wanderungen genannt.
- **Reiten** ist ebenfalls bei Isländern eine beliebte Freizeitaktivität und wird auch für Touristen auf zahlreichen Höfen angeboten. Vor den Wanderungen gibt es entsprechende Hinweise, ansonsten hilft der Prospekt »Icelandic Farm Holidays« oder das Fremdenverkehrsamt mit weiterem Informationsmaterial.
- **Angeln** ist ebenfalls eine Aktivität, die auf vielen Gäste-Höfen angeboten wird, manchmal wird auch die notwendige Ausrüstung gestellt. Wer sie selbst mit ins Land bringt, muß sie bei der Einreise

desinfizieren lassen. Süßwasserangeln ist grundsätzlich kostenpflichtig, und für die vielversprechenden Lachsgewässer werden horrende Tagespreise von mehreren tausend Mark verlangt! Forellenangeln ist unvergleichlich günstiger. Über die Adresse der »Farm-Holidays« kann auch der Prospekt »Iceland Fishing Guide« angefordert werden. Angeln im Meer ist immer kostenlos, außer an Flußmündungen.

Zeit

In Island gilt die Greenwich-Mean-Time (GMT), gemessen an der Sommerzeit ist es deshalb in Island zwei Stunden früher als in Deutschland.

Zeitungen

In Reykjavík bieten verschiedene Buchhandlungen im Stadtzentrum ausländische Zeitungen an.

Wörterbuch

Aus fast allen isländischen topographischen Namen lassen sich Rückschlüsse auf geographische Besonderheiten ziehen. Im folgenden sind geographische Begriffe aufgelistet, die bei den Eigennamen der Wanderungen häufig auftauchen.

austur	Osten		gígur	Krater
á	Fluß		gil	Schlucht, Klamm
bakki	(Fluß)Ufer		gjá	Spalte
borg	Stadt, turmartiger Felsen		gljúfur	Schlucht, Klamm
			hagi	Wiese, Weide
botn	Boden, Talabschluß		hamar	steiler Felsabsatz
brekka	Abhang, Böschung		háls	Hügel
brú	Brücke		heiði	Hochebene
bær	(Bauern)Hof		hellir	Höhle
dalur	Tal		hlíð	Hang
drangi	freistehender Felsen		hnjúkur	Gipfel
egg, eggjar	Grat, Schneide		hóll	Hügel
engi	Wiese		hólmur	kleine Insel
ey	Insel		hóp	Strandsee
eyri	flaches Flußufer		hraun	Lavafeld, Lava
fell	Anhöhe, Berg		hreppur	Gemeinde
fjall	Berg, Gebirge		hryggur	Bergrücken
fjörður	Fjord		hús	Haus
fljót	Strom, Fluß		hvammur	Talmulde
foss	Wasserfall		hver	heiße Quelle
garður	Garten		höfði	Kap, Bergrücken
gerði	Zaun		höfn	Hafen

Wörterbuch

jökull	Gletscher	sel	Hütte
kambur	Gebirgskamm	skagi	Halbinsel
kirkja	Kirche	skarð	Paß
kot	kleiner Bauernhof	skógur	Wald
kvísl	Nebenfluß	staður	Ort
laug	warme Quelle, Bad	stapi	freistehender Fels
lón	Haff	strönd	Strand
lækur	Bach	stöð	Station
melur	Kiesfläche	sýsla	Kreis
mór, móar	Heide	sæluhús	Schutzhütte
múli	Bergvorsprung	tangi	Landzunge
mýri	Moor	tindur	Gipfel
mörk	Wald	tjörn	Teich
náma	Bergwerk	tún	Hauswiese
nes	Halbinsel	vatn	Wasser, See
núpur	Bergspitze	vegur	Weg
öræfi	Wüste	vík	Bucht
ós	Mündung	víti	Explosionskrater
reykur	Dampf, Rauch	vogur	Bucht
sandur	Sand, Geröllfeld	völlur	Feld

Die wichtigsten Landschaftsformen

Schwerpunkte der Wanderungen
(Zahlen = Nummer der Wanderung; * = Abstecher)

Berge, farbig 2*, 19, **20**
Bergseen 2, 7, 8, 18, **33, 36,** 43
Bergwelt 18, 21, 22, 23, 33, 34, **35, 36,** 37, 38, 40, 43
Cañons **6, 25,** 32
Eissee **17**
Fernsicht 2, 5, 8, 10, 12, 13, 15, **18,** 19, 20, 22, 23, **28*,** 29, 30, 32, **33, 35, 36, 39*,** 40, **43**
Fjorde 21, 22, 23, 34, 35, 40, 43
Gletscherfluß 6, 8, 11, **15, 16,** 17, 20, **25,** 26
Gletschernähe **11, 12, 16,** 17, **18**
Gletschersicht 6, 10, 13, 14, **17, 18,** 41
Heide 25, 32, 35, 40, 41, 43
Heiße Quellen **5,** 7, 16
Höhlen 29
Inlandswüste 5, **6, 26,** 29, 30
Kultur **4,** 8*, **9*,** 19, **32, 34,** 35*
Kulturland 5, 8, 15, 22, 32
Lavafelder, alt 2, 3, 4, 5, **15, 29,** 30, 32, **42**
Lavafelder, jung 2, 3, **27,** 28, 33
Moränen 11, 16, **17,** 18

Palagonitberge 2, 26, **28*, 43**
Pferde, wildlebend **38**
Pflanzenwelt 4, 5, **12,** 15, 16, **24,** 29, 32, **43**
Pseudokrater 15, **31,** 32
Sander/Wüste **14,** 17
Schluchten **9,** 10, **11, 12,** 15, 18, **20,** 30, **34, 37,** 39, **43**
Schneefelder 10, **18, 35, 36**
Seehunde 13
Seen/Lagunen 2*, 4, 13, 24, 25, 31, 33, 42
Solfataren 2, **2*,** 7, 27, **28***
Steilküste 3, **13,** 14, 19
Strand/Dünen **13,** 17, **19,** 30
Strukturböden **8**
Täler, weit 2, 5, 9, 15, **21,** 22, 23, 24, 32, 33, 34, 35, 38, 40, 43
Púfur-Wiesen 6, 27, 33
Vogelbeobachtung **3, 13, 17,** 19, 25, 26, **31,** 32
Vulkankrater 3*, **27, 28, 29,** 30, **42**
Vulkanspalten **4,** 29
Wasserfälle 3, 4, **5,** 6, **9*, 10,** 11, 12, 15, **21,** 22, 25, 32, 34, 36, 37, **39,** 40, 41, **42, 43**

Alle in diesem Buch enthaltenen Angaben wurden von den Autoren nach bestem Wissen erstellt und von ihnen und dem Verlag mit größtmöglicher Sorgfalt überprüft. Gleichwohl sind – wie wir im Sinne des Produkthaftungsrechts betonen müssen – inhaltliche Fehler nicht vollständig auszuschließen. Daher erfolgen die Angaben ohne jegliche Verpflichtung oder Garantie des Verlags oder der Autoren. Es kann **keinerlei Verantwortung und Haftung** für etwaige inhaltliche Unstimmigkeiten übernommen werden.
Wir bitten dafür um Verständnis und werden Korrekturhinweise gerne aufgreifen. DuMont Buchverlag GmbH & Co., Mittelstraße 12–14, 5000 Köln 1.

Erläuterung allgemeiner geographischer und geologischer Fachbegriffe (Glossar)

Aktive Vulkanzone Durch Island verlaufender Bereich des Mittelatlantischen Rückens, in dem durch tektonische Vorgänge Dehnungsspalten entstehen.
Asche Feinkörniges vulkanisches Lockerprodukt.
Basalt Dunkles basisches Ergußgestein, in Island sehr weit verbreitet.
Bims Meist helles, stark poröses Lavagestein, kann leichter als Wasser sein.
Blocklava Isl. *apalhraun*, scharfkantige, zu Blöcken und Schollen aufgetürmte Lava.
Bombe Grobe vulkanische Auswurfprodukte aus zerfetztem Magma, die im Flug abkühlen und als gerundete Lavatrümmer herabfallen. S. auch Schlacke.
Brekzie Sedimentgestein, z. B. Palagonittuff, mit eingelagerten groben Gesteinstrümmern (Palagonitbrekzie).
Caldera Durch Einbruch entstehender Kraterkessel in Zentralvulkanen.
Cañon Tief eingeschnittenes, steilwandiges Tal.
Erosion Durch Wind, Wasser oder Eis bewirkter Abtragungsprozeß auf der Erdoberfläche.
Fladenlava Isl. *helluhraun*, glatter, wellenförmig gewölbter Lavastrom.
Flutbasalt Mächtige, die Landschaft überdeckende Lavaströme, auch Plateaubasalte genannt.
Fumarole Heiße vulkanische Gas- und Dampfaushauchungen.
Gang In Bruchzonen und Dehnungsspalten nachgedrungenes vulkanisches Material, durch Erosion häufig aus dem umgebenden Gestein herausgearbeitet.

Geothermal Die Erdwärme betreffend.
Hornito Kleine Lavatürme aus verschweißter vulkanischer Schlacke.
Hyaloklastit S. Palagonit.
Kar Steilwandige, schüsselförmige Hohlform in Berghängen, durch Hanggletscher ausgeformt.
Kissenlava Runde oder ovale basaltische Lavaform, die unter hohem Wasserdruck entsteht.
Lapilli Vulkanisches Auswurfprodukt von mittlerer Korngröße, zwischen Asche und Bomben.
Lava An die Erdoberfläche gefördertes Magma.
Liparit Helles, saures Ergußgestein.
Magma Glutflüssige, gashaltige Gesteinsschmelze in der Erdkruste.
Moräne Unsortierter Gesteinsschutt, von Gletschern transportiert und abgelagert.
Nunatak Aus der Oberfläche von Gletschern herausragender Fels oder Berggipfel.
Palagonit Vulkanisches, glashaltiges Auswurfprodukt, das durch Wassereinwirkung schlagartig abkühlt und zerbricht; verfestigt zu Palagonittuff, isl. *móberg*.
Pillow-Lava S. Kissenlava.
Pseudokrater In einem Lavastrom explosiv entstandener Krater ohne Förderschlot.
Rhyolith S. Liparit.
Rundhöcker Vom Gletschereis überschliffene, anstehende Felsbuckel.
Sander Von Gletscherflüssen abgelagerter sortierter Gesteinsschutt.
Schildvulkan Flacher, aus dünnflüssiger Basaltlava aufgebauter Vulkankegel.

Schlacke Meist explosiv ausgeworfene Lavafetzen in der Größe von Bomben.
Schlammtopf Durch heiße Gase und Dämpfe aufgekochtes Grundwasser-Schlammgemisch.
Sedimentgestein Durch Wind, Wasser und Gletschereis abgelagerte Zerstörungsprodukte anderer Gesteine, die wieder zu Gestein verfestigt sind.
Solfataren Heiße, schwefelhaltige Wasser- und Dampfquellen.
Stricklava Strickförmig zusammengeschobene Fladenlava.
Subglazial Unter Gletschereis entstanden.
Tafelberg Teilweise subglazial entstandener einzelner Vulkanberg, aus Kissenlava, Palagonit und aufliegender Basaltdecke gebildet.
Tertiär Erdzeitalter vor 65–2 Mio. Jahren.
Trogtal U-förmiges, durch eiszeitliche Gletscher ausgeschliffenes Tal mit steilen Wänden. Trogtäler unter Meeresbedeckung sind Fjorde.
Tuff Gestein aus verfestigten vulkanischen Lockerprodukten.
Púfur Durch Frostwechsel entstandene Aufwölbungen im Boden bis 1 m Durchmesser, meist gras- oder heidebewachsen; auch Bülten genannt.

Abbildungsnachweis

Farbabbildungen
Bodo Bondzio, Köln   Farbabb. 2. 3, 11
Sabine Gorsemann und Christian Kaiser, Bremen   Titel, Farbabb. 1, 4, 5, 6, 7, 9, 10, 12, 13, 14, 15, 16
Hans Klüche, Bielefeld   Farbabb. 8

Schwarzweißabbildungen
Akureyri Museum, Akureyri (Island)   S. 165
Archiv für Kunst und Geschichte, Berlin   S. 19
Sabine Gorsemann und Christian Kaiser, Bremen   S. 10, 12/13, 16, 24/25, 31, 32/33, 34, 35, 36, 38/39, 42, 45, 46, 49, 50, 52/53, 56/57, 59, 62/63, 64, 66, 70, 72/73, 74, 79, 80, 83, 84, 85, 88/89, 90, 96, 113, 116/117, 120/121, 124/125, 126, 129, 130, 133, 134/135, 137, 140, 140/141, 141, 142, 143, 145, 148/149, 150, 154, 155, 156, 159, 163, 168, 169, 170, 171, 172/173, 178, 186/187, 188, 194/195, 198/199, 201, 202, 208/209, 210, 211, 214, 216/217, 220/221, 222/223, 230, 233, 236, 242/243, 245, 250/251, 254, 256, 258/259, 260/261, 262, 265, 266, 267, 271
Harald Neifend, Göttingen   S. 14
Achim Schnütgen, Hürth   S. 86, 153, 206/207, 215, 248

Karten und Pläne
DuMont Buchverlag

Alle übrigen Abbildungen stammen aus dem Archiv der Autoren und des DuMont Buchverlages

Literaturhinweise

Sachbücher, die eine gute Übersicht über Islands Landeskunde geben, sind zum Beispiel:
- Bárðarson, Hjálmar: Eis und Feuer, Reykjavík 1980 (Gute Kombination aus Fotos und Sachinformation).
- Gläßer, Ewald/Schnütgen, Achim: Island. Wissenschaftliche Länderkunden 28, Darmstadt 1986 (Schwerpunkt Geologie und Geographie).
- Schnütgen, Achim: Island. Vulkaninsel zwischen Europa und Amerika, Köln 1990 (Schwerpunkt Geologie).
- Schutzbach, Werner: Island. Feuerinsel am Polarkreis, Bonn 1985 (Das Standardwerk für interessierte Laien, umfassend und informativ).

Reiseberichte haben zwar an Popularität verloren, seit die Leser selbst reisen, sind aber noch heute interessant und unterhaltsam zu lesen. In vielen Bibliotheken findet man heute noch die Berichte früherer Reisender, etwa:
- Herrmann, Paul: Island, Leipzig Berlin 1914.
- Keilhack, Konrad: Reisebilder aus Island, Gera 1885.
- Reck, Ina (geb. v. Grumbkow): Isafold, Berlin 1909.

Sagas und andere altisländische Literatur findet man ebenfalls zumindest auszugsweise in vielen Bibliotheken oder im Antiquariat:
- Kuhn, Hans: Das alte Island, Düsseldorf, Köln 1971 (Vermittelt einen guten Einblick in das Leben in Island zur Sagazeit).
- Niedner, Felix (Hg.): Thule – Altnordische Dichtung und Prosa, Düsseldorf, Köln 1971 (Diese 24bändige Sammlung stellt die umfangreichste deutschsprachige Ausgabe altisländischer Literatur dar).

Moderne isländische **Literatur** wird vor allem durch die Werke des Literaturnobelpreisträgers Halldór Laxness repräsentiert. Die folgenden Bücher empfehlen sich als Reiselektüre:
- Laxness, Halldór: Islandglocke, Frankfurt 1982 (Schildert die Verhältnisse in Island unter dem bedrückenden Handelsmonopol).
- ders.: Sein eigener Herr, Göttingen 1992 (Ein armer Kleinbauer kämpft verbissen um die selbständige Existenz).
- ders.: Salka Valka, Frauenfeld, 1981 (Beschreibt das Leben in einer kleinen Fischersiedlung anhand der Geschichte des Mädchens Salka).
- ders.: Das Fischkonzert, Frankfurt 1983 (Das Leben in Reykjavik Anfang des Jahrhunderts, aus der Sicht eines Jungen geschildert).
- ders.: Atomstation, Göttingen 1989 (Der Konflikt um die NATO-Zugehörigkeit Islands).
- Magnusson, Sigurður A.: Unter frostigem Stern, 1984.
- Emilsson, Tryggvi: Arm sein ist teuer, Berlin 1985.
- Guðmundsson, Einar Már: Die Ritter der runden Treppe, 1988 (Die drei letztgenannten geben Einblicke in das Leben im modernen Island).
- Die Horen – Zeitschrift für Literatur, Kunst und Kritik, Band 143: Island – Wenn das Eisherz schlägt.
- Barüske, Heinz (Hg.): Island. Eine Anthologie moderner Prosa, Tübingen 1974.

Ortsregister

Akureyri 238 ff.
Almannagjá 11, 61 f.
Almannaskarð 165
Apavatn 69
Arnavatnsheiði 263
Baula 263, 264, 267
Berufjörður 174, 179
Berunes 176
Bifröst 264
Bjarnafell 73
»Blaue Lagune« 48, 55
Blönduós 246, 252, 253
Bólstaðarhlíð 252
Borgarnes 264
Brautarholt 93
Breiðamerkursandur 151 ff.
Brúará 70, 89
Brúarás 186
Brúarfoss 70
Búðir 180
Dimmuborgir 207, 218
Djúpavatn 50
Djúpivogur 174, 177
Dyrhólaey 133 f.
Egilsstaðir 182, 183
Eiriksjökull 263
Eldey 55
Eldhraun (Mývatn) 201, 207
Endalausidalur 165
Engimýri 240
Eyjafjallajökull 119
Eyjafjörður 229, 237
Fáskrúðsfjörður 180
Fellsmörk 127 ff.
Fimmvörðuháls 120
Fjallsárlón 152 ff.
Fornihvammur 262 f.
Fossárdalur **174 ff.**, Farbabb. 15
Geitaskarð 246

Giljá 253 ff.
Gjáin 115, Farbabb. 1
Glanni 267, 268, Farbabb. 14
Glymur 269 f.
Goðafoss 219, 225
Grábrók 263 ff.
Grænavatn (Krísuvík) 52
Grænavatn (Mývatn) 214
Granni 114
Grenivík 228
Grenjaðarstarður 224
Grimsvötn 151
Grindavík 47, 55
Grjótagjá 11, 206, 207
Gullfoss 81
Háifoss 95
Haukadalur 74, 75
Hekla 94, 114
Hengill 65, 85
Heraðsflói 183, 186
Herðubreið 191
Hestfjall 90
Hestgerðislón 161
Hjörleifshöfði 131, **136 ff.**
Hlíðarfjall 203
Höfn 161, Farbabb. 3
Hraundrangi 242
Hraunsvatn 242, Farbabb. 7
Hreðavatn 265
Hreðavatnsskáli 264
Hrollaugsstaðir 157
Húnafjörður 255, 256
Húsey 185
Hvalfjörður 270, 272
Hvalvatn 269, 270
Hvammstangi 257
Hveragerði 82 f.
Hverarönd 206
Hverfjall 206, 208 ff.

Ortsregister

Hvítá 74, 78, **80 f.**, 89
Jafnaskarð 266
Jarlhettur 77
Jökulsá á Brú 185, 188, 189
Jökulsá á Fjöllum 192
Jökulsá á Sólheimasandi 123
Jökulsá í Lóni 167
Jökulsárlón 156 f., Farbabb. 8
Kambtún 161
Karaborg 258
Katla 138
Kerling 237
Ketildyngja 215
Kirkjuból 182
Kjalvegur 76
Kjarnaskógur 236
Kleifarvatn 48, 51
Klifandi 127
Kotagil 244 f.
Krafla 196, 201
Krísuvík **47 ff.**, 52
Krísuvíkurberg 55 ff.
Krísuvíkurhraun 58
Lagarfljót 183
Lakagígar 28, 143, **144**
Langjökull 13, 77, 263
Laufás 232 ff., Farbabb. 10
Laugar 219
Laugarás 88
Laugarvatn 67 f.
Laxá (Blönduós) 249
Laxá (Mývatn) 221 ff.
Laxárdalur (Blönduós) 246 ff.
Laxárdalur (Mývatn) 211, 215, 220, 222
Laxfoss 268
Leirhnjúkur **196 ff.**, 201
Litla-Vatnsskarð 250 f.
Ljósavatn 226, 227, Farbabb. 12
Lögurinn 183
Lúdent 210
Lúdentsborgir 11, **211**
Mýrdalsjökull 13, 121, 124, 128
Mýrdalssandur 136
Mývatn **199 f.**, 201, Farbabb. 2, 4, 5
Miðfell 73
Möðrudalur 191
Námafjall 205

Námaskarð 205
Nátthagafoss 77
Norðurá 263, 264, 267
Nýja-Eldhraun 139 ff.
Ölkelduháls 85
Öræfajökull 154
Öxarárfoss 62
Papós 166
Reykjahlíð 201, 207
Reykjanes 47 ff.
Reykjavík 30, **43 ff.**
Reynisdrangar 131
Sandfell 74
Seljahjallagil 212 ff.
Seltún 48
Skaftá 141
Skaftafell 146
Skálholt 23, 27, 43, 71, **92**
Skeiðarárjökull 147 ff.
Skjaldbreiður 64
Skógá 118 f., Farbabb. 16
Skógafoss 118
Skútustaðir 218
Smjörvatnsheiði 185 ff.
Snæfellsnes 264
Sólheimajökull 123 ff.
Stafafell 166 ff.
Stöng 94, **114,** Farbabb. 13
Stokksness 30, 163
Stóra-Eldborg 59
Stóra-Laxá 90
Stóra-Vatnsskarð 252
Stóri-Geysir 75
Stórutjarnir 226
Stöðvarfjörður 182
Strokkur 74 f., **75,** 77
Súlur 234 ff.
Svartifoss 147
Svartsengi 48, 55
Sveifluháls 48
Svínavatn 255
Þingvellir 11, 20, **60 ff.**
Þjórsá 90
Þrengslaborgir 11, 211
Úthlíð 71 f.
Vaglaskógur 225
Varmaland 268

Vatnajökull **13**, 157 ff., **160 f.**
Vatnsdalsfjall 255
Vatnsnes 257
Vesturhorn 161 ff.
Vík 131

Villingafjall 211, 213
Viðey 43, 47
Vörðufell 87
Westmänner-Inseln 55

Personen- und Sachregister

Alpenschneehuhn 141
Althing 20, 21, 22, 23, 29, 43, 46, **60 f.**
Asche, vulkanische 19, 94, **209 f.**
Ásmundur Sveinsson 46, 239
Atlasblöð 39
Aðalkort 39
Aufschluß 80
Ausrüstung 33 f.
Baßtölpel 17, 55
Bergsturz 243
Bims 94
Blocklava 12, 198, 265 f.
Brendan 18
Bruun, D. 160, 161
Bültenwiese 15, 175, 187 f., 197, 227
Bunsen, R. 75
Christentum 22
Dehnungsspalte 60
Dicuilius 18
Doleritformation, Jüngere 57
Dreizehenmöve 17, 54
Einar Jónsson 239
Eiskappen 13
Eissturmvogel 37, 54
Eiszeit, kleine 25
Enten 17, **199,** 221
Erosion 38
Fladenlava 12, 202
Flóki Vilgerðarson 18
Flutbasalt 181
Freistaatzeit 21
Fumarole 12, 204
Gabbro 164
Ganggestein 11 f., 179, 255

Garðar 18
Geysir-Theorie 75
Gizur Þorvaldsson 24
Gletscher **13 f.**, 36, 123, 155
Gletscherfluß **36,** 80
Gletscherlauf 138, **151**
Goldregenpfeifer 64
Grundmoräne 76
Gryllteiste 17, 55
Guðjón Samúelsson 238
Hákon Hákonarson 23
Handelsmonopol 27
Hanse 24, 25
Haraldur, norw. König 18, 19
heiði 60, 188, 262
Hochtemperaturgebiet 12, **37, 204**
Hornito 213
hot spot 12
Hyaloklastit 57, 67, 192
Ingólfur Arnarson 18, 43, 45
Inlandeis 13
Islandfalke 141
Islandpferd 17, 248
Isleif Gizurarson 23
Jón Arason 27, 92
Jón Sigurðsson 29, 45
Jón Sveinsson 239
Jörgen Jörgenson 29
Kargletscher 13
Keilhack, K. 264
Kissenlava s. Pillow-Lava
Koch. J. P. 160
Kongsvegur 68
Kormoran 17, 55

Personen- und Sachregister

Krähenscharbe 55
Kristnisaga 22
Landnahmezeit 18, 20
Lapilli 12, 94, **209**
Laxálava, Ältere 212, **215**
Laxálava, Jüngere 208, 211, 213, 221
Laxness, Halldór 63, 234
Liparit   s. Rhyolith
Literatur 22, 23
Lumme 17, 54
Maar 52
Melurvegetation 148 f.
Mittelaltlantischer Rücken 11, 12, 60
móar, mólendi   s. Zwergstrauchheide
móberg   s. Palagonittuff
Moor 15
Moräne 14, 16, 123
Náttfari 18
Naturschutz 38
Nunatak 156
Ólavur Tryggvason 21 f.
Palagonit 67, **192**
Palagonitbrekzie 271
Palagonittuff 57, 192
Papageitaucher 17, 37, 54, 131
Pillow-Lava **67**, 271
Píningsdómur 26 f.
Plattentektonik 11
Pseudokrater 218, 221
Pytheas von Massilia 18
Raubvögel 17
Regenbrachvogel 64
Rhacomitrium-Heide 16, 140, **142**, 205
Rhyolith 170
Rotschenkel 17, 64
Rundhöcker 14, 186
Sæmund Sigfússon 23
Sander 14, 16, 54

Schildvulkan 64 f.
Schlackekegel 204
Schlammtopf 204
Seehund 185
Seevögel 17, 54
Sicherheit 35 f.
Skua 55, 151 f., 156
Skúli Magnússon 27 f., 43, 45
Snorri Sturluson 24
Solfatare 12, 52, 197, 204
Spaltenfrost 125
Spaltenvulkanismus 11, 192
Steinpolygon 90
Strabo 18
Stricklava 216
Sturlungenzeit 23
Sumpf 15
Tafelberg 192
Tordalk 17, 55
Torfgehöft 232 ff.
tröllabrauð 125
Tundra 187 f.
Þufur-Wiese   s. Bültenwiese
Ulfljotsgesetze 21
Verzlunarmannahelgi 75, 182
Vulkanzone, junge 204
Wald 15, **184**
Wasserfall 81
Watvögel 17
Wetter 32 f.
Wyville-Thomson-Rücken 12
Zackenmützenmoos   s. Rhacomitrium-Heide
Zentralvulkan 181
Zweiter Weltkrieg 30
Zwergstrauchheide 15, 60, 147, 175, 188, 218
Zwergstrauchtundra 15, 263

Island

Vulkaninsel zwischen Europa und Amerika
Von Achim Schnütgen. 368 Seiten mit 35 farbigen und 66 einfarbigen Abbildungen sowie
103 Karten und Plänen, 56 Seiten praktischen Reisehinweisen, Glossar, Register, kartoniert
(DuMont Kunst-Reiseführer)

»Wie seit Urzeiten unberührt liegt Island im Meer. Mit Respekt vor der Natur auf der Basalt-
und Vulkan-Insel schreitet der Landschaftsführer die Insel ab, schildert das Leben der Tiere und
Pflanzen, aber auch der Krater, Vulkane und Geysire (81 Prozent aller Haushalte heizen mit
natürlichem Heißwasser), die Literatur (die Entwicklung bis zum Nobelpreisträger Laxness)
und die Sprache (ein Altgermanisch ohne Fremdwörter), umfassend und liebevoll.«
Globo

»Wer Island bislang nur als mehr oder weniger eis-exotische Vulkan-Insel zwischen Europa und
Amerika einstufte, muß sich durch Achim Schnütgens hervorragenden Island-Führer gründlich
eines anderen belehren lassen.«
Münchner Merkur

Island

Von Klaus D. Francke. Mit einem Text von Ulrich Groenke und Achim Schnütgen. 188 Seiten mit 70 Farb- und 23 Schwarzweiß-Fotos sowie 15 historischen Fotos, Leinen mit Schutzumschlag

»Mit sehr stimmungsvollen Bildern ist Klaus D. Franckes Island-Bildband gefüllt. Im Mittelteil des Buches beweist er, wie aussagekräftig und schön Schwarzweißfotos sein können. Island läßt sich auch ohne Farbe lebendig darstellen. Auf den einleitenden Seiten des Buches greift Francke aber auch auf phantastische Farbaufnahmen zurück. Nicht die Masse machts, sondern die Qualität.
Ein Geologe und ein Skandinavist haben zu dem Buch zwei Texte – angereichert durch historische Fotos – beigesteuert, die eine runde Einführung in Islands Geologie, Geschichte und Kultur bieten. Ein gelungenes Buch für die Zeiten, in denen man von Island träumen möchte.«
Frankfurter Rundschau

DuMont Kunst-Reiseführer

Alle Titel in dieser Reihe:

- Ägypten und Sinai
- Albanien
- Algerien
- Belgien
- Die Ardennen
- Bhutan
- Brasilien
- Bulgarien
- Bundesrepublik Deutschland
- Das Allgäu
- Das Altmühltal
- Bayerisch Schwaben
- Das Bergische Land
- Das Berchtesgadener Land
- Bodensee und Oberschwaben
- Bonn
- Bremen, Bremerhaven und das nördliche Niedersachsen
- Düsseldorf
- Die Eifel
- Franken
- Hamburg
- Hannover und das südliche Niedersachsen
- Hessen
- Nördliches Hessen
- Hunsrück und Naheland
- Köln
- Kölns romanische Kirchen
- Die Mosel
- München
- Münster und das Münsterland
- Zwischen Neckar und Donau
- Der Niederrhein
- Oberbayern
- Oberpfalz, Bayerischer Wald, Niederbayern
- Osnabrück, Oldenburg und das westliche Niedersachsen
- Ostfriesland
- Der Rhein von Mainz bis Köln
- Das Ruhrgebiet
- Saarland (Frühjahr '92)
- Sachsen
- Sachsen-Anhalt
- Sauerland
- Schleswig-Holstein
- Der Schwarzwald und das Oberrheinland
- Sylt, Helgoland, Amrum, Föhr
- Thüringen
- Der Westerwald
- Östliches Westfalen
- Württemberg-Hohenzollern
- Volksrepublik China
- Dänemark
- Die Färöer
- Frankreich
- Auvergne und Zentralmassiv
- Die Bretagne
- Burgund
- Côte d'Azur
- Dauphiné und Haute Provence
- Das Elsaß
- Frankreich für Pferdefreunde
- Frankreichs gotische Kathedralen
- Romanische Kunst in Frankreich
- Korsika
- Languedoc – Roussillon
- Das Limousin
- Das Tal der Loire
- Lothringen
- Die Normandie
- Paris und die Ile de France
- Périgord und Atlantikküste
- Das Poitou
- Die Provence
- Drei Jahrtausende Provence
- Savoyen
- Griechenland
- Athen
- Die griechischen Inseln
- Tempel und Stätten der Götter Griechenlands
- Korfu
- Kreta
- Rhodos
- Grönland
- Großbritannien
- Englische Kathedralen
- Die Kanalinseln und die Insel Wight
- London
- Die Orkney- und Shetland-Inseln
- Ostengland
- Schottland
- Süd-England
- Wales
- Guatemala
- Holland
- Indien
- Ladakh und Zanskar
- Indonesien
- Bali
- Irland
- Island
- Israel
- Das Heilige Land
- Italien
- Die Abruzzen
- Apulien
- Elba
- Emilia-Romagna
- Das etruskische Italien
- Florenz
- Gardasee, Verona, Trentino
- Latium
- Lombardei und Oberitalienische Seen
- Die Marken
- Der Golf von Neapel
- Piemont und Aosta-Tal
- Die italienische Riviera
- Rom – Ein Reisebegleiter
- Rom in 1000 Bildern
- Das antike Rom
- Sardinien
- Südtirol
- Toscana
- Die ländliche Toscana
- Die Villen der Toscana und ihre Gärten
- Umbrien
- Venedig
- Das Veneto
- Die Villen im Veneto
- Japan
- Der Jemen
- Jordanien
- Jugoslawien
- Karibische Inseln
- Kenya
- Luxemburg
- Malaysia und Singapur
- Malta und Gozo
- Marokko
- Mexiko
- Mexico auf neuen Wegen
- Namibia und Botswana
- Nepal
- Norwegen
- Österreich
- Burgenland
- Kärnten und Steiermark
- Salzburg, Salzkammergut, Oberösterreich
- Tirol
- Vorarlberg und Liechtenstein
- Wien und Umgebung
- Pakistan
- Papua-Neuguinea
- Polen
- Portugal
- Madeira
- Rumänien
- Die Sahara
- Sahel: Senegal, Mauretanien, Mali, Niger
- Schweden
- Gotland
- Die Schweiz
- Tessin
- Das Wallis
- Skandinavien
- Sowjetunion (ehemals)
- Georgien und Armenien
- Moskau und Leningrad
- Sowjetischer Orient
- Spanien
- Die Kanarischen Inseln
- Katalonien
- Der Prado in Madrid (Frühjahr '92)
- Mallorca – Menorca
- Nordwestspanien
- Spaniens Südosten – Die Levante
- Sudan
- Südamerika
- Südkorea
- Syrien
- Thailand und Burma
- Tschechoslowakei
- Prag
- Türkei
- Istanbul
- Ost-Türkei
- Ungarn
- USA – Der Südwesten
- Vietnam
- Zimbabwe
- Zypern

Alle Bände mit vielen, zum Teil farbigen Abbildungen; dazu Zeichnungen, Karten, Grundrisse, praktische Reisehinweise.

»Richtig reisen«

- Ägypten
-   Kairo
-   Sinai und Rotes Meer
- Algerische Sahara
- Arabische Halbinsel
- Bahamas
- Belgien
-   Belgien mit dem Rad
- Bundesrepublik Deutschland
-   Berlin
-   München
- China
- Cuba
- Dänemark
-   Bornholm
- Ferner Osten
- Finnland
- Frankreich
-   »Richtig wandern«: Bretagne
-   »Richtig wandern«: Burgund
-   Elsaß
-   Korsika
-   Languedoc und Roussillon
-   Paris
-   »Richtig wandern«: Pyrenäen
- Griechenland
-   Kreta
-   »Richtig wandern«: Kykladen
-   »Richtig wandern«: Nordgriechenland
-   »Richtig wandern«: Peloponnes
-   »Richtig wandern«: Rhodos
- Großbritannien
-   London
-   »Richtig wandern«: Nord-England
-   »Richtig wandern«: Schottland
-   »Richtig wandern«: Englands Süden
-   Guadeloupe · Martinique
- Holland
-   Amsterdam
- Hongkong mit Macau und Kanton
- Indien
-   Nord-Indien
-   Süd-Indien
- Indonesien
- Irland
- »Richtig wandern«: Island
- Italien
-   Friaul – Triest – Venetien
-   Neapel
-   Oberitalien
-   Rom
-   Sizilien
-   Süditalien
-   »Richtig wandern«: Südtirol
-   Toscana
-   »Richtig wandern«: Toscana und Latium
-   Venedig
-   Jamaica
- Kanada und Alaska
-   Ost-Kanada
-   West-Kanada und Alaska
- »Richtig wandern«: Lappland
- Luxemburg
- Belgien und Luxemburg
- Madagaskar – Komoren
- Malediven
- Marokko
- Mauritius
- Mexiko
- Neuseeland
- Norwegen
- Österreich
-   Graz und die Steiermark
-   Wien
- Ostafrika
- Philippinen
- Portugal
-   Azoren
-   Réunion
- Rußland
-   Moskau
- Schweden
- Die Schweiz und ihre Städte
- Seychellen
- Spanien
-   Andalusien
-   Barcelona
-   Gran Canaria
-   Ibiza/Formentera
-   »Richtig wandern«: Der spanische Jakobsweg
-   Lanzarote
-   Madrid und Kastilien
-   »Richtig wandern«: Mallorca
-   »Richtig wandern«: Pyrenäen
-   Teneriffa
- Südamerika
-   Argentinien – Chile – Paraguay – Uruguay
-   Peru und Bolivien
-   Venezuela, Kolumbien und Ecuador
- Thailand
- Türkei
-   Istanbul
- Tunesien
- Ungarn
-   Budapest
- USA
-   Florida
-   Hawaii und Südsee
-   Kalifornien
-   Los Angeles
-   Neu-England
-   New Orleans und die Südstaaten
-   Südwesten – USA
-   Texas
-   Washington D. C.
- Zentralamerika
- Zypern